市民起業家

新しい経済コミュニティの構築

著 者　D.ヘントン／J.メルビル／K.ウォレシュ
訳・解題者　加藤敏春

推薦の言葉

二一世紀は、市場セクター、政府セクター、非営利セクターという三つのセクターから成る混合経済の時代であると思われる。「市場の失敗」「政府の失敗」が生ずる分野において非営利セクターが重要な役割を果たすのであり、しかもこうした分野にはフロンティアが少なくない。のみならず、三つのセクターのコラボレーションによる問題解決が重要性を増している。とりわけ「草の根」のレベルでの問題解決がクローズアップされており、そうした動きは地域社会の再構築と密接なかかわりを有している。

さらに、高度情報化の進展は、人間活動のグローバル化を推し進めている。地域社会は、もはや孤立した閉鎖的な存在ではありえない。

こうした状況下で、非営利セクターのリーダーとして活動し、地域レベルで三つのセクターのコーディネーターとしての役割を果たす新しいタイプの起業家が登場しつつある。それが、「市民起業家」である。

「市民起業家」は、経済とコミュニティーを媒介する新しいタイプのイノベーターである。「市民起業家」は、ビジネス、政府、教育界など社会の多くの分野から登場し、世代も多様である。こうした「市民起業家」が、いまアメリカにおいて輩出し、新しい社会構築に寄与している。

本書は、初めて「市民起業家」について概念構成を行いその現代的意義を明らかにするとともに、「市民起業家」の具体的活動をフォローしている。その意味で、本書は「草の根」からの改革という視点から、二一世紀の社会を展望した画期的な著作である。

また、訳者の加藤敏春氏は、シリコンバレーにおいて「市民起業家」の活動に接し、彼らが二一世紀のアメリカ社会の構築に挑戦しつつあるところを目のあたりにし、本書の訳出を決意されたものである。本書とともに、同氏の著書『シリコンバレー・ウェーブ』（一九九七年、NTT出版）を一読されることをお薦めする。

一九九七年五月

法政大学総長　清成　忠男

市民起業家——目　次——

第二章　市民起業家――草の根の指導者……71

第Ⅱ部　市民起業家はどのようにコミュニティを構築するか

訳者解題

巻頭の言葉

世界的ハイテク技術革新の中心地であるシリコンバレーにおいては、企業経営者、政府関係者、教育者やコミュニティの指導者が新しい地域組織であるジョイントベンチャー・シリコンバレー・ネットワークを創り出した。ジョイントベンチャーは、他国のモデルとなりうる市民起業家精神と協働のプラットフォームの上に築かれている。

『市民起業家――新たな経済コミュニティの構築』(原題は『新しい経済の草の根の指導者』、以下同じ)と題するこの刺激的な本の著者たちは、新しいシリコンバレー組織の概念的フレームワークを発展させることに深く関与した。結びつけられた彼らの経験はまれにみるものであり、彼らの学術的・組織的かつ公共政策を遂行する上での資格は、印象的でもある。私は、ジョイントベンチャーで彼らと緊密に働く喜びを得た。

著者たちは、市民起業家を経済とコミュニティの新しい結合として描写している。市民起業家とはなに者なのか、市民起業家がどうしてその活動を行うのかを理解することがこの本の目的である。

市民起業家は、協働の重要性を理解している者だと著者たちは言っている。市民起業家は、ビジネスとコミュニティを結びつけ、結果を生み出す推進力を持っている。彼らは、ビジネス、政府、教育およびコミュニティ組織のあらゆるレベルから輩出する。彼らは、ダイナミックな経済は、強いコミュニティづくりに依存することを知っている者たちである。

この構築過程こそが、まさにシリコンバレーで起こっていることである。ダイナミックで、革新的で、資源豊かなコミュニティの現実の世界の中で、著者たちの本来の考えが花開いている。シリコングラフィックス社の社長であり、かつ、ジョイントベンチャーの共同議長として、私は、この開拓者的努力が旧来の工業社会と情報社会の差異を表していると確信している。

工業社会では、巨大で垂直的に統合された組織が極めて中央集権化され、家父長的な哲学が踏襲された。従業員たちは、一つの会社で安定した経歴を送った。コミュニティに関係をつくることは、会社の責任であった。彼らは、強力な会社所有者や経営者からの慈善事業的な助成と指導を受け、はぐくまれた。

情報社会では、従業員たちは、無制限に移動することができる。コミュニティは、従業員の幸福とビジネスの繁栄にとって非常に重要な資産である。コミュニティでの関係は、組織のあらゆるレベルにおいて、才能豊かで動機づけを与えられた人々、すなわち市民起業家により実行されている。情報社会における企業の従業員たちは、真の自由活動家であり、独立した起業家である。彼らは、たまたま企業の枠内で仕事をしているにすぎない。事実、彼らは、どこでも働くことができ、彼らの知的技能を仕事に持ち込むことができる。自由活動家として、彼らは、どこに住むこともでき、そのために、コミュニティへの強固な関心を有している。

情報化社会の企業経営者は、ビジネスのみならず、市民の観点からもコミュニティに関係を有している。われわれには、四つの支持者、すなわち株主、顧客、従業員およびコミュニティがある。

もしわれわれが、会社を適切にかつ利益を生むように経営し、合理的かつ長期的なリターンを株主に提供すれば、コミュニティに関与し、その方向に対してインパクトを与えることができる。また、そうあらなければならない。

どうしてであろうか？　それは、シリコングラフィックス社のような情報社会における企業は、世界的なレベルで物事を迅速に処理するためにコミュニティにおける他の企業とのパートナーシップに依存しているからである。われわれは、グローバル経済において競争力を高めるために、コストダウンを図るべく共に働かなければならない。われわれは、シリコンバレーにおける何千もの企業と共に働いてきた。彼らは、まさに隣にいる。このような関係をシリコンバレーで保つために、われわれは、従業員のために世界的な教育機会や生活の質を確保するための諸要素を発展させなければならない。

数年前までは、シリコンバレーは「家族」的な雰囲気や、生活し、働くために成功を与える場所を発展するために必要な相互関係づけに関する理解を持っていなかった。しかし、一九九〇年代初の経済的落ち込みと経済の急速なグローバル化は、シリコンバレーを大きく揺さぶり、その将来について、厳しく現実的にチェックすることを迫った。

この激震は、ビジネス、政府、教育および　コミュニティにおいて、人々の間に創造的なほとばしりを生み出すとともに、これらの分野において運命を自分たちのものとした千人以上のリーダーからなる決心の固いグループを生み出した。本書の『市民起業家』は、ジョイントベンチャーを組織することにより、このようなビジネスとコミュニティの相互関係性を生み出した過程を描き出している。

今までは、うまくいっている。地域の協働作業におけるジョイントベンチャーの実験は、より高いレベルの協力、共通の関心について考え行動する新しい方法および積極的の結果を生み出している。

しかしながら、シリコンバレーにおける市民起業家精神という新しいパラダイムが、今後とも続くものかどうか問いかけることが公平であろう。それは、シリコンバレーが数年前直面した経済的困難への短期的反応にすぎないのであろうか? われわれの経済は再び加熱しており、われわれは、単なるビジネスの起業家に戻ってしまうのであろうか? ジョイントベンチャーの部長の一人が問いかけたように、われわれは低く枝をもたげた木から果実を採るように比較的簡単な問題を取り上げただけで、本当に難しい問題はわれわれの手の届かないところへといってしまうのであろうか?

私は、そのようには思わない。シリコンバレーにおけるビジネスとコミュニティを結びつけるというわれわれの地域における協働作業的アプローチは、それが、現実と必要性に根を張っているという主たる理由により、ずっと継続するであろう。

社会のすべての制度を継続的にリストラすることにより、グローバル化された経済とコミュニティをリードすることの手助けをする上で市民起業家を必要としていると著者たちは主張をしているが、これは、正鵠を射ている。そして、われわれは、われわれを自然体で結合させるジョイントベンチャーのような新しい地域的組織を持たなければならない。著者たちが指摘するように、「課題は、二一世紀に向けた経済コミュニティを創り出すことに他ならない」。

私は、この巻頭の言葉を書く機会を得て光栄に感じている。というのも、『市民起業家』と題するこの本は、経済とコミュニティにおける生活の質を強固なものとしたいと欲する人々に重要なメッセージを含んでいるからである。シリコンバレーにおける目標の達成に助力してくれた著者たちの尽力に感謝する次第である。

カリフォルニア州マウンテン・ビュー市にて
シリコングラフィックス社会長・社長
一九九七年　三月
エドワード・R・マクラッケン

持てる力のすべてを振り絞って、社会全体の厚生を高めたいと願わない人物は、良い市民とは言えない。

『道徳感情論』（アダム・スミス）

まえがき

アメリカ中で「市民起業家」と呼ばれる新しいタイプの草の根の指導者たちが新しい経済に対応したコミュニティを構築している。市民起業家は、情報社会においてコミュニティが競争するために協働することを支援している。市民起業家は、ビジネス、政府、教育およびコミュニティが交差する場所において、新しい力強い結合を鍛え上げる新しい世代のリーダーである。本書は、激動の時代において、いきいきとした活力のある経済コミュニティを創り出す人々の物語であり、市民社会を再構築すべく奮闘しているわれわれに対して、示唆を与える物語でもある。

世界的に競争するために協働する経済コミュニティ

アメリカ人は、二〇世紀の最後の二〇年をアメリカのコミュニティに焦点を当てた新しい時代への幕開けへの移行期間として、記憶にとどめるであろう。ワシントン特別区の人々がいかにして、またどのようにして連邦政府を解体するかを議論するように、コミュニティの人々は、現実に起きている基本的な変化を理解し、どのように反応すべきか奮闘している。大企業は、大量のリストラとレイオフを行い、それに続いて、新しい企業や産業が出現している。伝統的なコミュニティの安定的勢力、すなわち銀行や公益事業機関は、外に引き出されるか、規制制度改革や合併によって揺り動かされている。人口構成の変化は、ベビーブーマー世代（訳者注：第二次世界大戦後数多く誕生した世代。現在四〇代後半から五〇代前半の世代であり、アメリカ社会の中枢部を占める）を全面に押しだし、新しい力を持った多様なグループがいたるところに拡散している。そして、権力の移転は、確実に、資源ではないにしても責任を地方のレベルに移管している。

これらの力が顕在化するにつれて、われわれはすべて、「われわれのコミュニティ、会社そしてわれわれ個人になにが起こりつつあるのか？　どのように現在保有するものを保持し、未来をつくっていったらよいのか？」と問いかけを発している。

過去一五年間、われわれはこのような新しく出現しつつある環境変化に奮闘してきた三〇のコミュニティを観察し、それらが地域の経済的競争力づくりのための戦略を発展し、実行するための支援を行ってきた。オースチン、オマハ、ウイチタからロサンゼルス、シリコンバレー、香港にいたるまで、コミュニティは、必要性に迫られて、どのようにして競争力を維持するかという同様の実験を行っている。この過程で、われわれは極めて基礎的でかつ力強い疑問に直面した。すなわち、どうして、ある地域は成功し、他の地域は失敗するのか？　どうして、同じような資産を持った地域が、異なったパフォーマンスを発揮することになるのか？　どうして、ある地域は経済的困難から立ち直り、他の地域は、衰退し続けるのか？　どうして、あるコミュニティは新しい経済的機会をつかみ取るのに、他のコミュニティはそのようにいかないのか？　どうして、あるコミュニティは着実に進歩を遂げるのに、他のコミュニティは立ち上がっても退潮していくのか？　という一連の疑問である。

時が経つにつれて、われわれは次第に回答に近づいていった。最初は、技術的に見て、ハイテク地域がローテク地域よりうまくいくのではないかと考えた。しかし、今日では技術はすべての産業に浸透し、成功のためのフォーミュラを提供するものではないことをわれわれは自覚している。次に、われわれは教育研究機関と富の存在に着目した。ひきつづき、すばらしい機関と資源を持ちながら経済はごく普通である地域を見たとき、鍵は産業クラスター（industrial cluster）（訳者注：特色のある産業や企業が一定の地域に房〈クラスター〉状に集積している状態。本書では、以下「産業クラスター」との表現を用いる）であることに気づいた。すなわち、競争と協働を繰り返す企業がネットワーク状に集積していることが重要なのである。他方、われわれは、クラスター状になっている会社が成功できなかった場所、その他多くの事例も見た。

一〇年に及ぶ探索の後、われわれは、なぜ地域が成功するのかとの疑問に最も的確な説明づけを与える繰り返し起こるパターンを看取した。最も楽観的で、新しい世界への転換の準備ができている地域は、「協働の優位性」を実践している。それらの地域は、ビジネス、政府、教育およびコミュニティの交差するところで堅い関係を有し、それが、地域における活力と長期の発展目標を設定し達成する独自の能力を提供している。カリフォルニア大学バークレー校のアナリー・サクセニアン助教授が指摘するように、重要なのは、地域がどのような素材を持っているか、あるいは持っていないかということではない。重要なのは、コミュニティがどのようにして、経済の変化するニーズを支えるためにコミュニティの資産、プロセスおよび関係を梃子のように使うかである。われわれは、そのようなコミュニティを「経済コミュニティ」と呼んでいる。経済コミュニティは、世界的に競争するために協働する場所である。

これらの協働的コミュニティのいずれにおいても、その中心に、われわれは市民起業家よりなるチームの存在を確認することができた。市民起業家は、経済とコミュニティの間に橋を架ける協働的リーダーシップを提供する人々である。このようなリーダーは、世界的企業であれ、起業家であれ、小企業であれ、しばしばビジネス界から輩出する。彼らは、自身の組織の長期的なあり方は、地域の長期的あり方に結びつけられているとの信念にもとづいて行動する。しかしながら、市民起業家は、公的セクター、教育、労働組合そしてコミュニティからも登場する。他の人々が問題が多いとか膠着状態と見るところを、市民起業家は機会と見てコミュニティを前進させる。他の人々が敵対的に行動し、停滞状態になるところを、市民起業家は、ねばり強く公式的な権威や地位がなくとも、コンセンサスをつくり上げ、多様な人たちから構成されるコミュニティを前進させる。他の人々があきらめ退くところを、市民起業家は、コミュニティが変化に対処するだけではなく変化に乗って発展するための支援をがまん強く行う。

彼らは、慈善運動家でもなければ、ビジネス活動家でもない。市民起業家は、二〇世紀後半における技術に基礎を置き世界化された地域において、歴史上のある段階に到達したコミュニティの中で、特別な個人の階層として出現する。

彼らはどのような人物なのか？　なにをするのか？　どのような結果を生みだしたのか？　アメリカにとってどのような意味があるのか？　これらは、われわれがこの本において取り組んでいる中心的疑問である。

市民社会を回復する

二一世紀に近づくにつれて、ビジネスの領域でもなく政府の領域でもなく、市場と政治の中間に位置する市民社会をいかに回復するかについて、論争が拡大している。歴史的に見れば、この領域こそが、共通の徳を発展させるためアメリカが制度、関係や個人のイニシアティブのあり方を形づくってきたものである。市民社会は、成功する経済コミュニティの中でビジネスと政府を結びつける手助けをする重要な中間層である。

アメリカを概観して、市民社会の衰退について描写している文献が次第に増えている。ハーバード大学の哲学者マイケル・サンデル（一九九六年）は、コミュニティ自治のために必要不可欠な市民の関与の喪失を慨嘆している。サンデルは、市民社会は国家レベルではなくコミュニティレベルにおいてのみ回復されうると主張している。同じハーバード大学の政治経済学者ロバート・パットナム（一九九三年）は、社会資本の衰退を追跡調査し、社会資本の蓄積と経済的パーフォーマンスを結びつけている。ランド研究所の歴史家フランシス・フクヤマは、より発展した資本主義経済へと発展するためには、信頼にもとづいたいきいきした市民社会が必要不可欠であることを指摘している。政治的指導者さえも市民社会に焦点を当てだしている。前連邦上院議員のビル・ブラッドレーは、「市民社会の重要性を評価しなかったことは、われわれの政治的苦境の中心的原因である」と書いている（ブラッドレー、一九九六年）。

問題は、市民社会をいかにして再活性化するか、コミュニティの自治をいかに開始するかを論述した本がないことである。成功は、ボトムアップ方式により経済コミュニティから一斉にもたらされる可能性が高い。われわれは、それは草の根から市民社会を再構築する市民起業家であることを発見した。企業のリエンジニアリングや政府への再投資を超えて、市民起業家の課題は、ビジネスと政府との間に橋を架けることを支援する新しい協働的な市民社会を構築することに他ならない。この点において、本書の『市民起業家』は、市民社会や社会資本に関する文献が今後出版されることに貢献するであろう。本書は、今日のアメリカのコミュニティにおける人々が、地域の経済的パーフォーマンスを高める市民社会を創造するためになにを行っているかを克明に示している。

目的と方法論

本書『市民起業家』の目的は、市民起業家が現れることにより、二一世紀において地域が効果的に競争していくために必要なリーダーシップのあり方を描写し、説明しようとすることである。われわれは、市民起業家の重要な役割、彼らが特定の条件の下で達成することができたもの、および含意として、より広い観点から見たときになにを達成することができたであろうかについて焦点を当てている。市民起業家が行っていることや、なぜ市民起業家がそのようなことをするのかについて認識を共有することにより、われわれは、より多くの人々が市民起業家になるよう鼓舞することやこのような指導者たちの仕事をサポートすることを狙っている。

本書は、アメリカ、ヨーロッパおよびアジアにおける公的および民間のコミュニティリーダーたちと一緒に働いた経験にもとづいている。本書では、新しい協働モデルによりある程度の成功を収めた四つのコミュニティと二つの州における市民起業家の活動を詳しく調べている。クリーブランド、オースチンおよびウィチタの三つのコミュニティは、一九八〇年代初頭から協働的リーダーシップのパラダイムの下で活動を開始した「早期対応者」である。アリゾナとフロリダの二つの州は、一九八〇年代後半、新しい経済発展のビジョンの下に公的セクターと民間セクターを結合する主要な試みを開始したところである。そして、一九九二年には、シリコンバレーにおける起業家のチームが地域を世界的に競争するために協働するコミュニティへと転換することを開始した。

本書では、市民起業家の動機、目的、習得したことおよび助言を伝えるため、彼らが語った言葉や物語を使っている。アプライド・マテリアルズ社社長のジム・モーガンとボーイング社の前上級副社長のライオネル・アルフォードは、世界企業がなぜ新しい形で地域に関心を払わなければならなくなったかについて語っている。オーランド市の市長グレンダ・フードは、従来のリーダーと新しい世代のリーダーを結びつける重要性を語っている。マイクロエージ社の副会長であり共同創設者の一人であるアラン・ハルドは、いかにしてアリゾナ州の新興技術経済と数千の市民を、彼らの未来を選択するために動員したかを強調している。最先端企業であるシリコングラフィックス社社長のエド・マクラッケンとサン・ノゼ市で印刷業を営むジョン・ケネットは、シリコンバレーにおいて世界最高級の経済を維持するために、なぜ数え切れないほどの時間を世界最高級のコミュニティを創造することに使ったかを説明している。クリーブランドのビジネス・リーダーであるアル・ラトナーとリチャード・ポーグは、彼らの愛する市を見捨てるよりは、いかにしてクリーブランド市のために戦いクリーブランド市を再建したかを描写している。

本書は、経済的パフォーマンスの地域的差異を説明したり、地域経済開発に関する完璧な理論を提示しようと試みたものではない。地域経済開発は、複雑で多次元にわたる挑戦的課題である。われわれは、地域がどうして成功し、失敗するかについて、完全な理論的パラダイムを提示しているものではない。また、われわれは、市民起業家が存在しないことだけが地域の経済的パーフォーマンスが悪い原因であると主張しているものでもない。むしろ、われわれは、企業およびコミュニティの指導者が信じていることを最初から共有することが地域の成功の鍵であるであることを主張しているのである。

どういう読者を想定しているか？

「複雑な問題のすべてはリーダーシップにより解決される。われわれには偉大なリーダーがいるが、もっと多くのリーダーが必要だ。これこそがわれわれの遺産に違いない」。オースチンの市民起業家からのこのメッセージは、アメリカ中の他の地域においても繰り返されている。地域における挑戦的課題と機会は、多様、複雑かつ動きの早い情報社会において、必要な協働的技術を持った指導者を求めている。

二一世紀における市民リーダーになろうとする誰もがこの本を読むべきである。コミュニティにおいて市民起業家精神を開花させ、経済を再活性化させようとする者も同様である。

- 〝企業経営者〟は、ビジネスから輩出した市民起業家がなぜ、またどのようにして地域のコミュニティに溶け込んだのか、どのような多様な役割を果たしているのか、およびどのような見返りを得ることができるかについて学ぶことができるであろう。
- 〝政治家および行政当局者〟は、コミュニティのリーダーシップを長く継続させるために、どのようにして同様のポジションにある者が民間企業出身の市民起業家と協働したか、および公的リーダー自身が市民起業家にいかに転身したかを学ぶことができるであろう。
- 〝コミュニティおよび非営利のリーダー〟は、コミュニティの再活性化のための新しいトップダウンとボトムアップを組み合わせたモデル、すなわち、参加、適切なプロセスおよび結果にもとづいたモデルの力を見ることができるであろう。
- 〝経済とコミュニティ開発の実践者〟は、才能と資源を梃子としながら、どのようにして自ら市民起業家となり、コミュニティにおいて市民起業家精神を育成することができるか見つけだすことであろう。
- 〝市民〟は、どのようにして自らリーダーになりうるか、どのようにして新しい仲介組織がコミュニティの経済的未来において人々が差異を示すことを支援できるかについて学ぶことができるであろう。

本書の第一次的な読者は、現在または将来における指導者であるが、本書のボトムアップ的な視点が、市民社会を再構築する際のリーダーシップの役割に関し、活発な議論を喚起し続けることを期待する。

本書の構成

市民起業家と同様に、本書も二つのレベルで動くようになっている。市民起業家は、ビジョンを有する人々であるとともに、物事を推進するプラグマティストである。本書の第Ⅰ部は、経済コミュニティのフレームワークと市民起業家に関する諸事実を紹介する。第Ⅱ部は、市民起業家がどのようにして経済コミュニティを構築するかを具体的に描写するとともに、同様の試みを行おうとする他の地域にたいするアドバイスを提示する。最後に本書の最終章で、アメリカのコミュニティの変化の過程を加速化させるためのアジェンダを提示する。

大きなコンセプトと意味をつかみたいと思う読者には、第一章、第二章、第三章および第八章を読むことをおすすめする。

実践的な助言と特定の事例をつかみたいと思う読者は、第四章から第八章に焦点を絞って読むことをおすすめする。

第Ⅰ部　情報社会におけるコミュニティ・リーダーシップ

第一章は、いかに四つの力、すなわち、グローバル化、情報技術、人口構成変化および権力委譲がコミュニティレベルでの分野を超えた協働の重要性を高めたかを描写している。アメリカ独立革命にまで遡って四つの力の変化を振り返りながら、本章では、新しいタイプのリーダーとコミュニティに対する新しい関心がなぜ今出現してきているのかについて、歴史的視点を提供する。われわれは、大企業、大きな政府および国家指向から敏捷なネットワーク化したビジネス、権力委譲およびコミュニティへの転換という基本的過渡期の真っ直中にある。最終部では、出現しつつある経済コミュニティの三つの中心的特徴、すなわち連動している専門化した産業クラスター、感度のよいコミュニティの能力および経済とコミュニティを結びつける市民起業家について説明している。

第二章は、市民起業家精神の現象を深く分析している。市民起業家は、どこからくるのか？　彼らは、多くの場所から出現する。しかし、新しい経済、特に長期的視点から考えたとき、自らの将来は地域の関係者と深く結びついていると考える世界企業や地域で成長する起業家企業から輩出することが多い。市民起業家は、どのように活動するのであろうか？　彼らは、チームを組んで活動する。しかし、公式的な権力や権威は持っていない。なぜ市民起業家は、そのようなことをするのであろうか？　彼ら自身の言葉によると、市民起業家は、地域が独自の特徴を出すために経済的利益を啓発したり、自己実現のために活動するのである。市民起業家は、コミュニティの活動に水をさすもの、すなわち、過剰な政府の介入、非難の文化、地域の部外者が会社を所有していること、および貧弱な過程の遺産などの障害を克服する。

第Ⅱ部　市民起業家は、どのように経済コミュニティを構築するか？

第三章は、市民起業家の八つの行動を描写し、市民起業家がどのように経済コミュニティを築き上げるかを詳述する。この章においては、コミュニティを構築する各段階、すなわち、開始、ふ化、実行および改善・再生において、これら八つの行動が市民起業家によりどのように演じられるかを説明する。コミュニティ発展のそれぞれの段階において、市民起業家は、動機づけを与える者、ネットワーカー、教師、主催者、統合者、主導者、師匠、扇動者として行動する。

第四章においては、開始段階において、動機づけを与える者およびネットワーカーとして、市民起業家がいかにコミュニティを行動に向けて組織化するかを紹介する。彼らは、コミュニティが未来に対して責任を負い、過去との間に一線を画すことを支援する。彼らは、協働的努力が開始されるように個人的な信用やネットワークを提供する。

第五章においては、ふ化段階において、教師としての市民起業家が、コミュニティが世界的挑戦と機会を地域のものとし、相互依存を認識することを支援する活動を行うことを紹介する。また、どのようにして、また、なぜ市民起業家が参加者の拡大という原則を実践し、協働プロセスの本来の姿を守ろうとするのかについても描写される。

戦略・コンセンサス形成から実行段階に移行するとことは、会社や他の組織に比べて、コミュニティにとってより難しい課題である。第六章は、実行段階の困難な仕事に焦点を当てる。どのように市民起業家が物事を進めるために人々と資源を集めるか、どのように市民起業家が測定可能な結果に向かって前進するか、そして、物事がうまくいかなくなったときに、どのように忍耐強く推進するか、について記述する。

第七章においては、市民起業家は、大きな疑問に直面する。地域はどのようにして長期間にわたり分野を超えた協働作業を継続することができるのであろうか？　鍵は、常に作業を外部に向かって拡大し、新しい指導者を呼び込んでくることにある。あるグループは、協働作業を継続するために新しいタイプの仲介組織を構築する実験を行っている。関係者すべてが毎日のように、満足感に浸ることにより活動が停止したり不適切なものにならないように戦っている。究極的には、経済コミュニティを構築することは、継続的な更新のプロセスである。

最後に、第八章において、われわれは、アメリカ全国に市民起業家精神の花を開かせるためのアジェンダを提示する。アジェンダは、企業関係者、行政官、経済開発実行者、団体・非営利組織関係者、マスコミ、そしてよりよいコミュニティを欲する通常の市民にいたるまでわれわれすべての役割を含んでいる。

われわれは、傑出した数人のアメリカ人から学び、経済コミュニティをつくるという彼らの活動こそが未来への最前の希望であることを確信している。読者の方々が彼らの物語を堪能し、鼓舞されることを期待している。

カリフォルニア州パロアルト市にて
一九九七年三月

ダグラス・ヘントン
ジョン・メルビル
キムベリー・ウォレシュ

第Ⅰ部　情報社会におけるコミュニティ・リーダーシップ

グローバル化、情報技術、人口構成の変化および権力委譲の四つが統合された力がコミュニティ・レベルでの協働の重要性を増加させている。新しいタイプの指導者である「市民起業家」が、大きな企業、大きな政府、国のレベルでの行動から、世界的に競争するために地域のコミュニティと協働するネットワーク化された敏捷なビジネスへと根本的に変化することに対応して、コミュニティが的確に対応することを支援する者として登場している。成功している地域は、経済的に専門化している産業クラスターをいかに教育、インフラ、生活の質などのコミュニティの対応能力と結びつけるかを学んでいる。第Ⅰ部は、このような新しい経済コミュニティとそれを構築する市民起業家の特徴について記述する。そこでは、以下の質問に対して、回答が用意される。市民起業家は、どこからくるのか？　市民起業家は、なぜそのようなことをするのか？　われわれの歴史上、この時点においてなぜ彼らは重要なのか？

第一章　コミュニティが新しい経済に出会う

「私が、会社の転換を図るために一九七六年アプライドマテリアルズ社の社長になったとき、会社は、顧客、供給者、そして会社自身と戦った。今日では、われわれは、チームで仕事をしている。シリコンバレーは、同じような形で転換していかなければならない」

ジム・モーガン　アプライドマテリアルズ社会長・社長　（世界最大の半導体製造装置企業）

われわれはすべて、意識するとしないとにかかわらず、コミュニティに暮らしている。コミュニティとわれわれの関係は、水と魚の関係と同様である。ビジネスの人間として、われわれは、成功するために必要な才能、資源および供給者をコミュニティに依存している。市民として、われわれは、われわれの健康的で楽しい生活を維持するための生活の質、教育および環境をコミュニティが与えてくれることを必要としている。

しかしながら、新たな力のうねりが常にコミュニティをつくり変えている。世界的競争、継続的に続く産業のリストラ、政府の歳出削減、そして多様化の進展は、人々、企業およびコミュニティを既定路線から大きく押し出すのに十分なほど大きく、基本的なものとなっている。コミュニティは、どのように変化の力に対応するのであろうか？　コミュニティは、どのようにうまく、常に変化する市民とビジネスのニーズを満たすのであろうか？

アメリカの各地域が急速な変化の時代と格闘するにつれて、地域は公的な利益、民間の利益およびコミュニティの利益をうまくまとめながら進める新しい方法を実験し始めた。本書で紹介する六つのコミュニティ・州、すなわち、オースチン（テキサス州）、クリーブランド（オハイオ州）、ウィチタ（カンザス州）、シリコンバレー（カリフォルニア州）、アリゾナ州、フロリダ州は、数々の疑問を提示するとともに、興味深い回答を出している。

●オースチン：一九八〇年代前半、オースチン市は、他の都市と同様に眠れる大学都市・州都であった。静かな環境と、生活し、学び、仕事をし、あるいは政策をつくるにはコストのかからない都市であった。指導的弁護士であるパイク・パワーズや商工会議所会頭で後に市長になるリー・クークなどの指導者は、一〇年もかからないうちにチームをつくり、支店経済を国際的にも有名な技術集積に変貌させた。その統計上に現れているパフォーマンスとチーム・スピリットは世界中のコミュニティの羨望の的となった。訪問者は、次のような問いを発するであろう。「なにが起こったのだ？　誰がやったのだ？　なぜ？」。

●クリーブランド：クリーブランド市の指導的な開発事業者であるアル・ラトナーと世界第二位の弁護士事務所の共同経営者であるリチャード・ポークは、市の財政が破綻し、製造業に支えられていた経済が世界競争により壊滅的打撃を受け、人種的緊張が高まったときに立ち上がり、他の人々と一緒にクリーブランド市の未来のために戦った。クリーブランド市を「カムバック都市」に変えるため、経済界のリーダーたちも市役所やコミュニティとともに参加した。「リーダーたちはなにをなしたのか？　クリーブランドをうまくいかせている要因はなにか？　地域は成功をどのように継続させるのか？」。

●ウィチタ：ウィチタ市にあるボーイング社の上級副社長であるライオネル・アルフォードとバンクフォー銀行の頭取ジョーダン・ヘイズは、ウィチタ市は、航空機産業の浮き沈みからの影響を軽減すべきだと確信していた。彼らは、コミュニティの多様化、教育、交通、市の中心部の問題などに取り組むため、経済界、市、郡のリーダーたちを糾合してアメリカ中にも知れ渡った事業を開始した。景気のサイクルによる影響は残っているものの、ウィチタ市では、全米平均より低い失業率となっている。「なにが起こっているのか？　なにが起こったのか？　われわれは、ウィチタ市の一〇年にわたる協働作業の経験からなにを学ぶことができるのか？」。

●シリコンバレー：世界でも主要なハイテク地域は、経済は停滞し、非難の文化（後出）が拡大して、一九九〇年代に危機に直面した。アプライド・マテリアルズ社の会長・社長のジム・モーガンとシリコン・グラフィックス社の会長・社長であるエド・マクラッケンは、ビジネス、コミュニティ、および政府のリーダーを集めてチームを結成し、起業家の集まるシリコンバレーを起業的な地域、すなわち、起業家が有する世界的な能力を動員し、教育、規制、産業クラスターの保持という地域が抱える差し迫った課題を解決することに活用する地域へと変身させるための活動を開始した。「なぜ、これらの世界企業のリーダーが彼らの時間と資源をこのような地域の活動に注入しているのであろうか？　彼らはなにを学んだのか？」。

●アリゾナ：餌に群がるはげたかのように『フーチュン』誌を賑わせたのは、一九八〇年代後半の不動産バブルであり、貯蓄投資組合の破綻であり、「フェニックス四〇」計画の崩壊であった。他の人々は古きよき日々を懐しがったが、マイクロエイジ社の副会長であるアラン・ハルドとソルトリバー計画の責任者のジャック・フィスターは、新しい機会を見いだした。彼らは、新しい世代の指導者たちを集め、伝統的な綿花、柑橘類、銅や建設などの産業に代わって、技術や才能をベースとした起業精神豊かな経済をつくろうとした。「なぜ、アリゾナ州の人々は、彼らのリーダーシップに従ったのであろうか？　それは、どのように報われたのであろうか？」。

●フロリダ：フロリダ商工会議所の指導者たちは、フロリダ州は、高い賃金水準の高付加価値経済となることができると信じていた。フロリダ州は、人口増加に伴う生活水準の低下に対処する必要はなかった。彼らは、州レベルおよびコミュニティ・レベルで経済開発を再構築する活動を開始した。公共と民間が結合した新しい機関、新しい態度およびより質の高い成長が結果として生み出された。「なぜ、ビジネスのに人々が関与したのか？　彼らは、なにをしたのか？　未来に向かって彼らはなにを学んだのか？」。

地域再活性化への新たなアプローチ

地理的にも、文化的、政治的、経済的いずれにおいても異なっているが、これらの地域は、成功のための共通の秘訣を有している。すなわち、これらの地域は、新しいタイプの市民リーダーに率いられた新しい経済活性化のための協働モデルを実践している。これらのコミュニティは、最も興味深い事例を代表しているが、決して単独ではない。

アメリカ中のコミュニティは、世界的な経済は世界的なコミュニティを必要とするものだと考えている。彼らは、変化の時代に前に進み続けるため、新しいタイプの政府と民間の関係と組織の実験を行っている。彼らは、新しいタイプのコミュニティである経済コミュニティを建設している。経済コミュニティは、強固で感度のいい経済とコミュニティの関係を構築し、企業とコミュニティに持続的な優位性と活力を与える場所である。経済コミュニティは、経済、仕事、コミュニティおよび生活を統合するものである。これらのコミュニティの人々は、成功する地域の秘訣は、新しい挑戦と機会に取り組むにあたって、ビジネス、政府、教育およびコミュニティのリーダーの間で効果的な協働関係を構築することであることを学んでいる。

他の地域とは対照的に、経済コミュニティは未来に対して責任を有している。彼らはすべての資源を動員し、すべての資産を活用し、変化を受け入れる。彼らは、時計の針をある時間にまで戻そうとしているのではない。彼らは、ワシントンの連邦政府が彼らを救済するのを待っているのでもない。事実、彼らは、回答を得るためにいかなるレベルの政府に頼っているのでもない。むしろ、新しい種類のリーダーがアメリカの地域を強い経済コミュニティにすることを支援するために出現している。市民起業家は、経済コミュニティを構築する上での触媒である。市民起業家は、経済とコミュニティの間の関係を形づくる。彼らは、地域の長期的開発に取り組むために、様々なセクションにまたがる人々と機関を糾合するリーダーシップを提供する。ある場合においては、この作業は複雑な問題を解くことを意味する。他の場合においては、機会を最初に発見し捕まえることを意味する。市民起業家は、しばしば民間企業から輩出するが、政府や教育界、あるいは他の部門から生み出されることもある。彼らは、地域が世界経済の中で競争するために協働を支援し、時間、経験それに個人的つながりを拠出する。

この新しいモデルは、地域の協働をベースとしたものであり、新しいリーダーの出現を必要とする。このモデルは、政治家や特別の利益団体により主導された国一律の対立的な既成のアプローチと全く異なるものである。

経済コミュニティを形づくる力

二〇世紀の後半の二〇年間において、四つの力が合流し、経済コミュニティの重要性を高めるとともに、市民起業家精神を花開かせている。経済的、技術的、政治的そして人口構成から見た基本的変化が、地域のレベルにおける協働を新しいパラダイムの中心へと登場させている。

図1－1　経済コミュニティの新しい環境

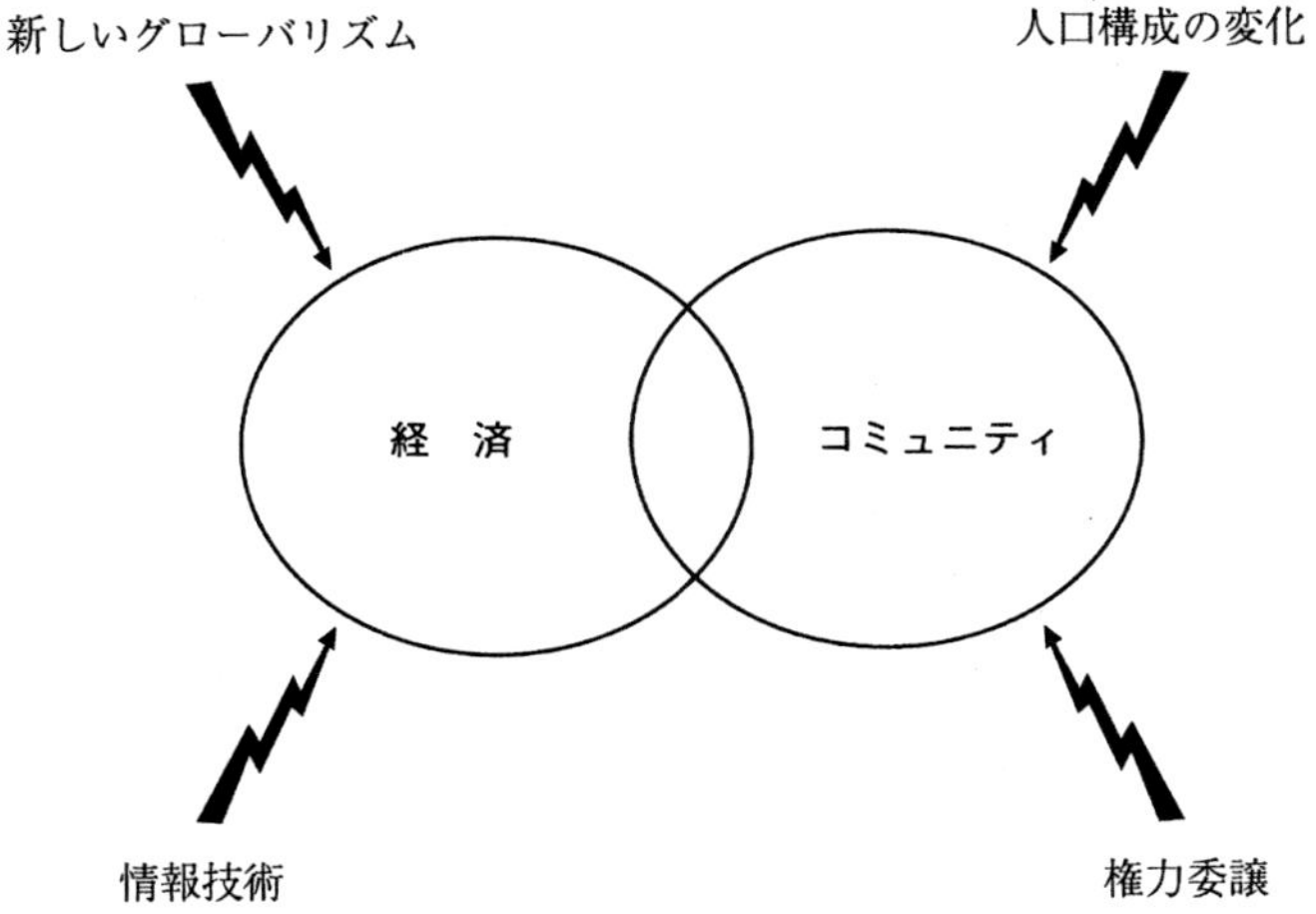

「新しいグローバリズム」の下で企業は、世界的見地から価値創造活動に最も適した地域を探すようになっており、地域にとって世界産業に参加する絶好の機会を生み出している。情報技術はあらゆるタイプの組織および意思決定過程を分権的なものとしており、地域における水平的な企業間ネットワークの形成を刺激している。政治的な権力委譲は、権威を地方政府のレベルに移している。し、責任は、政府から個人や家族、その他コミュニティの組織に移っている。人口構成の変化は、多様性が増しコミュニティの権力構造を開放的なものとする圧力と機会を生み出すにつれて、ベビーブーマーを意思決定プロセスの中心に位置させるようになっている。

それとともに、これらの力は経済的リーダーシップを国や州から地域やコミュニティに分散させるとともに、地域のレベルで、経済とコミュニティの新しい関係をつくり上げる必要性を生み出している。われわれは、かつて国の競争力について語ったが、今や代表的な経済コミュニティは、地域の「協働の優位性」について語るようになっている。

経済的、技術的、政治的、そして人口構成の変化が新しい世界観を発展させている。この転換は、ニュー・ディールや冷戦期に大きな力を有していたビジネスと政府の中央集権的かつ垂直的に統合されたモデルから分権的、水平的、ネットワーク型の地域のモデルへの転換であり、基本構造を揺さぶるものになるであろう。国や州はサポーターとして今後とも枢要な役割を担うであろうが、二一世紀への転換が進むにつれて、変化の力により地域とそのリーダーが行動の中心となってくるであろう。本書や他の著作によって紹介される経済コミュニティは、このような四つの力によって形づくられる世界の中でいかに繁栄すべきか構想を練っている（前掲図1-1）。

新しいグローバリズム――高価値企業・産業の集積地を創造する

アプライド・マテリアルズ社社長・会長のジム・モーガンは、当初から、世界経済が自分の企業とシリコンバレーを変化させていることを認識していた。一九八〇年代半ば、世界的競争によりアメリカの半導体産業の成長が期待できなくなる前ですら、彼は半導体製造装置のビジネスを、「日本市場に分け入る」ためにアジアに展開した。アジアでの経験により、彼は、技術企業は協働しなければならず、世界的であるとともに地域的であること、すなわち、世界市場を念頭に置きつつ地域に根を張っていなければならないことを学んだ。

世界的競争、世界的マーケット、世界的資源などに見られるように、アメリカの地域は、一九八〇年代初頭、中西部の自動車、鉄鋼産業の支配が最初の深刻な挑戦をうけて以来、グローバリゼイションが真に意味するものと取り組んでいる。グローバリゼイションの波は、地域を段階的に襲ってきた。第一段階は、世界金融システムの統合、第二段階は、貿易障害の撤廃とそれに伴う質の高い外国製品輸入の増大および国産品の海外販売競争、第三段階は、アメリカの海外新規投資または投資の拡充およびアメリカ各地域における外国企業投資である。

スタンフォード大学ビジネススクールのウィリアム・F・ミラー教授が指摘するように、伝統的な古い形態のグローバリゼーションのパラダイムは、コストダウンの追求にもとづくものであった。国際ビジネスの進出する初期段階において、企業は大量生産品の輸出基地として世界的に土地と労働力の安い地域を探した。東南アジアやメキシコにおける一九八〇年代の投資は、このモデルを追求したものであった。すると突然、コストの高いアメリカの地域は、製造業を営むには条件がよくない地域に転化した。こうして都市型の産業クラスターとしてのクリーブランド市は、製造業の中心としての顔を失ったのである。

現在では、グローバリゼイションがより進化した段階に進むにつれて、指導的な地域はグローバリゼイションを脅威ではなく、大きな機会と見るようになった。それらの地域では、価値創造型の世界企業に対して重要な地域的貢献をするという新しい目標を達成するために、精力的な試みが行われている。オースチン市では、弁護士であり有力な市民起業家であるパイク・パワーズは、世界的な機会が得られたことは、オースチン市が一九八〇年代初頭競争力を獲得し始めた原因であるとして、「われわれは、未来は世界的競争にあると認識した。われわれは、後ずさりし受け身で対応するか、自分たちのシェアを獲得し情報技術経済に参加するかを迫られた。前者の途を選択したならば、われわれは二流の経済にとどまっていたであろう」と説明している。

新しいグローバリズムは、企業が高い価値を生みだし、専門化されたイノベーション活動を行うことに適した地域を選択するという状況を生み出している（ミラー、一九九六年）。このモデルでは、企業は専門化された熟練労働力、研究・商品化能力、イノベーションを生み出すネットワークおよび独自のビジネス・インフラを容易に獲得することができる地域に投資する。中心的課題は、コストダウンだけではない。ゼネラル・エレクトロニック社会長のジャック・ウエルチは、成功するビジネス方法は明日に向かって事業を展開することにあるとし、「世界競争においては、デザイン、製造、研究、市場化の各段階において、世界で最も優れたものを大きな規模で結合できる者が、勝利者になることができる。これらの要素すべてが一つの国にあるいは一つの大陸に存在することは、希である」と述べている（ウエルチ、一九八七年）。

企業がひとたび投資をすれば、しだいに地域の環境に溶け込むことが目標になる。従来のグローバリゼイションの下では、企業は低コストの場所が見つかれば移動するという逃げ足の速いものであった。今や健全な地域の基盤が世界的ビジネス展開に必要であるとの認識が広まっている。ヒューレット・パッカード社の社長ルー・プラットは、世界企業はビジネスの拠点である地域で成功しなければならないことを「世界的に成功するためには、企業は質の良い仕事を提供し、輸出し、コミュニティに価値を提供し、なかんずく約束を守ることにより、地域経済の資産とみなされることが必要である。地域企業とみなされれば、その段階で急成長することになるであろう」（一九九五年一一月八日、グローバル・ブレックファースト・シリーズにおける「世界市場における成長戦略」と題するスピーチ）と説明している。しだいにビジネス戦略は、世界における成功と地域における強い橋頭堡を結びつけるようになっている。

新しいグローバリゼーションが経済コミュニティにとって意味するものは、なんであろうか？地域は、小さなものであっても刺激的な世界産業に参加し、世界的な企業を受け入れる機会を有している。アプライド・マテリアルズ社のジム・モーガンは、「われわれは、情報技術の劇的な変化に主導される新しい時代を迎えている。世界のビジネスは、人的資本や知識の急速な流動化により変化している。このことは、世界のどの地域でも新しい世界経済のルールによって生み出される機会に参加できることを意味する」と説明している。

地域は、高価値企業を誘致し成長させることができる特別な地域を建設することにより、新しいグローバリゼイションの流れに参加している。目標は、世界企業に対してなにか独特なもの、異なったものを提供することにある。企業の目から見れば、それぞれの地域が価値創造過程において異なった役割を果たす形で、世界的な地域のネットワークを構築しようとすることは、容易である。特定の産業、あるいは産業群にとって、ある地域は研究開発の拠点となり、また別の地域は高価値製品をすばやく生み出す拠点となることであろう。たとえば、クリーブランド市は、多大なる努力により次世代型の精密製造業の世界的拠点として甦った。ある地域は、地理的な位置や起業家精神に富んだ雰囲気を梃子として有効に使うであろうし、他の地域は、依然として情報や、製品・サービスや、金融の流れの単なる通過点にとどまるであろう。成功した企業がコア・コンピタンス（訳者注：企業が最も競争力を有する分野）を発展させ、保持し続けるように、地域は、才能、技術、特化されたインフラに投資することにより、競争上の優位を確保できるニッチを発展させる。しばしばこの発展は、地域環境の一部として、関連産業の産業クラスターを育成することを意味する。それと同時に、地域は、高価値産業に必要不可欠な知識労働者を引きつけ続けるため、質の高い生活を可能にしなければならない。

ウィリアム・F・ミラー教授は、「有効に機能するものはなにか？　効果があがるのは、人と場所に着目した政策である。簡単には分散しないものはインフラと労働力である。限られた人数の鍵となる人々は、国境を越えて移動するが、多くの労働者は移動することはない。労働力の教育と訓練、教育と結びついた研究、現代的なインフラ、ビジネス、政府および独立した民間セクター間の協働関係を容易にする制度の発展などに着目した政策が、分散することのない能力を構築するため持続的な効果を有するであろう。人と、生活と仕事の拠点となる場所を発展させることが肝要だ」とこのアプローチを説明している（ミラー、一九九六年）。このような場所が多くの行政区画を越えて広がって発展していることは、よく見られることである。

グローバリゼイションが地域化を促進するというのは、共通した認識になりつつある。まだ明らかでないにしても、アメリカの地域がどのようにうまく新しい役割に反応することができるようになるかである。世界的機会を認識しうまく捕まえるか、その脅威に怖じ気づくか、いずれかであろう。成功している地域は、経済コミュニティを世界への貢献を行うものとして位置づけるため、ビジネス、政府、教育、コミュニティを横断する協働作業を重要視している。グローバリゼイションは、経済コミュニティの創造に駆り立てている四つの主要要素の第一番目のものである。

情報技術——ネットワーク化された経済の勃興

テキサス・インストルメント社元取締役で、後にオースチン商工会議所の会頭、オースチン市長になったリー・クークは、経済と社会を変える情報技術の力を理解していた。彼は、オースチン市の未来を情報革命のなかに見て取った。彼が学んだことは、新しい経済はペースが速く、関係に裏づけられたものであるということである。情報技術におけるリーダーになるため、オースチン市はコミュニティをネットワーク化し、情報時代に参加する準備を整えるために新たな標準を設定した。

デジタル革命は、ビジネス、政府およびコミュニティに対して新たな力を付与する手段を継続的に生み出している。うねりのように押し寄せる形で、情報技術は、コンピュータへのアクセスからコンピュータと通信のネットワークへのアクセスを可能にし、現在では双方向のマルチメディアをわれわれに提供している。今までのところ、これらの手段は、組織をフラットにし、意思決定を分権化し、小さなものの参加を拡大し、地域における組織間のネットワークを刺激している。情報技術がどこにわれわれを導くかはわからないが、われわれは経済やコミュニティにとって意味するところが深遠なものであることは知っている。明らかなことは、情報革命は地域、あるいは地域内での関係をしだいに重要なものとする分権的な力を持っていることである。

工業社会を推進するために生まれた垂直統合型で中央制御型組織は、より事業の焦点を絞った、分権型で敏捷なビジネス単位に急速に変化している。メインフレームのコンピュータがコンピュータのネットワークに途を譲ったように、今や中央制御型の意思決定は、本部からの指令とは隔絶化されたより分権型の意思決定にとって代わられている。この変化は、より速く、より良く、より顧客に近くなるという競争上の必要性により主導されているものであり、情報技術によって可能になったものである。この結果、企業と人間が多くの異なった場所において、会社やチームの傘の下、今まで以上の自治を持って活動するという状況が生まれている。

大企業が分権化するにつれて、デジタル革命により、中小企業の競争者や潜在的な協力者が急増している。ドン・タプスコットがその著『デジタル・エコノミー』（一九九六年）で説明しているように、「新たな技術ネットワークにより、中小企業は大企業の優位性であった規模の経済と資源へのアクセスを克服することができるようになった。それと同時に、中小企業は大企業の不利な点である活力をそぐ官僚制、閉塞化するヒエラルキーや変化に取り残されるという重荷を有することがない」。このような種類のコミュニティがアメリカ中のコミュニティで成長している。

ペースの速い高価値市場において競争力を維持するためには、質、スピードおよび技術革新が要求される。あらゆる規模の企業は、自己のベストのものに特化し、他の部分を処理するためにアウトソーシングや関係の設定を行う。企業は、自分のコア・コンピタンスに集中し、ついで競争するため企業外の関係や資源に着目する。シリコン・グラフィックス社のエド・マクラッケンは、「われわれは、特定のものに集中している。われわれが行うものは世界的なものでなければならず、すべてをわれわれの手により行うことはできない。われわれは世界的な他の企業と協力し、契約を結び、パートナーとならなければならない。二〇年前と異なり、今日的となったビジネスの相互接続関係が見られる」と説明している。規模の経済を達成するための伝統的垂直統合のパターンは、範囲の経済を達成することを目的とした水平的なネットワークや戦力的提携関係にとって代わられている。

分権化と専門化の組み合わせは、ネットワーク型経済を生み出している。ビジネス単位としての個別の企業から企業とサポーティング機能を果たす関係者のネットワークへの転換である。支持基盤に人々、企業組織が凝縮して集まることにより、富も生み出されている。マサチューセッツ工科大学・ジャパンプログラムの研究員であるデービッド・フリードマンは、ネットワーク型の経済を「都市化された地域に起業家と企業が高密度に凝縮され、世界的に競争力を有し賃金の高い産業のほとんどすべてを生み出すことになるだろう。このように高度に専門化された企業は、世界市場に製品を供給するため迅速にチームを結成することができるゆえに繁栄する」と描写している（一九九六年）。

電子的なネットワークは世界規模で起こっており、企業は世界中の他の企業と関係を有している。しかし、ネットワーク型のビジネスモデルは、特定の地域の文脈において推進力を有することができる。地理的な接近性により、熟練労働者を見つけたり、専門化された供給者を育成したり、適切なパートナーを見つけたり、新しい技術を習得する上での「取引コスト」を低減させることにより、市場に対応する時間を加速度的に短縮することができる。カリフォルニア州立大学バークレー校のアナリー・サクセニアン助教授は、一九九四年の著作『リージョナル・アドバンテージ』（訳者注：邦訳『現代の二都物語』）において、シリコンバレーが現在経験している成功の鍵は、認識されていないがネットワーク型のモデルにあるとして、「ベストのものに集中し他は専門企業より購入することにより、シリコンバレーの新しい世代の企業は、新技術開発コストを分散し、製品開発期間を短縮し、継続的技術革新を育て上げるネットワークシステムをつくりあげた」と記述している（一九九四年）。エド・マクラッケンは、「パートナーシップは、パートナーが近くにいればより効果的である」としてこれに賛意を示している。半導体、ソフトウェアからアパレル、木製品にいたるまですべての類型の企業がスピード、革新、質および情報に依存すればするほど、より開放的、水平的な関係を基礎としたビジネスモデルが広まっている。

グローバリゼイションの下で企業と産業は、他とは際立った価値を生み出す場所を探している。情報社会は、地域における分権化と専門化をベースとした新しいビジネスモデルを生み出している。両者の力が相俟って、地域が行動と機会の中心となっている。地域にとっての課題は、動きの速い、技術革新をベースとしたネットワーク型の企業が発展するような場所をつくりあげることである。

人口構成の変化――コミュニティの力の拡大

マイクロエイジ社の共同創立者の一人で四〇歳代のアラン・ハルドは、アリゾナ州を二一世紀へと飛躍させるためには、新しい世代によるリーダーシップが必要であると考えていた。ディベロッパーや金融家の古い集まりである「フェニックス四〇」は、一九八〇年代の後半に活動を終えた。不動産や貯蓄、融資にまつわる醜聞は、古い世代のリーダーシップを大きく低下させた。アランと彼の仲間のベビーブーマーたちは、リーダーシップを新しい世代へと転換させるときがきたと考えた。

アメリカのコミュニティにおけるリーダーシップは、主として男性の白人である第二次世界大戦時代のリーダーの手から、より多様性のあるベビー・ブーマーの手に移りつつある。アメリカのいずれのコミュニティにおいても、過去において、コミュニティの将来を形づくった決定と行動を行った影響力のある経営者と政治家、すなわち古き良き人々よりなる小さなグループが存在する。彼らは、賢明に行動し、時には私欲なくコミュニティの利益にとって最も叶うと思われることを進めてきた。多くの人々が、すばらしい遺産を残している。

その後、しだいに新しい世代が今までとは全く異なって見える世界に登場し、全く異なった行動を開始した。この世界においては、女性と少数者がビジネスとコミュニティのことを処理するために活動的となった。この世界では、新しい関心と組織が大きなまとまりとなり、十分な反響と影響を生み出した。一九八〇年代においては、多くのコミュニティにおいて二種類のリーダーシップが並行して存在した。古き良き人々は、わずかばかりの力と影響力を保持していたが、彼らの伝統的な一方的スタイルは、新たな問題と関係者の複雑性を処理することができないことが明らかとなった。新しいグループは、準備をし、どのように今までのことをやめるかを学んでいたが、コミュニティを前進させる能力を欠いていた。

デービッド・クリスリップとカール・ラルソンは、彼らの著作『コレクティブ・リーダーシップ』の中で、このジレンマを「ある見方からすれば、従来参加を認められていなかったグループが力を持つことによる権力の分散は、民主主義を高めことになる。政策決定により影響を受けるより多くの人々が結果に対して発言するようになるからだ。しかし、そのことはまた、リーダーシップの発揮を困難なものにする。一例を挙げると、コミュニティには支配階層が存在しない。訴え出るところもなく、どのグループや組織も他者の利益に反して一方的に行動する権威を有していない。他方、ノーと言える多くの利益集団が存在する。多くの地域でこの結果起こっているのは、政策の膠着状態であり、コミュニティの広い利益のために有効に機能するリーダーシップのニーズが満たされないことにある」と具体的に説明している（一九九四年）。

あるコミュニティにおいては、ベビーブーマーたちがこの空白を新たな集団的スタイルのリーダーシップにより埋めるべく出現した。ビジネス、政治、教育およびコミュニティから新しいリーダーが輩出し、古い秩序の衰退により残された空白を埋めるべく活動を開始している。時として、彼らは新しい戦術を習得した伝統的指導者の支援を受ける場合もある。アリゾナ州では、「フェニックス四〇」が最終的に崩壊したとき、三〇歳代と四〇歳代の起業家よりなる戦力的提携集団が前面に登場した。彼らは、古い世代の中では最も若かった四〇歳代の有益な指導者により指導された。これらの新しい指導者が前の世代と異なるのは、行動を起こす方策として多くの人々を含めることを重要視することである。彼らは、意識的に、影響力の及ぶ輪を新しい人々とアイデアに開放する。彼らの父親の世代が一方的に自らの考えを進めることに集中したのに対し、これらの協働的な指導者たちは、コンセンサスの形成に努める。コミュニティにおける彼らの地位は、上下関係の権威や高圧的な力の行使によるのではなく、信頼を構築し広いセクションからの参加をとりまとめる能力に由来している。

クリーブランド市のアル・ラトナーは、この転換を「このコミュニティにおいても、四人の人が大きな決定をし実行することができた時代があった。この時代は、システムが閉ざされたものであり、人種的、宗教的、社会経済的偏見が非常に強かった。システムが開かれて初めてわれわれは機会を認識し、前に進むことができた」と説明している。クリーブランド市や他のコミュニティの事例は、コミュニティが常に新しい人々と考え方を統合しなければ、世代交代が古き良き人々の顔が代わるだけに終わることを示している。

あるコミュニティでは、新しい人々の流入増加が伝統的リーダーシップに課題を投げかけている。オースチン市の人口の三分の一は、居住歴五年以内の人々である。オランド市では、その比率は、五〇パーセントとなっている。比較的新しいコミュニティであるシリコンバレーにおいては、古い人々を地域の外へ押し出すことではなく、市民活動において、第一世代の起業家が分野を超えて関係を構築することが挑戦的課題となっている。エド・マクラッケンは、以下のように説明している。「シリコンバレーは、常に第一世代のコミュニティであり続けてきた。われわれが行おうとしていることは、ルーツや伝統を持たない第一世代の人々により広いコミュニティ感覚と共通の価値観をすばやく醸成することである。シリコンバレーは、どのようにすれば最も才能豊かな人々が活発な活動を展開しているコミュニティになることができるかを示す事例であると思っている」。

コミュニティは、世界化や情報技術のような変化を、問題であるとも、機会であるとも考えることができる。必然的であるのは、このような変化が協働と経済コミュニティにおける新しいリーダーシップを必要とするということである。これらのコミュニティが、多様な才能を有する人々を活用し、新しい世代のリーダーの登場を自由にするとき、新しい出発が生まれる。

政治的権力委譲――コミュニティが責任を負う

「クリーブランドが生き残るためには、ワシントンに対する依存度を減らし、われわれ独自の資源に依存しなければならなかった」。都市経済開発協議会の一九八七年会議において、ジョージ・ボイノビッチ市長は、コミュニティの自立に向けたメッセージを送り、このように説明している。ボイノビッチとアル・ラトナーやリチャード・ポークを含む経済界のリーダーたちは、早くも一九八〇年代において、九〇年代までには連邦政府が市を支援する時代は終わるであろうと理解していた。地域の資源を活用してクリーブランド市を再構築する課題に直面して、彼らは、小異を捨てて大同につく観点から公的セクターと民間セクターが協力関係を結ぶ果敢なモデルを開始した。

一九九六年の年頭教書において「大きな政府の時代は終わった」と宣言したとき、クリントン大統領は、アメリカのほとんどのコミュニティが既に長い間認識していた事実を認めていた。政府はわれわれの問題を解決する能力を欠いているのではないかとのニューディール期以来広がった懐疑感が、このときほど高いときはなかった。クリントン政権は、公的セクターの役割を改善するために「政府に再投資する」ことを強調したが、共和党により支配された議会は、連邦政府の機能を解体しようとした。市民生活における政府の役割を根本から見直そうという動きが政府の官僚機構を縮小し、公的サービスの民営化を進め、財政支出を削減することにつながった。権力委譲への最近のうねりは、「もはや、連邦政府が取り組むことのない課題を処理する責任は、誰が追うのか？」という問題を提起している。

権力委譲は、アメリカの地域にとって二つのことを意味するであろう。一つは、政府は、権限を地域レベルの政府に委譲し、分権化するであろうということである。二つ目は、政府は、ある領域においては必要であるが、他の領域においては責任を個人、家族や他の組織に移すであろうということである。いずれの場合においても、権力委譲の力が経済コミュニティの重要性を増すことは明らかである。

デービッド・オスボーンとテッド・ゲブラーが彼らの著作『リインベスティング・ガバメント』（一九九二年）で指摘しているように、経済と社会の変化を反映すべく政府を再構築するのはこれが初めてではない。「われわれは、およそ一九〇〇年から一九四〇年までの二〇世紀初頭、政府にこれを再投資し続けた。われわれは、新しい工業社会の出現に対処するため、ニューディール期にそのように行動した。今日政府は、再び激動の波の中にいる。ポスト工業社会、知識をベースとした世界経済は世界中の古い現実を変革している。政府は対応を開始した」。情報技術と世界的競争が企業構造をフラット化させ、ビジネスをより柔軟かつ生産的にしたように、政府はより敏捷で焦点を絞った組織モデルを採用している。政府の諸制度が分権化されればされるほど、より範囲の限定されたものではあるが、変化する地域のニーズに即応した行政サービスを提供することが期待される。

連邦政府は、もはや地域のインフラや産業に大きな投資をする立場にはなくなるであろう。シリコンバレーは、連邦政府による国防予算の削減により三万人の雇用を失った。このような新しい連邦主義に直面した最初の市の一つであるクリーブランド市は、一九八〇年代に、六千万ドルの連邦政府の助成を失った。アル・ラトナーは、この転換の効果を「われわれが得た教訓は、回答は外部にはないということだ。コミュニティに住む人間以上にうまくできる者はいない。他に参考になる地域はない」と説明している。

公的セクターが分権化・縮小し、民間セクターがグローバル化するにつれて、コミュニティにとっての主要な課題は、中間にある市民社会をいかに構築するかになっている。市民社会あるいは市民セクターは、市場・ビジネスと政府・政治に中間に位置する自発的団体とネットワークの集合体である。この領域でこそ、ビジネス、政府および　他のコミュニティ・セクターの長期的利益にかなう自主的関係が構築される。市民社会こそアメリカ人が公的セクターおよび民間セクターを継続的に再構成しようとするときの新しいフロンティアだという合意が成立しつつある。この領域こそが、多くのセクターが協働し、コミュニティがしだいに関心を示す領域である。

このような市民社会に対する関心の再発は、ただ単に、政府が役割を縮小するにつれて、社会的ニーズを満たすために第三セクターが必要となるということからではなく、市民セクターが複雑かつ変化の速い社会において長期的利益を結びつける必要不可欠な仲介組織として機能する可能性があることに由来している。アメリカ人は、必要性に迫られて、人間とコミュニティが変化し、あるいは変化しつつある世界に適応することを助ける新しい制度を創造しているのである。ジョン・アンダーソンは、従来のフロリダ州商務省に代わる新しい民間主導で、公的支援を受けた組織である「エンタープライズ・フロリダ」の社長である。ジョンは、「われわれが今行っていることは、この国で非常に広く広がっている実験であり、新しいものに進化していくであろう。われわれは、伝統的な制度やものの見方が役に立たない課題やニーズを処理するため、公共と民間のリーダーを集合する新しい制度を創造し、改善を行っている。まさに必要性は、発明の母である」と自らの観察を紹介している。

経済的トレンドを長期にわたって観察しているピーター・ドラッカーは、第三セクターの重要性を知識労働者の登場と結びつけている。彼は、第三セクターの発展が二一世紀への主要な挑戦になると論じている。知識社会は、人間の満足と自己実現の可能性を高めるものであるが、そのためには、新しい第三セクターを必要としている。ドラッカーは、「知識社会は、三つのセクターよりなる社会でなければならない。第一は公的セクター、すなわち政府であり、第二は民間セクター、すなわち企業であり、第三は、社会セクターである。第三セクターを通じてこそ、現代の発達した社会は、感度が高く物事の達成に取り組む市民権を回復することができるし、個人、特に知識階層に対して、自己差別化のできる空間、コミュニティを創造できる空間を提供することができる」(ドラッカー、一九九五年)と指摘している。この市民セクターを構築することは、ビジネスと政府のリーダー両者の責任である。

市民社会の重要性に関する新しい思想は、政治的には、右翼、左翼いずれからも登場している。

いずれのサイドの理論家も、市民セクターは政府の機能を代替するものではないと強調している。彼らは、市民社会のアイデンティティは、ビジネスと政府の間に位置することによって生まれるものであると主張している。市民社会は、両セクターの独特な力に完全に依存しており、しばしばそれぞれのセクターの弱みをコミュニティが補うことを支援している。『リボリューション・アット・ザ・ルーツ』（一九九五年）の著者であるウィリアム・エッジャーとジョン・オリーリーは、ビジネス、政府および市民セクターの補完性を強調する一群の思考家に属する。「一般に受け入れられている考えによれば、民主党は政府親派であり、共和党はビジネス親派であるとされるが、このような選択肢の提示はとうてい満足できるものではない。政府は、制度的で官僚機構を有し、国家権力にもとづいたものであり、自由市場は、お金を基本とし消費者と生産者の利益にもとづいたものである……このような政府とビジネスに関する誤った二分法は人間の活動という重要な要素を見落としている。社会の第三の構成要素は、自発的な関係にもとづいているが、団体やコミュニティのグループの経済的利益のために活動を行うものではない。政府、ビジネスいずれによっても満足されることのない人間的関心事項に対処するものとして「媒介組織」、「市民社会」、「コミュニティ」などいろいろな呼び方をされるが、この領域は、消費者としてのわれわれの生活ではなく、人間としてのわれわれの生活を豊かにするものである」。媒介となる組織は、媒介しうる強力な構成要素を持っていなければならない。

政治的にもう一方の極に位置する社会民主主義の活動家であるジェレミー・リフキンも、三つのセクターの相互補完性について「伝統的に政治家は、アメリカの政治思想を市場重視の立場を一方の極とし、政府の役割を重視する立場をもう一方の極として分類しているが、社会を市場セクター、政府セクターおよび市民セクターの三層構造としてとらえることがより正確である。第一層は市場資本を、第二層は公共資本を、第三層は社会資本をそれぞれ創造している」と記述している（リフキン、一九九五年）。アメリカの市民セクターの役割を再評価する必要があることについては合意は出来つつあるが、「その特徴は何であり、どのような機能を期待することができるか？」という疑問が依然として残っている。アメリカは、コミュニティのイニシアティブに関する長期にわたる伝統を有しており、社会奉仕活動、芸術および文化、フィランソロピーなどの伝統的な第三セクターの概念の中に、経済とコミュニティを構築するために公的セクター、民間セクターおよび市民セクターが協働するための新しい強力なフォーラムをつけ加える体制ができている。

権力委譲の動きは、究極的には、実施責任と説明責任をコミュニティに移すことになるであろう。この動きは、現在民間セクターで起こっている継続的なリストラと革新に州政府や地方政府を取り組ませることとなる。その結果、政府や社会構造が、分権化しているビジネスの構造を反映したものになるであろう。権力委譲のうねりは、経済コミュニティを建設することが必要であることを際立たせ、経済コミュニティは、市民セクターとして積極的に活動する経済とコミュニティの間の強い協働関係によって特徴づけられることとなろう。

力の流動化――新しいリーダーが登場する

経済、技術、人口構成および政府の四つの領域すべてに働く劇的な関連する転換が、二〇世紀のほとんどの期間アメリカを支配していた環境と基本的に異なった環境を形成している。地域に深く根を張った世界経済が国有企業によって支配された国民経済にとって代わっている。工業技術と垂直統合された大量生産システムは、情報技術と専門化された生産ネットワークにとって代わっている。権力委譲は過去にあった大きな中央政府の考えを引き裂き、コミュニティレベルでの新たな活動を必要としている。第二次世界大戦期のリーダーたちは、ベビーブーマーや多種多様な活動家とリーダーとしての地位を争っている。アメリカは、大きな転換の真直中にいる。

しかしながら、経済的、技術的、人口構成上の、そして政治的な力が同時に流動化するのはこれが初めてではない。アメリカの歴史では定期的に四つの力すべてが突然変化し、次の平衡状態に向けて人間および組織を流動化させる新しいリーダーが出現している。

産業革命は慈善事業家を生み出した

多くの観察者が、一八九〇年代と一九九〇年代との間に際立った類似性があることを指摘している。一八九〇年代には、経済と技術が農業を基盤としたものから工業を基盤としたものに変化するにつれて、社会的大変革が起こった。隔絶され、自給自足で自治が保障されていた一九世紀の農村における生活は、大量生産の到来とともに大きく変化した。農村においては、経済とコミュニティは同一のものであった。統治しない政府が最も良い政府であるというジェファーソン的な見方が支配的であった。家族は自活し、自発的団体やコミュニティの自治へと拡大した。大量生産にともなう職務の誕生は、このような生活を永久に変化させる政治的・人口的対応を生起した。

大きな国民企業の手に握られた工業化の力は、鉄道と鉄鋼という双子の基盤の上に国民経済を創り出した。小規模の農業技術は、規模と範囲を常に拡大し続ける製造業に途を譲った。農民が農村を離れ、移民がアメリカに押し寄せるにつれて、都市が成長した。恐れと不安と反動が繁栄とよりよい生活を約束することと混在していた。

この流動的な状況のもとで新しいコミュニティと新しいリーダーが登場した。鉄道や工場を建設した志の高い人々がコミュニティをも建設した。カーネギー、ロックフェラー、スタンフォード、クロッカー、フォード、モーガン、デュポンなどが富を新しい機関を建設するために投資した。図書館、大学、財団、市民センターなどが建設され、人々が高い可能性を持った地域のセンターを偉大なるアメリカの都市へと発展させることの手助けとなった。

工業集積が新たな政府の指導者を生み出した

富の集中化に対応して、新しい経済に適合した進歩主義の考え方と強い国民政府が登場した。一九〇九年、ヘルバート・クロリーは『アメリカ生活の見込み』と題する本を書いたが、その内容は、しだいに一般に受け入れられていった新しい考え方を反映している。クロリーは、ジェファーソン的な権力の分散という市民社会の伝統は、障害になったと論じている。「アメリカにおける産業的、政治的、社会的生活が集中度を高めている状況」のもとでは、アメリカ政府は「中央主権を必要とする」というのである（クローリー、〈一九〇九年〉一九六五年）。クロリーは、新しい経済の力に対応して積極的な中央政府をつくる必要があると論じた。新しいシステムの形成について、彼は「ハミルトン的な手段により、ジェファーソン的な目的を達する」ことを主張している。彼が意味するところは、自由と平等という伝統的な民主主義の目標は、新しい経済に適合した強力かつ積極的な政府によって、達成されるということである。農業社会においては、制限的な政府が望ましかったかもしれないが、工業社会の大企業の対応するためには、大きな政府が必要であるというのである。

一九三〇年代までに国民経済と中央政府を特徴とする新しいパラダイムが確立した。セオドア・ルーズベルト大統領は新国家主義を打ち出したが、それはフランクリン・ルーズベルト大統領のニュー・ディール政策となって結実した。国家的な工業計画から信頼醸成にいたるまで、ルーズベルト政権は、経済的・社会的問題を処理するにあたってその役割を大きく拡大していった。フィエレロ・ラ・ガルディアやヒューイ・ロングなどの指導者が喚起のなかで選出され、コミュニティ建設家あるいは民衆のリーダーとして、工業力の集中化に対抗して反対活動を展開した。ニュー・ディールにおける対応の重要性は、大企業と戦うためには、時として大労組の支援を受けた大きな政府が必要であることを示したことである。利益集団が多元的に活動するという新しいモデルの下では、大きなマスコミ組織は、国家政策の形成にあたって敵対的に行動した。このような流れの中で結局起こったことは、ワシントンに行動、権力、意思決定すべてが集中したことであった。

戦争がテクノクラートを生み出した

この新しいモデルを活性化させるため、新たな指導者としてテクノクラートが政府とビジネスに登場した。良く訓練された専門家集団が大量に動員されたことにより、第二次世界大戦が勝利に導かれたが、これが冷戦期、貧困との戦い、ベトナム戦争にまで引き継がれ、中央政府の範囲を拡大した。民間セクターにおいては、新しい職業専門家がこれらの戦争状態を動員し、第二次世界大戦により灰と化した市場を大量に生産されたアメリカ製品により侵略し征服した。

職業的に訓練された専門家だけが複雑な情報を分析し、決定を行い、巨大な組織の構造を決めることができた。ドゥワイト・アイゼンハワー、ロバート・マクナマラ、ハーバード大学ビジネススクールの一九四九年卒業生などの指導者は、大量生産を行う専門的知識こそがアメリカの未来を切り開くという確信を有していた。この確信が究極的な形で表れているのが、ジョン・ケネス・ガルブレイスが書いた『新産業国家』（一九六七年）であり、その中で彼は、起業家の時代は終わり、「テクノストラクチャー」（訳者注：産業技術複合体）によるビジネスと政府のリーダーシップを激賞した。

巨大企業により支配され、大きな政府によりチェックされるという国民経済の成長は、地域のコミュニティの自治を減殺し、市民による活動のエネルギーをそぐこととなった。二一世紀に近づき後ろを振り返るとき、歴史家、哲学者、政治家いずれも同様に、このような考え方を説得調に語っていたことがわかる（興味深いのは、二〇世紀への転換期において、百家争鳴の思想家、なかんずくジョン・デューイによって、このような効果が予期されていたことである〈ライアン、一九九五年〉）。国家的問題を解決するためにコミュニティが中央政府に着目し、検討が専門家の頭の中で行われる世界の下では、市民が活動を開始する余地はほとんどなかった。事実、一九六〇年代の「最善の賢明な人々」は、地域のコミュニティと普通の市民を、よくても偏狭で後ろ向きな存在として、悪くすれば偏屈な存在と見ていた。規模、専門家、国家目標に焦点をおくようになった結果、多くの人々にとって、コミュニティは国家と同様の意味を有するものとなった。

新しい力が市民起業家を生み出す

ハーバード大学のマイケル・サンデル教授は『民主主義の不満』（一九九六年）の中で、冷戦期に権力の集中化を行ったことにより、われわれの市民としての技能と市民社会の媒介組織の萎縮を招き、「われわれの生活を規律する力を制御できなくなってきている」との感覚を持つにいたっていると論じている。変化した環境に思索をめぐらせ、協働の運命を決定するためにともに働くメカニズムを有することなく、変化は、加速度的にスピードを増し終わりのない形で進行している。

大量化、専門家およびビジネスと政府の反目に焦点を当てた古いモデルが新しい環境にはうまく機能しない兆候は、いたるところに表れている。回答は、ワシントンの政策、プログラムや制度を新しいものと取り替えることではない。また、それは、政府と国家を解体し、農村社会に回帰することでもない。

回答は、未来を構築するとの必要性に迫られて、ビジネス・政府・コミュニティの全く新しいモデルを形成する「早期対応型」のコミュニティから提示されるであろう。それらの実験と成功から、二一世紀への新しいモデルが出現するであろう。明らかとなったことは、環境の変化は、地域の経済とコミュニティの間で基本的に異なった関係をつくり上げており、新しいリーダーシップが必要とされているということである。流動化する時期に新しい種類の指導者が必要とされることは、歴史が証明している。現在必要とされているのは、問題を解決するために人々を鼓舞するとともに力を与え、コミュニティレベルでの機会を利用する指導者である。課題は、ボトム・アップにより制度と技能のまとまりよりなる市民社会を再構築することである。産業家、慈善事業家、選挙で選ばれた議員、テクノクラートと並んでこれから指導者となるのは市民起業家である。これらの指導者を生み出すことと、大きな企業、大きな政府、ワシントンを向いた大きな利益団体が敵対的な関係を有するモデルとは、まったく異なったものである。

経済コミュニティの三つの特徴

われわれは、このように出現しつつあるコミュニティを「経済コミュニティ」と呼んでいる。経済コミュニティは、企業とコミュニティに持続的な優位性と活力を与える経済とコミュニティの間の強力かつ感度のよい関係を有した場所である。経済コミュニティは、変化に建設的に対処するために様々な利益を統合する機能を有する仲介的な人間と組織によって特徴づけられる。このように

図1－2　経済コミュニティの特徴

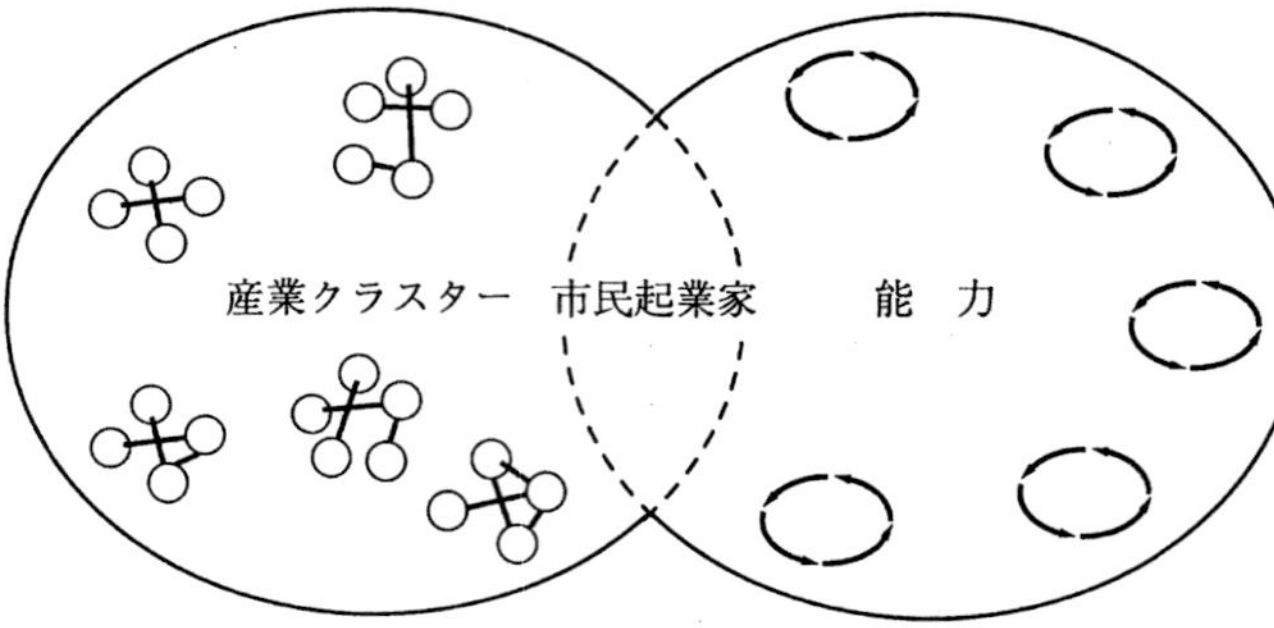

変化するコミュニティは、様々な行動が行われているところである。どのように経済コミュニティを見分けたらよいのであろうか？　経済コミュニティは、三つの特徴を持っている（図1－2）。

- コミュニティと結びついた専門化した産業クラスター――輸出により地域の富を創造し、相互のニーズを満たすためにコミュニティと結びついた企業の集積
- コミュニティの能力との結合――競争力のある産業クラスターを生み出し、人々の質の高い生活を支えるコミュニティの資産とプロセス
- 市民起業家が経済とコミュニティを結びつける――経済的活力とコミュニティの活性化を促進するために産業クラスターとコミュニティの能力を結合する関係

経済コミュニティにおいては、成功は、伝統的な経済

とコミュニティの領域を横断する協働作業を継続的に実施することにより生み出される。ビジネスは、競争上の優位性を確保するために、専門化した供給者、熟練労働者、情報ネットワーク、感度のよい政府といったコミュニティの資産に依存している。コミュニティは、ビジネスが人間とインフラに投資することに依存し、地域的問題を解決する責任を共有している。様々な関係が継続的に改善を生み出すきっかけをつくり、市民起業家は、このような関係を育成する機能を有している。

コミュニティと結びついた専門化した産業クラスター

「われわれはフロリダにおいて、州全体ではなく地域を単位として世界で競争することを学んだ。地域のコミュニティが自らの力で競争するようにしなければならない。たとえば、経済を勉強するまで、われわれはレーザー光工学の産業クラスターを有することを認識していなかった。現在では、われわれは将来の機会に関して異なった考えを持っている」（オランド市長 グレンダ・フード）。

ネットワーク型経済の登場とともに、集積化現象に対して改めて関心が高まった。ネットワーク型経済は、専門化された産業クラスターを数個有することが普通である。産業クラスターは、競争し、補完し、独立した企業・産業の集合であり、輸出により地域の富を創造する。産業クラスターは、地域を支援し地域に貢献する産業の活動を活発にするものであり、地域にとって重要な役割を有している。マーシャル（一八九〇年）からポーター（一九九〇年）やクルーグマン（一九九一年）に至るエコノミストは、企業が産業クラスターの一部となって活動することの利益を、以下のように指摘している。

・専門化された労働力へのアクセス――産業クラスター内の企業は、専門技術と経験を有する人間よりなる労働市場を活用することができる。
・専門化された供給者へのアクセス――産業クラスター内の企業は、部品やサービスの専門化された供給者の集合にアクセスすることができる。
・ネットワークへのアクセス――産業クラスター内の企業は、技術革新を加速化させる情報の流れと技術的外部効果にアクセスすることができる。

産業クラスターを有する地域は、専門化された資源の質が高いことおよびそのような資源が容易に入手することができることにより、他とは際立った特徴を有することができる。経済コミュニティのこのような際立った特徴は、単に産業クラスターを有するからということからではなく、産業クラスターをその中に取り込み、コミュニティが必要とされるものを理解するというメカニズムを有していることからきている。経済コミュニティは、民間の「需要」と政府およびコミュニティの「供給」をつなぐコミュニケーションを育成している。サンタクララ郡にあるエレクトロニクス・ロボット研究所の部長オースチン・ルセロがシリコンバレーの企業について語っているように、「金や設備は必要ではない。必要なのは、情報だ。私の学生は、よい仕事を得るためになにをする必要があるのか?」(『学校と仕事との橋渡し』一九九六年)。この学校区では、産業界の代表者と教師、行政が毎月会合を持ち、生徒の生涯学習計画とともに、特定の技能を目標について意見を交換している。

このようなニーズはすべての産業クラスターに共通するものであるが、特定の産業クラスターにのみ当てはまるものもある。ツーソン市では、小規模ながら成長している光学企業が産学共同研究を進めるため、アリゾナ大学や大ツーソン経済協議会と連携している。アリゾナ光学計画として組織されており、産業クラスターは、銀行に対し、光学企業の理解を高める技術的支援を行っている。企業は、熟練した技能を持った光学技術者をプールすべく地元の小中学校やコミュニティ大学と連携している。

経済コミュニティにおいては、企業はニーズを明確にし、ニーズを満たすためにコミュニティと積極的に協働する。多くのコミュニティでは、反対のことが起こっている。コミュニティの力は、ともすれば需要サイドではなく供給サイドから考慮されることになりがちである。政府と教育は、産業がなにを求めるのかについて明確な理解を持つことなく、ビジネスに対するプログラムをつくり、供給者は自分たちのネットワークの中で意見交換を行っている。そのようなプログラムは時間が経つにつれて産業の需要からますます離れていき、プログラム自体が自己目的化しコストのかかる官僚的なものとなる。コミュニケーションの不足から、コミュニティが産業クラスターにとって害となることを無意識的に行っている例もある。

経済コミュニティは、産業クラスターを重要な顧客としている。企業がしだいに双方向の製品開発過程をとって顧客との接触を拡大するように、経済コミュニティは企業に対して、ニーズを具体化して満たすように参加を求める。ジム・モーガンは、以下のように説明している。「それは、コミュニティを建設し継続的に改善するために、コミュニティのメンバーを集約化する一連の能力が必要であることを発見する過程である。特にコストの高い地域では、このような能力の共有化過程によって初めて、既存の産業が強化され、新しい企業が生み出され、新しいビジネスが引きつけられるであろう」。経済コミュニティでは、産業はコミュニティの能力から利益を得、かつ貢献することができる。

コミュニティの能力を結合する

「ウィチタにおいて対立が生じた主要な領域は、教育であった。二つの教職員組合、さまざまなビジネスとコミュニティのリーダーたち、校長などすべての人々が学校を新しい視点からとらえ直すことが必要であると考えていた。「経済・教育成功化チーム」を結成して、われわれはこれらの人々をうまくまとめあげる指導者を得ることができた。われわれは、教育改革にコミットする宣誓書に署名した。すべての人が安心していたわけではなく、緊張をはらんでいた。ほとんどのコミュニティにおいては、教師とビジネスとの間には距離があったが、われわれは、その壁を取り壊した」。ボーイング社の前上級副社長ライオネル・アルフォードは、このように語っている。

経済コミュニティの人々は、世界的に競争力がある産業クラスターを基盤とした経済においては、思考方法の転換が必要であることを理解している。従来は、低廉かつ豊富な労働力を含めた低コスト環境が必要とされた。このことは、天然資源を基盤とした経済や製造業においては妥当する。しかし現在のコミュニティでは、高い生活水準を維持する経済活動を促進するため、コストを意識しながらも、スピード、関係、革新、生産性および世界との結びつきを生み出す環境を創造する必要がある。それは、単に消極的な要素を除去するといったことではなく、価値を創造する積極的なものを育成することである。

経済コミュニティは、ビジネスのニーズに敏感に反応するコミュニティの能力を発展させる。どのコミュニティでも、良きにつけ悪しきにつけ、経済に影響を与える中心的プロセスを有している。そのようなプロセスの部分は、小中学校の教師のような政府サイドの人々によって主導され、資金調達のような他の部分は民間セクターによって主導される。経済コミュニティにおいては、このようなプロセスは経済的ネットワークにつながっており、いわば「引き込み点」と言える。新しい経済にとって鍵となるコミュニティのプロセスは、以下のようなものである。

- 労働者教育――小中学校教育、高等教育、再教育・再訓練
- 技術革新――研究、情報の流れ、技術の伝播
- 産業創造――初期段階での資金供給、起業家支援、文化・環境
- 世界貿易――専門化された施設と媒介となる組織、国際的ネットワーク、多様性
- インフラと都市計画――交通インフラ、高度な通信システム、施設配置、住居
- 規則と税制――時勢にあった規則、税金と生み出す価値とのバランス
- 生活の質――余暇、住居、文化、町の中心部の開発

今日では、経済開発について論じ、実行する上においては、ハイテク産業に関連する身近な要素を結びつけることが成功につながるというのが暗黙の前提となっている。カリフォルニア大学バー

クレー校のアナリー・サクセニアン助教授は、「鍵は身近にある資源、すなわち研究型の大学、産業団地、ベンチャーキャピタル、新技術に対する一般の支持、望ましい社会環境をうまく結びつけることにある。これらがうまく結合されると、革新と経済的成功がもたらされる」と指摘している（サクセニアン、一九八八年）。

しかしながら、経済コミュニティは、なにを持っているかよりもそれをどう使うかが重要であることを示している。「ダイナミックなハイテク地域を創造することは、単に素材を結合することによって可能となるのではなく、革新的な企業を発展させる地域レベル、全国レベルでの機構や関係を構築することによって可能となる。重要なのは、地域において個人、企業、組織が存在することではなく、それらがうまく関係づけられていることである」（サクセニアン、一九八八年）。重要なことは、素材だけではなく、素材を生かす料理法にある。経済コミュニティは、経済の活性化に資するために資産を活用する相互プロセスを有している。

たとえば、大学はしばしば地域開発にとって重要であると指摘される。しかしながら、単に大学が存在することだけでは、革新的な経済が近くに生み出されることにはならない。リサーチ・トライアングル財団の前理事長ロバート・リークは、ハイテク企業を引き込むのは「高等は学位を与える機関が存在することではなく」、企業は、むしろ「教授が企業の技術者と連携をするようなことを行う姿勢や特別な講座や図書館を企業に開放する姿勢を大学がとっていること」によって、引きつけられる、と指摘している（カニングス、一九九五年、一一五ページ）。

クリーブランド市とオースチン市は、大学が地域の教育や技術革新の過程において中心的な役割を担った多くの事例を持っている。一九八六年「明日のクリーブランド」と名づけられた組織は、起こりつつある高度な製造業のニーズに即応するプログラムを作るため、強力なエンジニアリング機能を有するクリーブランド州立大学とケース・ウェスタンとの協働作業を開始した。その結果、非常に成功した「クリーブランド高度製造プログラム」が生まれ、他の州やアメリカのモデルとなった。オースチン市にあるテキサス大学は、世界的な大学が地域経済の方向性を決める重要な能力を形づくった好事例の一つである。地元から資金調達したプログラムにより、質のいい研究が行われ、大学院生が社会に輩出された。一九八三年以来、テキサス大学は、全国レベルでの研究者の調達、リサーチパークの役割の再定義、オースチン経済開発への参加において強力な役割を担ってきた（エンゲルキング、一九八九年）。オースチン商工会議所理事長のグレン・ウェストは、ミッドウェスタン大学の総長を招待したときに、「われわれの大学は高等教育を行う世界的機関であり、地域コミュニティと同様にケニアのナイロビのように地域コミュニティとの関係のうすいことにも関心を持たねばならない」と総長が発言したのを引き合いに出して、オースチン市を他の地域と比較している。

経済コミュニティでは、質の高い生活は高価値産業にとって中心的な条件となっている。企業は熟練労働者に依存しているが、それらの熟練労働者の多くは、どこに住むのか、どの企業に働くのかについて選択肢を多く持っている。技術、経験および人々の創造性を基盤とした経済にとって、質の高い生活は経済的な資産である。オースチン市にとって、質の高い生活は明らかな誘因要素であり、人口が増えるにつれて、オースチン市は生活の質を維持する努力を行っている。シリコンバレーでは、生活の質が低下するにつれて経済が好調になったが、地域の人々は、両者の相互依存関係を理解し、経済とコミュニティとのバランスを実現するために苦労している。クリーブランド市にとって生活の質は、一九八〇年代に経済があまりうまくいかなかったときでも人々を引きとどめる効果を持った。

経済コミュニティにとっては、規制のような伝統的な経済環境要因ですら、資産となる可能性を有している。時間が基礎となる競争の下では、製品の寿命は月単位で測られるようになっている。「時は金なり」ということわざは、企業が時間に即応しないことにより市場から除外されるにつれて、「時は市場なり」に変化している。かつてシリコンバレーの許認可は、手続きの結果得られる回答が「イエス」であれ、「ノー」であれ、「たぶん」であれ、著しく時間がかかった。インテル社の税制・ライセンス担当副社長ロバート・パールマンが説明しているように、「シリコンバレーで既存の工場を拡張するために一八カ月かかっていたが、その期間は、新しい半導体を開発する期間や他の地域に新規の工場を建設する期間よりも長かった」のである。民間セクターの専門家の協力を得て、シリコンバレーの各市は許認可手続きを再設計し、処理期間を最長一日まで短縮した。フリーモント市は、行政サービスの質を競争上の優位が発揮できるように転換しており、サンフランシスコ湾岸地域で最初の「トータル・クオリティ・コミュニティ」（訳者注：ジョイントベンチャー・シリコンバレーが「経済コミュニティ」構築の目標としているスローガン）となっている。

経済コミュニティにおいては、経済とコミュニティの間の活動が溢れている。経済のネットワークとコミュニティのネットワークが相互に交流し、融合を起こしている。経済、コミュニティいずれの人々も他の人々を知り、共同で活動している。人々は、この二つのセクターの間を行き来しているが、それ以上の活動を行っている例もある。たとえばオースチンでは、テキサス・インストルメント社のリー・クックは、商工会議所、市長、起業家を変化させた。

このような関係は、強い経済コミュニティをつくる上での接着剤のようなものである。このような関係こそ産業クラスターをコミュニティの能力に結びつけるものであり、コミュニティの活動が経済成長を支え、経済がコミュニティに投資される富と経験を生み出すという重要な循環を創り出している。

経済コミュニティにおいては、このような相互作用と共同作業により、人々がお互いを知り、信頼関係を構築するようになっている。グレンケーン社社長・会長のジム・ビガーは、クリーブランド市における状況を「ビジネスのほとんどの人々は、お互いを知り、好意を持っている。彼らは、好んで共同作業を行う。しかし、そうではない多くの市があり、人々はお互いを知ってはいるが、好意を抱いていないか、その活動が市の発展を阻害している人々である」と説明している。オースチン市は、このような関係をセールスポイントとして活用した。大オースチン商工会議所会頭のグレン・ウェストは、セマテク（訳者注：先進的半導体開発のため米政府の主導によりつくられたコンソーシアム。各地から、誘致活動があったが、最終的にオースチン市に立地が決定した）の立地選考委員会が訪問したときに「あなた方が頼りになると期待できるチームワークをわれわれが有していることは明らかです。競争力を持った地域においては、コミュニティのリーダーシップが重要です」と説明した。オランド市は、公的セクターと民間セクターにまたがる濃密な信頼関係のネットワークを有している。コミュニティは、過去一五年間にわたって「フロリダ州で最も信頼関係の厚い環境」（ホワイト、一九九五年）を持つように発展した。オランド市における公共セクターおよび民間セクターのリーダーと話してみれば、彼らがお互いを信頼し、経済戦略の基礎となる友好関係をつくる術をマスターしていることがわかる。

セクターを超えた強固な関係を有するがゆえに、地域は好ましくない環境変化に対応し、機会に対して前向きに取り組むことができる。事実、経済コミュニティにおける個人的ネットワーク網は、統治のシステムとして機能する。政府とは異なり、このようなコミュニティにおける統治は、人、企業、機関が経済のニーズに対応して、それぞれの組織上や管轄上の境界を超えて連携することを意味する。ウィチタ市では、景気変動がある航空機産業に依存しながら、失業率は常に全米平均を下回っているが、このようなウィチタ市の活力は、世界的な経済的変化に見舞われたときにも迅速に対応できる強固な関係に根ざしたものである。一九九三年、ボーイング社が六〇〇〇人の従業員を解雇したことがあった。これは、他の地域では経済やコミュニティを空中分解させるほどのものであったが、ウィチタの市、コミュニティ、労働界、州のリーダーたちは、失業者を支援する一元的組織活動を行うために努力を結集した。教育、ビジネス、政府の間に強固な関係があったことが、フェニックス市において、半導体産業に必要な熟練技術の不足にすばやく対応できた理由である。大フェニックス経済協議会会長のアイオアナ・モーフェシスは、次のように説明している。「アリゾナにおける協働戦略作業のプロセスにより得られた知識と関係がなかったなら、この種の協働的で集中化した事業は起こり得なかった」と説明している。

コミュニティは、このような横断的な関係をどのようにつくるのだろうか？ なにがうまくゆく要因なのであろうか？

地域における経済的な成功度はコミュニティの関係に依存しているとの多くの研究がなされている。ハーバード大学のロバート・パットナム教授は、ネットワークが「社会資本」の鍵であると指摘している。パットナム教授によれば、社会資本とは、社会生活の特徴であり、人々が共通の目標を達成するために協働することを可能にするネットワークや規範、あるいは信頼であるとされる。イタリアの地域に関する詳細な研究や世界の他の地域における検証の結果、彼は「社会資本が、世界中の経済開発において死活的に重要な要素であるとみなされるようになっている」と結論づけている（パットナム『アメリカの将来』一九九三年）。歴史家としても社会科学者としても有名なフランシス・フクヤマも同様な結論に達している。フクヤマは、社会資本を社会において信頼が広まることによって生ずる能力と定義しているが、彼によると、社会資本は労働、資本、天然資源などの伝統的要素とともに比較優位を決める要素であるとされる。フクヤマは、「社会資本は繁栄と競争力と呼ばれるようになったものにとって死活的に重要なものである」と結論づけている（一九九五年）。

研究者たちは、ここで「社会資本は創り出しうるものであろうか？」との問いを発する。一般的には、創り出しうるものであっても、時間をかけてゆっくり変化するものであると考えられている。

しかしながら、経済コミュニティを多く見てきたわれわれの経験からすれば、その問いに対する答えは、明確に「イエス」である。

ビジネス、政府、教育、コミュニティの間の協働ネットワークを創り出す触媒として機能するのは、新しいタイプのリーダーであり、市民起業家である。本書で紹介するオースチン、クリーブランド、シリコンバレー、フロリダ、アリゾナ、ウィチタいずれの州やコミュニティにおいても、市民起業家は分野の異なった人々による目的的かつ持続的な協働作業のメカニズムを創り出している。コミュニティや州の人々は、市民起業家によるリーダーシップにより、現在の成功をもたらした能力に大きな違いができたと感じている。

経験則からして、リーダーシップが経済開発において差異をもたらす重要な要素であることは明らかなようであるが、このことが実証されつつある。リーダーシップと資源の賦存状況が地域の経済開発に与える影響に関する興味深い研究によれば、リーダーシップは、資源の賦存状況が地域に与える影響を「増幅」する作用を有している。この研究は、経済開発のためのリーダーシップの役割を「地域の経済発展を高めるため、持続的かつ目的的な形で、分野を超えて協働するようにコミュニティを誘導する」ことであるとしている（デサンティス、一九九三年）。

市民起業家という名称は、起業家精神（企業の精神）と市民の徳（コミュニティの精神）というアメリカの二つの重要な伝統を結合させたものである。起業家は、変化をもたらす。ジョセフ・シュンペーターは、現代経済において「創造的破壊」を主導する起業家の役割に特別な焦点を当てた最初の現代経済学者である。シュンペーターによれば、起業家の役割は、確立した生産手法を改革し、革命的に変化させることである。起業家は、その過程で抵抗をうけるが、シュンペーターは「自信を持って常軌を超えて行動し、抵抗に打ち勝つことが起業家としての姿をつくりあげることになる」（シュンペーター、一九六二年）と書いている。ピーター・ドラッカーも起業家を変化をもたらす特異な存在と見ている。ドラッカーは、「起業家は常に変化を模索し、それに対応することにより機会として活用する」と書いている（ドラッカー、一九八五年）。彼の発言は、一八〇〇年頃起業家という言葉を創り出したフランスの経済学者のセイが「起業家は、経済資源を低生産性・低収穫の分野から、高生産性・高収穫の分野へとシフトさせる」と言ったことと符合している（ドラッカー、一九八五年）。

ビジネスにおける起業家と同様に、市民起業家は大変革の時代に活動し、機会を発見し、コミュニティの構成を高めるため他の人々を動員する。アプライド・マテリアルズ社会長のジムー・モーガンは、変革期の芸術家として人生経験を描きながら、シリコンバレーが競争力を低下させる問題に対処するために、共同の資源を活用するように指導した。以下のような機会、建設、協働に関する彼のメッセージは、市民起業家の言動と考え方の典型といえるものである。「変化を乗り越え、ビジネスを発展させてきた自分の経験から、私は成功のための三つの鍵を発見した。それは、機会を発見すること、機会を活用するため合意を形成すること、および弾みをつけることである。このことにより、シリコンバレーは、目標を設定し、競争力のある世界的なビジネスの力を維持するための一連の活動を行うことができたと確信している」。市民起業家の任務は、コミュニティの精神を回復するために企業の精神を活用することである。

第二章　市民起業家――草の根の指導者

「リーダーシップと継続性を生み出すために政府や政治にのみ着目することはできない。そうすれば、なにも起こらない。変化が起こるのは、人々が立ち上がるからだ。市民起業家精神は、政治よりも効果がある」

スーザン・エンゲルキング　スターツ、ファウケンバーグ&パートナーズ主任研究員
（テキサス州オースチン市）

市民起業家は、経済的、政治的、技術的、人口構成上の基本的な変化の時代に生まれ、アメリカのコミュニティが絶え間なく変化する中で、繁栄を達成するために登場している。市民起業家は、経済コミュニティをつくり上げる上で触媒となるものである。市民起業家は、コミュニティが相互の利益のために結合する関係をつくり上げる。市民起業家は、経済とコミュニティが経済的資源を開拓・組織化し、公的セクター、民間セクター、市民セクターの間に強固で活力のあるネットワー

クを構築するために協働することを支援する。

市民起業家は、ビジネスにおける起業家を共通する個性を持っている。彼らは、リスク・テイカーであり、失敗を恐れない。彼らは、強い信念に裏打ちされた勇気を持っている。彼らは、ビジョンを持っており、情熱家であるとともに活動家でもある。彼らは、他の人々の良いところを引き出し、いかに勇気づけるかを知っている。

しかしながら、市民起業家は、決定的に異なった形で活動し、経済とコミュニティとの接点という複雑な領域に対処する。彼らの任務は、企業をリエンジニアリングしたり、政府に再投資すること以上のものである。彼らの任務は、新しいタイプのビジネスと政府の関係を再定義し、新しいタイプのコミュニティを創造していることに他ならない。市民起業家とは、誰か？　どこからくるのか？　どのように機能するのか？　なぜ、そのような活動をするのか？　どのような障害に直面するのか？

市民起業家とは、誰か？

市民起業家とは、コミュニティの変化の触媒役となるものである。彼らは経済コミュニティを構築し、コミュニティと経済の利益の間に強固で活力のある関連性をつくりあげる。しかし、市民起業家をどのようにすれば見分けられるのであろうか？

市民起業家は、以下の五つの共通する特性を持っている。

・新しい経済において機会を発見する。
・起業家としての個性を有している。
・経済とコミュニティを結合する協働作業を推進するためリーダーシップを発揮する。
・広範で、志の高い長期的利益によって動機づけられている。
・チームにより行動し、補完的役割を果たす。

市民起業家は、ビジネス、政府、教育、その他のセクターいずれからも輩出する。彼らは、社会の多くの部門から出現し、世代もまちまちである。五つの特性を持っていれば誰もが市民起業家である。

新しい経済において機会を発見する

市民起業家は新しい経済の現実を理解しており、コミュニティが二一世紀においていかに成功できるかについて楽観的なビジョン有し、そのビジョンにもとづいて行動する。彼らは、世界的で、ネットワーク化され、変化の速い新しい経済が、人々、場所、組織に対して前例のない機会を提供するという確信を持っている。市民起業家は、地域における機会とニーズを出発点とし、成功に向けた関係と専門化された資源を構築しつつ、コミュニティが未来に対して積極的な選択をするようにし向ける。

起業家としての個性を有している

市民起業家は、伝統的なビジネスの起業家と同様の特性を有している。彼らはビジョンの人であり、機会を発見し、可能性を現実のものとするために創造的かつねばり強く働く。官僚とは対照的に、市民起業家は物事が起こらない理由ではなく、どうして起こるかの理由を直感的に見つけだす。また理想家とは対照的に、市民起業家は、どのように対処するかという疑問に直面し、得られる結果に喜びを見いだす。

協働作業を推進するため創造的なリーダーシップを発揮する

市民起業家は、起業家的であると同時に、協働的でもある。彼らは、結果を得るためにどのように協働したらよいかを知っている。市民起業家は、新しい経済とコミュニティの間に協働的で活力のある結合関係を構築することによってのみ、変化する経済の中で利益を得ることが可能となることを確信している。彼らは、多様な人々を一つのテーブルに集合させ、共通の基盤を見つけ、共同作業を行うため、協働的なリーダーシップを発揮する。たいていの場合、市民起業家は公式的な権力や権威を持たず、自らの信頼度にもとづいてのみ行動する。市民起業家は、人々から信頼される存在である。

広範で、志が高く、長期的な利益によって動機づけられている

市民起業家は、志が高く、長期的利益からコミュニティに参加する。市民起業家は、自分たちや

組織の長期的利益が経済とコミュニティの健全性と結びついているということを確信している。この動機づけは、ビジネスやコミュニティのリーダー、たとえば、お金を寄付する慈善活動家、立場を主張する運動家、個人的な名声やせまい経済的利益を追求する機会主義者などによって担われてきた伝統的な役割とまったく対照的なものである。

チームにより行動し、それぞれ異なった役割を果たす

市民起業家は、コミュニティが前進するためのチームで活動する。彼らは、孤高のカリスマ性のある指導者ではない。コミュニティの変化は複雑であり、多様な才能と多くのチームが必要とされる。市民起業家は、チーム内でそれぞれ異なった役割を果たし、異なった技能、経験、個性や関係を提供する。異なった役割を結合し、新しいリーダーをより多く生み出すことによって初めて、市民起業家の活動が効果的なものとなる。

何が新しいのか？

市民起業家は、明らかにアメリカの長い市民活動の伝統にもとづいている。たいていのコミュニティは、過去において際立った貢献をし、前述した五つの特性を有したビジネスまたはコミュニティのリーダーをあげることができる。特に一九六〇年代と一九七〇年代においては、新しいビジネスとコミュニティの組織が広まり、活動が活発化した。今日の市民起業家が以前の年代の活動家と異なるのは、どのような点であろうか？

最近の市民起業家の活動が特徴的であるのは、それが一九八〇年代前半に始まった劇的な変化に対応したものであるからである。世界は、経済的、技術的、政治的、人口構成的に異なっており、それにつれて実効性のあるコミュニティのリーダーシップのあり方も変化している。たとえば、市民起業家は、地域経済が世界的に競争するために必要な起業性豊かな輸出力を重要視するが、従来のビジネスの指導者は不動産や町の中心部にあるビジネスの利益によって動かされていた。実際、市民起業家は、市の中心部と郊外との経済的連関だけでなく、輸出志向の産業と地域の小売業、レストラン、建設業、サービス業との経済的連関についてコミュニティが理解することを助け、独立性を高めることを説いて回っている。

今日の市民起業家は、協働のためのリーダーシップを発揮している。彼らは、コミュニティの権力構造を分散化させる世界において、効果的に人々を協働のため結集させている。従来のリーダーシップは、あまり協働的なものではなかった。以前は、ビジネスの指導者層は数人の有名な実業家、豊かな個人資産家や市長などによって動かされていた。今日の市民起業家は、変化の実行過程そのものに参加するが、従来のリーダーは、市のビジョンや政府に対する提言づくりをとかく強調しがちであった。変化が劇的であったため、今日の実効的なコミュニティの指導者は、以前の指導者とはまったく異なった思考方法と観察眼を有するとともに、まったく異なった行動パターンをとる。

新しい経済の草の根の指導者

効果的な市民起業家は、コミュニティの多くのセクションや多くの世代から輩出される。アリゾナの協働戦略は、成功した技術起業家の波が最初に州をおおったときに始まった。シリコンバレーでは、フォーチュン五〇〇の企業経営者、中間管理職、中小企業経営者、市長、労働組合の指導者などが市民起業家となった。オースチン市では、弁護士、商工会議所の幹部、科学者、広告会社の幹部が含まれていた。市民起業家は男女の性別、世代の違い、人種や宗教上の違いに関係なくいろいろなところから登場する。共通して有しているものは、新しい経済の成長を支えようとする関心である。

ビジネスとしてのコミュニティ

市民起業家は多くのセクターから登場するが、われわれの観察では、すべての市民起業家のチームに民間セクターのリーダーが含まれている。このようなビジネスのリーダーは、ビジネスの将来をコミュニティ、すなわち環境を整える能力、商売上の関係、成長を支えるアメニティに直結したものとみている。市民起業家は、企業、供給者、顧客、パートナーの間で強固な関係を形成することが必要と考えるビジネスの人々より輩出する傾向がある。市民起業家は、垂直的に統合された企業や内向き指向の強い企業から登場することはほとんどない。

〝起業家が市民活動を開始する〟

起業家セクターにおいて市民起業家が輩出することは、珍しいことではない。地域に基盤があるが、世界指向を有している小さな新しい企業ほど、市民起業家を生み出す可能性が高い。多くのコミュニティで新たな世代の起業家が、新しいビジネスモデルの下で新しい企業を構築している。その多くは、成長するビジネスを支える健全な「生息地」を維持したいと考えている。ほとんどの人々の場合、コミュニティのリーダーシップの構造が伝統的なものであることはない。彼らは将来の経済を担うものであり、コミュニティとの強い個人的なつながりを有している。彼らの多くは、新しいネットワーク型のビジネスモデルに成熟しており、多様な組織間の関係と人間を成功の鍵として強調している。

フェニックス市に本社のあるマイクロエージ社の協働創設者兼副会長のアラン・ハルドは、起業家が市民起業家となった典型的な例である。『フォーチュン』誌と『フォーブス』誌により一九九五年の年間最優秀起業家に選ばれたとき、アランは自分の会社が、爆発的な成長から破産状態と同然の状況を経て、力強く甦ったことを経験していた。一九八〇年代後半、アランはフェニックス市の新しい起業家セクターのリーダーとして登場した。アランは、「世界企業をこの地に設立し、成長させようと決定したとき、私はこの地域の将来を大いに案ずるようになった。私は、高成長企業の他の起業家が、生まれつき違いを発揮したいと考える人々であることを発見した」と述べている。

〝ビジネスサービス〟

ビジネスサービス・セクターは、市民起業家を生み出すもう一つの温床である。このセクターの企業は、彼らの主要な市場が地元企業であることから、自らを地域に依存した存在であると考える傾向がある。印刷業者、金融業者、弁護士や公益企業の経営者は、地域経済がうまくいけば自らの事業もうまくいくことを理解している。シリコンバレーでは、印刷業者のジョン・ケネット、広報担当部長のブレンダ・ボールジャーと商工会議所会頭のスティーブ・テデスコの三人がジョイントベンチャー・シリコンバレー・ネットワークの協働作業を一九九二年に開始した。彼らは、サンノゼ市の中心部にあるサービス業者が将来はハイテク産業が健全に発展するかにかかっていることを理解させた。

場所に依存した公益企業は、市場を大きく発展させていく手段として、伝統的にコミュニティの経済発展に関心を示している。規制緩和に向かうにつれて、公益企業を顧客とコミュニティのリーダーシップに近づける市民起業家の活動は、重要性を増した。パシフィック・ガス電気会社の部長たちは、地域経済の活力を増す活動でリーダーシップを発揮するよう奨励されており、そのための訓練も受けている。

〝世界的に考え、地域的に行動する〟

民間企業の市民起業家は、特定の地域を立地点として選ぶ世界企業からも登場する。これらの企業では、地域に強固な足場を有することは、世界に羽ばたくために必要だと考え、真の意味で新しい世界主義を実践しているものもある。これらの企業にとっては、コミュニティは重要な資源である。たとえば、アプライド・マテリアルズ社は、早くからユニークな「グロバル・ローカル」戦略を採用した。ジム・モーガンは「ある企業は、企業のある地域を当然のものとして受けとめている。道路、工場、他のインフラを整備しなければならないように、地域を気にかけ整備していかなければならないと思う。私は、地域における企業の関係や活動に責任を有する担当取締役をそれぞれの地域におくことを提案したい」と言っている。地域と企業の関係を戦略的に考えるこのような考えは、まだ広く普及しているとは言えないが、しだいに多くの企業がアプライド・マテリアルズ社のような事例から多くのことを学びつつある。

〝市民ジャーナリスト〟　民間セクターから市民起業家を輩出する基盤として登場しているものとして、メディア、特にコミュニティ新聞がある。新聞の出版者、編集者やジャーナリストがコミュニティ感覚を醸成するためのジャーナリズムの役割を実験しており、経済的変化に関する討論を巻き起こしたり、行動をとることを促進したりしている。コミュニティに参加することを強調している点で、このような「市民ジャーナリズム」の動きは単に第三者的観察者としての伝統的新聞の役割とは、大いに異なっている。『オマハ・ワールド・ヘラルド』紙は、このようなメカニズムを担った最初の新聞であり、一九八六年にネブラスカ州の将来に影響を与える経済問題に対処するためネブラスカ州中の人々を集めた。同時期に『オースチン・ステーツマン』の発行者は、オースチンの経済戦略を発展させ、実行する上で主要な役割を担った。最近では、ニューヨーク・タイムズが保有する『サンタバーバラ・ニューズプレス』の発行者で市民起業家であるスティーブ・アインスレーは、サンタバーバラ経済コミュニティ・プロジェクトを開始する際に、部外者の新鮮な見解と新聞の信頼性を持ち込んで活用した。このプロジェクトは、現在、新たに形成されつつある地域の技術経済を支援するための合意を形成している。これらの事例においては、新聞の指導者は、伝達者や批評家という伝統的な役割から、公共生活における信頼できる伝達者、触媒、協働者としての役割を担うにいたっている。

多くのコミュニティにとって、市民起業家精神が起こってきたことは、産業構造の根本的変化と平仄があっている。歴史的に見れば、大企業の経営者たちがコミュニティにおけるリーダーシップを目に見える形で提供していた。市民は、ビジネスの指導者として、長期に活動する企業から一握りの経営者を見つけることができた。行政アカデミーの学長であるスコット・フォスターは、「民間セクターの構造は、変化している。市における大企業の経営者は、かつては強大な威信と潜在的な権力を有していた。しかし、大企業がダウンサイジングし、リストラを行い、競争上の圧力にある今日では、このようなことはなくなりつつある。彼らは、企業経営者が影響力を行使し、ビジネスの基盤を脅かす問題に対処するための方策を探求している数多くの中小企業と同じ段階にある」(フレイ財団、一九九三年)と指摘している。フレイ財団の一九九二年の研究は、市民の力は、過去の数十年に比較してコミュニティにいきわたっていることを明らかにしている。かつては数人のビジネスの指導者によって保持されていた金、権力、権威が今や多くの人々に分散されている(フレイ財団、一九九二年)。人口構成の変化により、ビジネスから輩出される市民起業家は、若い人が多くなり、男性ともに女性が多くなり、多くの種類の場所や人種・宗教上異なったところから登場することになろう。

他のセクターからの市民起業家

市民起業家は、ビジネスの人々からのみ輩出されるわけではない。民間セクタのリーダーは経済コミュニティを主導する役割を果たすが、彼らは、政府、経済開発の専門家や他のコミュニティセクターからの傑出した個人とチームを組んで活動する。民間セクターからの市民起業家と同様に、公的セクターからの人々も伝統的な枠を超えて活動し、セクターをまたがって橋を架けるリーダーシップを提供するときに、市民起業家となる。

〃選挙で選ばれた政治家と行政官〃

選挙で選ばれた政治家で際立った存在の人々は、市民起業家のチームの力を高めることができる。サンノゼ市の市長スーザン・ハマーは、首席補佐官であるボブ・ブラウンシュタインに促される形で、巨大都市に対して長年にわたって警戒心を有していた二〇以上の市よりなる広域シリコンバレー地域において、主導的役割を果たしてほしいとの産業界からの依頼を引き受けた。彼女の協働的指導により、他のコミュニティは安心し、新しい地域の課題解決へと立ち向かうことになった。オランド市の市長グレンダ・フードとクリーブランド市の市長（現在は、知事）であるジョージ・ボイノビッチは、公共と民間との協働を促進し、経済にとって結果を生み出すことを自らの役割とした新しい市長の代表的存在である。

行政官も、新しい協働的アプローチを他の人々が理解し採用するように、外に向かって活動を展開するとき、市民起業家となりうる。一九九〇年代初、サニーベール市の助役トム・リューコックは、地域の経済問題を解決するための新しい試みにおいてビジネスのリーダーたちと協働した経験を、多くの時間をかけて次のように語った。「私は、ビジネスと政府の合計よりも大きな何かがここで起こっていることを感じた」。経済の根本的な変化に対処するために政府に再投資する必要があることを彼は深く洞察していたが、このことが彼を行動に駆り立てたのである。

〝経済開発推進者〟

アメリカには何千もの経済開発推進者がいる。一九五〇年代から一九八〇年代の大半にかけて、「誘致家」というのが経済開発推進者により担われた主要な役割であり、彼らは、地方政府や州政府の補助金や各種インセンティブにより、企業に対して立地を働きかけた。多くのコミュニティにおいては、既存企業の拡張や新たな企業の操業開始により、より多くの雇用が創出されることが認識されることとなり、経済開発専門家の仕事の内容も根本から変化することとなった（ルーク、一九八八年）。外部から企業を誘致するよりもこれらのリーダーたちは、コミュニティ内にいる企業の他のコミュニティの企業や外部にいる企業との連携を構築することに焦点を当てている。このような経済開発専門家が新しく生み出されたことは、企業を地域の資源に結びつけ、地域の企業が世界的に競争力を有するとともに連携している環境を創り出すことによりコミュニティに価値を生み出している。このような結びつけ機能により、このような人々の中から真に市民起業家と言いうる者が出現している。

フロリダのジョン・アンダーソンとラリー・ペルトンは、市民起業家として活動し、他の市民起業家と協働する新しいタイプの経済開発推進者の典型である。両者とも結果を得るため、他の人々との関係や組織を根本的に変革した。かつて企業誘致家として成功したアンダーソンは、フロリダ州の州立経済機構を民営化する最初の大規模な試みに取り組むために、ビジネスや州政府のリーダーたちと共同して事業を行っている。パームビーチ市のペルトンは、彼の経済開発組織であるパームビーチ郡経済開発会社を地域の企業に対する供給者と位置づけている。彼は、企業が地域訓練機関、金融機関や他の企業とネットワークを張ることを支援するために広範囲に人材インフラや情報インフラを構築している。両者とも市民起業家精神を発展させていくことが、彼らの新しい役割の中心的なものとして位置づけている。

〝コミュニティから経済コミュニティへ〟

最も効果的な市民起業家の中には、長くコミュニティ活動の主導者であったが、新しい経済において結果を得るために新しいスタイルに変換することを決心した者がいる。労働運動の指導者ジョン・ニースは、他の指導者とは異なり、ビジネスの指導者と敵対するよりは共同で活動する方が建設労働組合の長期的利益にかなう最善の道ではないかと考えている。ジョンは、多様なグループに共通の目標を確信させるために次のように語って努力している。「目をつぶって耳を傾ければ、経営者の声も労働組合の指導者の声のように聞こえる。彼らもわれわれと同じようなコミュニティに関する考え方や関心を有している」。彼は、新しい競争の現実について鋭い洞察を有しており、労働界が結果を得るために現実的かつ協働的行動をとることを支援している。

コミュニティを基盤とした財団も市民起業家を育て上げることができる。クリーブランド財団のスティーブ・ミンターは、一五年間にわたり、クリーブランド市の成功の一翼を担ってきた。クリーブランド市の発展過程において最も危機的な時期において、スティーブはコミュニティの才能と資源をネットワーク化し、事実を公衆に対して提示し明らかにしてきた。アメリカ中の財団が、変化する経済に対応して、コミュニティ内の共同作業とリーダーシップに関心を高めている。このような形が進めば、市民起業家の重要なグループが財団からも出現することになるであろう。

市民起業家はチームで活動する

市民起業家精神は、チームにより生まれる。ガレージで新たなベンチャービジネスが生まれるとの神話が広く行き渡っているが、起業家はほとんど一人で行動することはない。むしろ、起業家はアイデアを市場化するために広範なネットワークの協働者と協働作業を行う。これと同様に、市民起業家もチームで活動する。カーネギーの時代のように篤志家が一人でコミュニティの救済のために活動するという時代は過ぎ去った。市民起業家は、前進するためにコミュニティに人々を結びつける。大きな事業は、一人では成し遂げることはできないし、開始することさえも難しいからである。技能、個性、関連性を結びつけ、新しいリーダーを持つことによってのみ実効的となることを、市民起業家は証明している。

オースチン・チーム

一九八〇年代、市民起業家のすばらしいチームは、存在感のあまりない政府と大学の街以上のものにオースチン市を発展させることができると考えていた。テキサス・インストルメント社の経験から、リー・クークは情報時代がどのような機会に満ち溢れたものであるかを見抜いていた。しかし、オースチン商工会議所の部長になってからは、行手に障害があることを感じた。オースチン市には、成長に否定的な雰囲気があったからである。五万人の学生を有する州立大学は、経済開発に熱心ではなかった。技術企業はほとんど集積しておらず、石油・天然ガス企業が主流であった。経済界のリーダーシップを動員しながら、クークは、オースチン市を情報技術センターにするとのビジョンの下、ビジネス、市と州政府、大学をまとめる戦略を採った。

最初にリーダーであるクークとの連携をとって行動したのは、オースチン市の有力な弁護士であり、後にテキサス州知事の補佐官となったパイク・パワーズである。一九八三年クークとパワーズは、一九八〇年代初の最も威信のあるプロジェクトであり、アメリカのコンピュータ技術の競争力を高めるための結成されたコンソーシアムであるマイクロエレクトロニクス・コンピュータ技術コンソーシアム（ＭＣＣ）を誘致するという最初の目標にコミュニティの人々を結集した。誘致に成功したコミュニティにとって、コンソーシアムは、研究活動、研究所および技能労働者が集積し、技術力を持った企業を集め成長させることを意味していた。関心を持った人々の輪が広がり、数カ月間にわたって毎朝七時半に集まり、提案書の作成、他の地域との競争力の比較、プレゼンテーションと質問に対する回答の準備等の活動を行った。「これが、コミュニティとしてわれわれが合意を形成しようとした最初の試みであった。われわれは使命感に燃えており、それにより意見の食い違いを乗り越えることができた」とパワーズは説明している。そして、このような実行とチームワークは、報われることとなった。

成功が成功を生み、市民起業家の数が拡大した。次にコミュニティは、マイクロエレクトロニクス・コンピュータ技術コンソーシアムを通じて得られた関係と経験を活用して、一四のアメリカ半導体メーカーにより新技術開発を目指して結成されたコンソーシアムであるセマテックを一九八八年に誘致することに取り組んだ。若く積極的なビジネススクールの学部長で、後にテキサス大学の学長になったビル・カニンガムの指導により、テキサス大学はリサーチ・パークを造成し、技術と自然科学の分野において三二の講座を作った。パイクが州知事補佐官を辞めたとき、彼は、オースチン市にアップル社、アプライド・マテリアルズ社、スリー・エム社などの企業を誘致する活動のボランティアをかって出た。

しかし、現在の商工会議所の会頭であるグレン・ウェストのよると「これらの試みは、多くの人々の関心を集めたが、本当に重要なことは、オースチン市の「製品」を作り上げ、数百人の人々を学校、交通、リーダーシップの構築、市の中心部、環境とビジネスの調和などの活動に参加させることであった。商工会議所の若手のホープであり、広報担当部長であるスーザン・エンゲルキングは、市の中心部を建設し、周辺部を活性化させ、オースチンの指導者層に新しい刺激を持ち込む存在であった。ニール・コルレックは、物腰柔らかく話すポーランド移民の三世の上級取締役であり、近年、市のコンベンション・センター建設のため関係者をまとめることに尽力した。彼は、オースチン市の成功は市民起業家のチームを作り上げたことにあるとして「われわれの成功は、リーダーの輪が拡大していったことによりもたらされた。最初の市民起業家が次の市民起業家をを生みだし、次々とその輪が拡大した。今やわれわれは、お互いを支援しあっている」と語っている。過去一〇年間にわたり、オースチン市のリーダーたちはコミュニティを新たな世界に押し上げてきた。一九九五年、オースチン経済はテキサス州で最も低く、アメリカでも有数な数字である失業率三パーセントを記録した。いまだ、どの程度、どのくらい速く発展すべきか？　地場産業をどのように飛躍させるか？　生活の質をどのように向上させるか？　など、健全な議論が行われているが、チームワークというオースチン市の隠れた秘密兵器は鋭く光り続けている。

アリゾナ・チーム

マイクロエージ社の共同創設者で副会長であるアラン・ハルドは、市民起業家の一人であるが、彼は一九八八年から九二年にかけて「アリゾナ経済開発戦略計画」（ＡＳＰＥＤ）を構想し実行に移した。アリゾナ州の経済的危機と知識創造産業に対する慢心に不満を感じ、ハルドは、州全体で一〇〇〇人以上の参加を得て革命的な戦略計画の作成を開始した。その過程には、光学、環境技術、情報サービス、経験産業などの中心・周辺産業が参加した。ハルドの進歩的考え方は、開放性、説明責任およびプロジェクトに参加する関係者とビジョンを共有することの上に構築されていた。ハルドは、目立った対外的発言者であったが、決して一人ではなかった。

最初にスタートしたチームは一五人の起業家よりなり、二年間にわたり毎週日曜日に集まり、産業クラスターモデルにより経済を発展させることの意味について検討した。検討の結果、経済開発の目標は製造業を追い出し不動産開発を進めることではなく、輸出指向企業、起業家、支援機能を果たす経済団体の間で循環を構築することであるとされた。ソルトリバー計画の責任者であり、フェニックスの古い世代のリーダーの中で最も若いジャック・フィスターは、新しく参加する人々と既成の経済界の指導者との信頼関係を構築するための役割を果たした。大フェニックス経済協議会の会長であるアイオアナ・モルフェシスは、このような新たな取組みにビジネス、政府、大学、コミュニティ・グループの参加を得るため、これらのセクターをつなぐ機能を果たした。アリゾナ州立大学のメアリー・ジョー・ウェイツは、アリゾナ経済と政府の果たすべき役割について多くの知識を提供した。シムラ社のスティーブ・ジルストラやブロート研究所のボブ・ブロートなどの熱心な起業家は、起業家集団を結集することに尽力した。

このような過程を通じて、相互補完的な技能を持った市民起業家のチームが数千人の人々を動かし、オースチン経済を新しい成長軌道へと持続的に押し上げることとなった。それとともに、彼らの努力により、州と多くのコミュニティが多様化した技術に基盤をおく経済へと転換することになった。光学や環境技術のような新技術セクターは、共同でプロジェクトを実施し、専門化された人的資源を発展させ、公共機関との相互作用を改善する方式を開発した。その結果、州の訓練施設の資源を産業クラスターに集中させ、連邦政府の研究機関をより広範に活用できることとなった。

クリーブランド・チーム

「われわれは、ただ一人の人間をリーダーと認識したことはなく、数百のリーダーを有している。すべてのリーダーは力を他の人々と共有することに熱心なだけではなく、他の人々を引き込む努力をしている」とフォレスト・シティ会社の会長の一人アル・ラトナーは、クリーブランド市の再活性化の秘訣について語っている。「われわれは、低迷期に培った協働の志を持っている」とは、彼の言葉である。

一九七八年クリーブランド市は、大恐慌以来財政支払い不能となった最初の市となった。世界的競争がクリーブランド市の産業経済を混乱に陥れた。一九八三年までに七万五千人の職が失われ、失業率は一一・三パーセントまで上昇した。都市中心部からは人口が流失し、周辺部との間に大きな人口格差ができた。連邦政府からの支援も先細りの状態にあり、政治システムは分解しつつあった。市長のデニス・クシニッチは「クリーブランドのビジネスは市民の敵だ」と宣言したほどである。危機が、従来ユナイテッド・ウェイ（赤十字）や交響楽団の資金集めの時にしか集まらなかったビジネスのリーダーたちを結集させた。

再活性化の動きをリードしたのは、新しい世界観を有したビジネスの人々である。イートン社社長のマンデル・デ・ウインドが最初の会合を招集し、仲介者として活躍していた弁護士であり、その後運動の輪を広げるため中心的人物となったリチャード・ポークが加わった。アメリトラスト社の会長ブロック・ウェアは、当初は市の融資による支援を要請したが、その後根本的問題を解決することが必要だと主張した。最初の時期の指導者としては、クリーブランド市に本社のある企業のトップ、ＴＲＷ社長のルービン・メトラー、プレミア・インダストリアル社会長モート・マンデル、ハリス社社長ジョージ・ダイブリー、グレンケーレン社社長ジェームズ・ビガーが含まれていた。彼らは新しい市長ジョージ・ボイノビッチに個人的な支援を送り、ビジネス界をボイノビッチ市長の下に結集させた。最初にとられた対策は、財政支出を削減することであった。約一〇〇人の企業の幹部が一二週間にわたり市の財政に関する共同調査を行い、六〇〇にものぼる支出削減策を策定し、そのほとんどが実行された。このような初期の段階におけるチームの経験にもとづき、彼らは共同してより基本的な問題に取り組んだ。ビジネス界の中心となったチームは、愛する街をあきらめ去るよりも、クリーブランドを再建する途を選択した。

一九八二年、彼らは注意深く、企業経営者のグループである「クリーブランド・トゥモロー」(明日のクリーブランド)の結成を開始した。名前から明らかなように、明日のクリーブランドは、大企業の経営者を新しいリーダーシップによる努力に集中させる役割を果たした。これを基盤として、ビジネスからの市民起業家は、新たなパートナーシップと団結を構築するため、より広範なコミュニティの指導者に拡大することとなった。彼らは、人種にまたがったコミュニティの指導組織であるクリーブランド・ラウンドテーブルの結成を支援した。実業家であり、市民権運動の活動家であり、マーチン・ルーサー・キング・ジュニア博士の助言者であったキャロル・フーバーがビジネスとコミュニティの間に橋を架けることに主要な役割を果たした。フーバー女史は、現在クリーブランド発展協会の事務局長である。クリーブランド・トゥモロー、クリブランド・ラウンドテーブルそして彼らが作った関連団体の活動により、市民起業家の最初のチームは数百にも及ぶ新旧のリーダーの才能と資源を活用することができた。クリーブランド市の市民起業家は、今や活動の過程で必要となる専門的知識をうまく結びつけ、人々の関係づけに焦点を当て、結果を生み出すことを指向するものとして認識されている。その結果、雇用関係の改善、教育機関の役割の改革、インフラの大幅改善、人種間の関係の改善、市の中心部の経済の活性化など、すばらしい成果が生まれている。

シリコンバレー・チーム

一九九〇年代初、国防予算の削減とハイテク産業のリストラにより、製造業において四万人の雇用が失われた。二〇年間にわたり七パーセントの経済成長を続けてきた活力が停止してしまった。さらに、困惑をもたらしたことは、地元で成長したハイテク企業が成長に向けての戦略を再構築するにつれて、しだいに地域の外に注目し始めたことであった。企業は、世界的なレベルの学校、スピーディな感覚を有する政府、人々のコミュニケーションと早期適応をもたらす環境を必要としていた。しかしながら、この地域が提供し、企業がその成長に貢献したものは、非難の文化であった。一九九二年の調査によると、シリコンバレーのビジネスの指導者の将来に対する自信は、史上最低のレベルであった。

地域経済の深刻化に対応して、サンノゼ商工会議所は地域としての対策を策定すべく、他の経済団体を集めて会合を開始した。ピザズ印刷会社の経営者であり、サンノゼ市民としては三代目のジョン・ケネット会頭と巨大な半導体製造装置製造企業であるアプライド・マテリアルズ社の海外事業部本部長のトム・ヘイズは、中小企業の人々、団体の長、中堅技術幹部より構成される計画グループの会合を毎週開催した。このような動きに触発されて、アプライド・マテリアルズ社の社長・会長であるジム・モーガンは、運動を次の段階に引き上げたビジネスとコミュニティのリーダーより構成されるグループのトップとなった。

「われわれは、目の前に必要とするすべてのものを持っていたが、それは、われわれの集団としての優位を高める方向には働かなかった」とジムは当時を語っている。ジムは、シリコンバレーの問題を解決するために地域の才能をどのように使うかについて検討するため、彼自身が持っていたハイテク企業幹部の人的ネットワークを活用するとともに、経済界、政界、労働界の人々の力を結集した。トップダウンとボトムアップの過程により、世界において競争するために協働するという理念の下に、ビジネス、政府、教育、コミュニティから人々がシリコンバレーに再投資するために集まった。ジョイントベンチャー・シリコンバレー・ネットワークとして知られるようになったこの運動は、「二一世紀コミュニティのための青写真」を作るために一〇〇〇人のリーダーを動員し、一一の地域において大きな変革を実行するためも合意を発展させた。

シリコンバレーの輝けるスターであるジョン・ヤングやレジス・マッケンナから、時間と才能を提供した普通の市民にいたるまで、実行段階では二〇〇人以上の市民起業家が積極的に活動している。チームは、相互補完的な技能を持った人々により構成されている。ジョイントベンチャーがスタートアップ段階から実行段階に移行したとき、ジム・モーガンの役割をシリコン・グラフィックス社社長のエド・マクラッケンが引き継いだ。マクラッケンは、「事業をスタートさせたジム・モーガンのようになれるとは思わなかったが、実行段階がうまくいくように手助けをすることはできると思った」と説明している。開始の段階から、起業家的に開始したことにより広範囲に信頼を勝ち取ることができた新しい組織に運動が発展する段階で、疑いもなく高潔な人格を有する前カリフォルニア州上院議員のベッキー・モーガンがジョイントベンチャーの代表に就任した。革新的な規制緩和の運動が開始され、地方政府の許認可関係者とともに、民間企業から質の高い技術者がチームを組んで進められた。この考えは、若く活動的なハーバード・ビジネススクールのクリス・グリーンとサニー・ベール市の再活性化で知られる冷静沈着な市助役トム・リューコックの二人の革新的な人物により考案された。

四年後、小中学校の教育改革のために二〇〇〇万ドル以上の民間投資が行われている。企業経営者は、学校改革に毎月一日奉仕するとともに、会社の幹部に対して時間を割くように指示している。企業からの質の高い技術者は地方政府の許認可関係者とチームを組んで、許認可期間について、基準を緩めることなく最大限一日で処理するようにした。スマートバレー構想は、先進的な情報インフラを構築し、それを地域の問題を解決するために使うための協働による能力を発展させている。企業はいぜんとして地域の外に関心を有しているが、官民より構成される「経済開発チーム」にコンタクトすれば、地域の問題解決がはかれるようになっている。偶然かどうかわからないが、一九九五年には、シリコンバレーにおけるビジネス界の将来に対する自信は記録的な高さに達した。

フロリダ・チーム

観光業と不動産業が発展し、アメリカの中でも急速に発展している州の一つであったフロリダ州は、一九八〇年代には世界の中でも心配することなどまったくない州のように見えた。その時点では、グレンダ・フードは、成功した企業経営者であり、物事に打ち込み、はっきりとものを言う典型的な活動家であった。不動産業界の外からでた最初の会頭であり、最初の女性会頭でもあるグレンダは、フロリダ商工会議所の新会頭として過去からの決別を具現するような考えと行動を持ち込んだ。「われわれは、州の雇用の大半が旅行業とサービス産業によって担われていることを理解しており、経済をもっと多様化しなければならないと思った。他の多くの州やコミュニティが競争力を有しており、われわれは、競争戦略を策定する必要があった」。彼女のこのような言葉は、フロリダ商工会議所が「コーナーストーン」プロジェクトを開始した一九八七年に、ビジネスのリーダーたちの心を捕らえた。「コーナーストーン」は、フロリダの新興ビジネスのリーダーたちがフロリダをいかに質の高い経済発展へと変化させるかについて思考をめぐらせる注目の的となった。

「コーナーストーン」に関する報告書は一九八九年に発表されが、その中にはフロリダ経済に関する新たな考え方と将来の見込みが示されていた。ミシシッピー生まれの部長であるジム・ガードナーや彼のような新興ビジネスのリーダーたちは、新しい方法を試す試金石となった。「コーナーストーン」報告書は、一九八〇年代と一九九〇年代の基本的違いを指摘して「われわれは、ずっとアラバマ州やジョージア州との競争だけを考えてきたが、今や世界的に競争する視点から考える必要があるようになった」と記載した。「コーナーストーン」報告書は、フロリダにとって高賃金の雇用を生み出す鍵となる産業クラスターをあげ、そのような産業クラスターを発展させるために必要となる重要な経済的基盤についても指摘した。フロリダ州は、人材資源、技術、資本を含むいくつかの部門で重要な経済基盤が弱かった。フロリダ州の税制構造も、高価値で知識基盤型企業にとっては、障害となるものであった。

市民起業家のチームが、商工会議所に引き続いで各地域から輩出し、フロリダ経済の新たな現実に即応した州レベルと地域レベルの経済戦略を提唱し始めた。州のレベルでは、ジム・ガードナーとグレンダ・フードが「コーナーストーン」戦略を実施に移すため、官民の革新的なパートナーシップよりなる「エンタープライズ・フロリダ」を提唱した。「エンタープライズ・フロリダ」は、フロリダ州商務省から従業員訓練、ハイテク産業、ベンチャーキャピタル、国際貿易に関する州レベルでの経済政策の実施の権限を引き継ぐものであった。目標は、顧客であるフロリダ州の各地域と地域における産業クラスターのニーズに対する指向を高めることであった。一九九二年、ロートン・チリズ知事は、「コーナーストーン」戦略を支持し、「エンタープライズ・フロリダ」設立のための立法化を進めるための公共セクターと民間セクターの支持を要請した。

「コーナーストーン」を地域レベルでの行動に翻訳して活動を進めるリーダーたちが現れた。パームビーチ郡出身の一流経済開発家であるラリー・ペルトンは、企業対企業、企業対コミュニティのコミュニケーションにインターネットを使う新しい方法を実施するため顧客である地域や産業クラスターと共同事業を行った。テリル・セサムズは、フロリダ州議会で一〇年間議員生活を過ごし幾度か下院議長を務めたタンパ出身の弁護士である。「コーナーストーン」に感銘を受けて、タンパのビジネスのリーダーたちとセイント・ペテルスブルグのリーダーたちを結びつけながら、従業員訓練と企業誘致について地域からアプローチすることを発展させた。建築家かつ都市設計家でもあるヘンリー・ルークは、ジャクソンビルを製紙工場の街からハイエンドの金融サービスと健康サービスの中心地に転換するために共同事業を行うリーダーたちのチームを編成した。一九九二年グレンダ・フードは、オランドの市長になり、ある観察者の弁によると、「フロリダで最も信頼のある市民環境となり、政治とビジネスのリーダーたちが他の市ではできないことを実行することを可能にした」。このようなボトムアップの過程により、付加価値の高い経済を目指すという州レベルのビジョンが根を張り始めた。

一方、ようやく一九九六年には、州レベルの市民起業家は、「エンタープライズ・フロリダ」の新組織をたちあげることができたが、これは、アメリカで州の経済機関を根本的に変えたものであった。九五年には、「エンタープライズ・フロリダ」は、ハイテク産業振興、従業員訓練助成プログラムとベンチャーキャピタル基金を州から引き継いだ。国際貿易に焦点をあてた四つめのパートナーシップの構築は、九六年に予定されていた。「エンタープライズ・フロリダ」は、ボーイング社取締役であり、オレゴン、ワシントン、テキサス、マイアミで経済開発のトップをつとめたジョン・アンダーソンを初代代表にすえた。九六年のここまでの道程は厳しく、困難な仕事が残った。アンダーソンは、「経済の構造的変化のもとでは、事業を開始することだけでも容易ではない。今まで誰もこのようなことを経験したことはなかった」と説明している。しかし、未来について共同で考えるという今までの過程を通じて、フロリダの質の高い未来を実現するため、フロリダの秘めた可能性にたいする情熱を行動に転化する中核的なリーダーたちが輩出された。

ウィチタ・チーム

セスナ、ビーチクラフト、リアジェットなどを世界に送り出したウィチタ市は、一九八〇年代半ば再び航空宇宙産業の不況期に突入した。それと同時に、農業と石油産業も停滞した。ウィチタ市の雇用と所得収入が停滞するにつれて、ウィチタ市の浮き沈みの激しい経済を多様化すべく市民起業家の新しいチームが出現した。皮肉にも、最初の指導者はボーイング社の上級副会長のライオネル・アルフォードであり、彼は「航空機産業が再び下火になったとき、すべての人が一つのバスケットに卵を入れておくことに危機感を有するようになった」と語っている。ライオネルはウィチタ市にとっては部外者であるが、仕事を整え、大きなことをやり抜く第二世界大戦期の指導者のタイプである。アルフォードは、ウィチタ市で最も大きな銀行であるバンク・フォー銀行の頭取であるジョーダン・ヘインズと行動をともにしたが、ヘインズは完全に地元の人間であり、他の人との人脈も厚く影響力の大きな人物であった。ウィチタ市の将来の経済戦略を策定するため、彼らは三〇人のビジネスとコミュニティのリーダーを集めた。

その中にヘイル・リッチーがいた。リッチー・コーポレーションの社長であるリッチーは、地元の少年が成功した典型であり、カリスマ性のあるベビーブーマー期の起業家であった。「ひとたびわれわれが集まったとき、直ちにわれわれはなにをしなければならないかについて合意した。それは、経済発展をそれぞれの地域で行うよりも力を合わせて行うべく、ビジネスと政治と教育のコミュニティをまとめることであった」。当初から、これらの市民起業家は、地域は世界的な経済競争力により今後繰り返し試練をうけることから、迅速にかつ前向きに行動する能力を持たねばならないことを認識していた。市民起業家のチームは、市、セジウィック郡および商工会議所の経済開発関連の動きを統合して、新しい官民の組織であるウィチタ・セジウィック・パートナーシップ（訳者注：以下、英語の頭文字をとって「ワイズ」（WI／SE）と称する）を設立した。ビジネスからの強い支持を受けて、ワイズは、教育、技術、金融、バイオ医療研究、都市中心部開発と交通に焦点をあてた意欲的な五年計画を実行した。

一九九〇年までにパートナーシップは、すべての部門において主要な目標に達したが、ビジネスと教育の新たなパートナーシップを構築したことは、特筆されるべきことである。一九八九年、ワイズは、ビジネス・教育パートナーシップがアメリカで最も革新的な経済開発組織であると認められ、アーサー・リトル賞経済開発部門の最高栄誉賞を受けた。

アルフォードとヘインズは、次の五年間の戦略を作成するために前に進んだ。その強いリーダーシップと成功の記録があるにかかわらず、チームは次の五年計画を実行することに失敗した。最初の五年においては、経済界のトップの支持を得られたためにウィチタ市は成功することができた。ライオネル・アルフォードが語るように、「最大のインパクトを得るためには、ビジネスに焦点をあて、健全なコミュニティを発展の基本単位として考える人々を必要とする」。しかし、次の五年間においては、ビジネスの高いレベルのリーダーシップを維持することが困難であった。ヘイル・リッチーが観察しているように、「われわれ最初の段階で間違いを犯していたなら、われわれは深入りしなかったであろう。われわれは、必要と考える資金を必要なだけ投入しすぎた。われわれは、パートナー企業よりなる中心的グループを有していたが、振り返って考えてみると、検討過程にもっと多くの人々を参加させるべきであった」。

地方政府からの要請を受けて、一九九四年ワイズは、教育と経済開発に関する幅広いビジョンの再検討を開始した。商工会議所会頭のティム・ウィッツマンが説明しているように、「二年前、われわれなビジョンを喪失し始めた。ビジネスの方は、従来のビジョンにコミットしていたが、政府の方でビジョンを維持することは困難であった」。ワイズの経験は、市民起業家のチームが共同して何を達成できるかを示している。しかし、それはまた、持続可能性に関する重要な疑問を提示している。ライオネル・アルフォードが述べているように、「われわれは、八年から一〇年ごとに見直しをする必要がある。環境が変化しているのであれば、新たな途を選択しなければならない」。

なぜ、市民起業家はそのような活動をするのか？

市民起業家は、長期にわたってリーダーシップを発揮する。彼らは、容易に回答を得ることができない根本的な変化と改善のプロセスの間をずっと通してコミュニティをリードする。市民起業家の中には、重要な貢献をすばやく行い、チームから離れていく者もいる。しかしながら、たいていの場合は、時間とエネルギーをたぐい希なほど費やして長期にわたり活動する。オースチン市のスーザン・エンゲルキングは「何かコミュニティにとって重要な目標を達成しようと思えば、少なくとも四、五年の努力が必要である」と説明している。ヒューレット・パッカード社のセス・フィアリーは、一九九二年以来スマートバレー電子コミュニティ構想の闘士として活躍してきたが、彼は「多くの作業が必要とされる。二、三回会合に出席しただけでプロセスを開始し、他の人々をけしかければ事が起こるたぐいのものではない。事が起こるためには相当程度の時間と資源を提供する心構えを持たねばならない」と指摘している。われわれは市民起業家と話してみて、彼らが言動を実行に移すために、ねばり強く早朝や夜遅くまであるいは週末に合意形成に向けて会合を重ねたという事例を数え切れないほど発見した。

今日のリーダーが直面している、時間をいかに使うかという問題や公共活動に従事すれば必然的に多くの課題（および挫折感）が伴うということを考慮すると、なにが市民起業家を動かすのであろうか？　なぜ、彼らはそのようなことをするのか？　なぜ、何年もわたって活動を継続するのであろうか？　答えは、長期にわたって経済的利益を実現すること、コミュニティにおいて際立ったことを行いたいという願望および自己実現を図ることが混じりあったところにある。

啓発された経済的利益

民間セクターからの市民起業家のほとんどの者は、企業の立場を離れてリーダーシップを発揮することは企業の長期にわたる経済的利益に合致するものだと確信している。アメリカの企業家は短期的な収益を念頭に置いていると一般には考えられているが、大企業においても中小企業においても同様に、長期的視点を持った企業経営者が増えてきている。彼らは、企業の長期的成功は、事業活動を行うコミュニティの長期的成功といずれかに時点で結びついていると確信している。

オースチン、フェニックス、オランド、クリーブランド、シリコンバレーなどの地域では、市民企業家は異口同音に経済とコミュニティの連関を指摘する。なぜ一〇年以上の長期にわたり市民起業家として活動を行っているのかを聞かれたとき、オースチンの弁護士であるパイク・パワーズは経済の活力、学校と大学、物理的インフラ、課税基盤の間の相関性を表す図を描いて見せたが、それは他の地域で描かれたものと驚くほど似ている。

シリコン・グラフィックス社会長・社長のエド・マクラッケンは、高度に専門化された情報社会企業にとってコミュニティの経済的重要性はますます高まっていると考えている。特に、熟練した創造性豊かな人材を引きつけ確保することは、市民起業家の活動にとって強力な動機づけを与えている。マクラッケンは、シリコンバレーのコミュニティに対する企業利益を「情報社会企業にとって、人材は最も重要な資源である。この人材という資源は、夜になると帰宅するが、次に日に会社に来るかどうかはわからない。最も開明的な企業にとって、すべての従業員は独立した起業家である。彼らはたまたまある会社という境界の中にいて給料をもらっているが、実際にはどこに生活し仕事をするかを決める自由を有している。そのため、コミュニティの質と活力は非常に大きな役割を果たす。従業員のアイデアや仕事に何をもたらすかに影響を与え、従業員が会社にとどまるかどうかを決定するからだ」と説明している。ボーイング社の前上級副社長のライオネル・アルフォードは、「輸出志向の大企業がコミュニティにとけ込む主要な理由は、現在および将来において優秀な従業員を確保するためである。他の地域企業と異なり、われわれはコミュニティに物やサービスを得るのではない。われわれにとっては優秀な従業員をいかに確保するか、従業員が快適に暮らせる生活に質が確保されるかが問題だ」と同様の見解を述べている。

以前の工業社会においては、物理的資源がビジネスにとってより重要であり、労働者は代替できるもので、コミュニティは低コストで物理的資源を商品に転換する場と考えられていた。情報社会においては、人的資源はビジネスとコミュニティの運命をより強固に結びつけるものとして最も重要なものである。ネットワークツールのリーディング会社であるスリーコム社の社長であるエリック・ベンハモウは、シリコンバレーにおける教育を改善することは、将来才能豊かな人材を雇い入れ、従業員に対して質の高い生活を保障するために非常に重要であると考えている。彼は地域の情報基盤を整備し、情報技術を活用して地域の教育システムを改革することに携わっている市民起業家の一人である。彼はサンディエゴ市の指導者たちに向かって、自分の動機づけについて「私の会社は、将来労働力の五〇パーセント以上を地域コミュニティに依存することになります。そのため、コミュニティに関与する必要があるのです」（一九九五年五月スマート・サンディエゴにおけるスピーチ）と説明している。

もちろんリーダーはビジネスの進化の過程のどの時点で市民起業家精神が必要になるのかを決定しなければならない。この種のリーダーによるコミットはまさに時宜を得たタイミングでなされなければならない。マイクロエージ社のアラン・ハルドは、「われわれの市民起業家による〝ファーム・チーム〟（訳者注：地域における草の根の市民起業家を「農場チーム」と称したもの）にとって、私は地域で育った高成長企業の起業家にねらいを絞っている。しかしながら、彼らは成長期の危機を脱し、地域に明るい未来をもたらすように位置づけられたものでなければならない」と説明している。マクラッケンも同じような区分を行っている。彼は「ＨＰ方式」という中心的な教えを考え出したヒューレットとパッカード（訳者注：いづれもヒューレット・パッカード社の創始者。かれらがパロマルト市のガレージで発振器を開発したことが、シリコンバレーの発祥となった）にまで遡るシリコンバレーの起業家の家系図を指摘している。企業は株主、顧客、従業員、コミュニティという四つの対象に対して貢献しながらビジネスの長期的価値を最大化すべく活動している。マクラッケンの警告は「この四つの対象は長期的にはすべて必要なものであるが、同一レベルのものではない。短期的には株主の利益のために収益をあげなければならない。このことにより顧客に関心が向き、従業員にとっての成長に機会を生み出し、コミュニティにインパクトを与えることができるようになる。私が今までに見た中で最もなされてはならないことは、ビジネスが不調の時期にコミュニティに対する貢献を行い、結果として一万人の人々を解雇するに至ったケースである。これは、コミュニティにとって最悪の事態である。

コミュニティにおいて独創性を発揮する

「今日では、一二五年、三〇年あるいは五〇年前と比べて教育、訓練、社会的背景などの点で幅の広い企業経営者の数が増えており、コミュニティとそれがどのように機能するかについての関心が高まっている」。エンタープライズ・フロリダの代表であるジョン・アンダーソンは企業幹部とともに働いてきたが、その長年の経験を通じて、新しいタイプの人材が登場していることを確信している。

経済は重要であるが、ほとんどの市民起業家は経済以上のものに動機づけられている。それは、より良いコミュニティを創造したいという最も古くからあるシビック・バーチュー（市民の徳）である。ほとんどの市民起業家は経済コミュニティを構築する過程における〝独創性の発揮〟が自らの動機づけであると言っている。起業家というものは、ビジネスの起業家であるか市民起業家であるかを問わず、本来的に独創性を発揮したいと思う人々である。彼らはただ単にお金を寄付したり、受け身で取締役会に出席するだけではなく、自分たちの独創的な技能を市民活動に活用したいと考えている。

多くの市民起業家は現在までの経歴においてかなりの成功を収め社会的地位を獲得した人々である。彼らは、より広くかつ長期にわたって継続するインパクトを与えるような新しい課題に取り組もうとしている。フロリダ商工会議所における市民起業家として、トム・キーティングは「企業、家族において独創性を発揮した後に、コミュニティ、産業界において独創性を発揮できるとの信念に持つに至った。コミュニティや産業界に貢献したいと考え、定年退職するまで待てないと考えている多くの人々がいるが、これは、古いモデルだ」と指摘している。市民起業家は成功するためにはインパクトの輪を拡大する必要があると考え、しばしば他の人々を活動に取り込む。ブレオルト研究機構の会長であるボブ・ブレオルトは、ツーソンの光工学産業クラスターを編成したいとのアラン・ハルドの要請に応じて「アランは、私がアリゾナの将来において独創性を発揮できるような気にさせた」と彼自身がいっているような非常に基本的な理由から、活動に参加した。

独創性を発揮したいという願望は、しばしば市民起業家の個人的な成功または職業面での成功の基盤を提供したコミュニティに恩返しをしたいという考え方と結びついている。オースチンのマイク・パワーズは「私にとって仕事を終えるということは、今まで私を形づくってきたものに対してわずかながらでも恩返しをすることを意味している。私は社会から寛大にも多くのものを受けてきており、死に至るまで社会への還元が私の念頭にある。このことは、幾度となくかついろいろな形で、私より明瞭に言われてきているが、まさにこのことが市民起業家精神が意味するものなのだ」と説明している。シリコンバレーにおいては、ジム・モーガンは彼の会社であるアプライド・マテリアルズ社が地域における関係や多様性から多くの恩恵を受けてきたことを認識している。まさにこの個人的なレベルでの自覚が動機づけとなり、ジムは他のあまり恵まれない地域が持っていた強いコミュニティ感や公共セクターと民間セクターの間でのパートナーシップをシリコンバレーで構築する活動を開始することになった。

もう一つの強力な動機づけがある。誰かがイニシアティブをとらなければ、誰もとるものがいないということである。ビジネスにおける起業家と同様に、市民起業家は機会を失し課題を解決できなくなることを嫌う。彼らは自らの経験から、一人の力が他の人々の努力を通じて大きなものとなることを学んでいる。オースチン市では困難ではあるが重要な課題に直面して、コクレックという名前が浮上してきた。ニール・コクレックと特に彼の父であるウイリー・コクレックは、過去四〇年間にわたり一回の失敗をのぞいてオースチン市における学校建設のためのすべての起債事業を手がけてきた。二五年にわたって他の人々がコンベンション・センターを建設すべく努力してきた後を受けて、ニールは仕事を完結すべく五年間かけて丹念に環境派の人々とビジネスの指導者たちの間の合意形成を行った。何がニールを動かしたのであろうか?「誰かが進み出てリーダーシップをとらなければ、何も成就しない。何かを起こすためには一人の人間さえいればいい。膨大な資源が活用されるのを待っているが、誰かが進み出てプロセスをリードしなければならない」とニールは言っている。

市民起業家が提供できる何か独特なものを持っていると認識することは、力強い推進力となる。市民起業家は人とのコンタクト、技能、経験、信用力の非常に貴重な蓄積を持っており、他の人々から同様の貢献を引き出すことができる。お金だけではなく自ら進んで貢献したいという願望は、市民起業家に共通して見られる動機づけ要因である。ネットワーク・ジェネラル社の創設者であり会長であるハリー・サールは、このような願望がシリコンバレーにおける電子コミュニティを構築するために設立されたスマートバレー公社の創設期に社長を引き受けたやむにやまれない要因であったことを認めている。「私は常にコミュニティに恩返しをすることが重要だと考え、慈善事業にお金を寄付することを広範に行ってきた。しかし今や私は、自分の専門的知識と経験を使って私しかできないユニークな貢献をコミュニティに対して行いたいと考えている」。ハリーは、ワトキンス・ジョンソン社の社長であるキース・ケネディと同様にシリコンバレーの団結を指導すべく積極的な活動を行っている。「私とシリコンバレーの他の市民起業家は、従来無駄だと考えられてきた問題を解決するため何か違ったものと提供することができると考えている」。ハリーの言葉である。

市民起業家精神の興隆は、政府や政治的指導者が根本的な変化に影響を与える十分な継続性、イニシアティブや資源を提供することができないという認識が民間セクターのトップの間で広まってきたことと関連している。アメリカ人は常に政府に対する不信感を持っているが、ほぼ同様の認識の深さで、われわれはコミュニティをリードするために政治家を選出したのであり、われわれ自身が行う必要はないという考えを有している。われわれがこの本を書くためにインタビューしたすべてのコミュニティにおいては、政府のリーダーシップは強い経済コミュニティを建設するために必要であるが十分ではないとみなされている。スーザン・エンゲルキングは「われわれは政治家を選出し真のリーダーシップを発揮するように期待するが、そのようなことは起こらない。政治的指導者はイニシアティブをとったことにより報われることは希である。彼らの世界においては特別な利害、分裂そしてしばしば機能麻痺が見られる」と説明している。オースチン市の彼女と他の人々は「ボールを政府のシステムの外で拾い上げる市民起業家精神こそが政治よりも効果的な方法である」と結論づけている。ニール・コクレックは冗談めかしながら「私は任期短い市長、市議会、商工会議所の会頭の数人よりも長く生きている。どこかに継続性があることがコミュニティの成功にとって中心的要素である」と発言している。

最も才能豊かで洞察力を有する政治家もいろいろな制約や差し迫ったニーズの中で活動せざるを得ない。フロリダのジョン・アンダーソンは「政府とビジネスのリーダーは、この国においてわれわれがあらゆるレベルで政府に要求していることは非現実的なことばかりであることを認識している。政府のあらゆるレベルで財源上の制約があることが明確であるにもかかわらず、われわれの要求や利益を合計すればそれはわれわれの処理能力を超えている。このような仕事を処理するためには他の資源や財源上の機会を探すことが必要である」と指摘している。他の人々が政府を問題であると見る場合において、市民起業家は自らを解決の糸口であるとみなすのである。

啓発された経済的利益と独創性の発揮は市民起業家が活動を開始する二大理由であるが、市民起業家自身がその理由をたずねられた場合は、自己実現を第三の理由としてあげる。彼らは好んで新しく従来と異なった領域において活動を〝展開〟する。市民起業家は新しい課題に直面し、新しい技能を発展させ、新しい人々と会合を重ねる。自己実現は最初の段階においては市民起業家が活動を開始する理由であることはまれであるが、その後活動を継続する動機づけを与える要因であるように思われる。

本来的に、市民起業家は課題に挑戦し前に進み出ることが好きな人々である。市民起業家はむしろ問題を解決したり他の人があきらめたことをやり遂げる際の困難性を楽しむようなマインドを持っている。未知の領域に踏み込んで新しい課題解決のために交渉することは、多くの市民起業家にとって別の種類の挑戦であるばかりか、楽しみにあふれたものなのである。アリゾナの起業家であるスティーブン・ザイルストラは「これはビジネスとは異なった知的刺激を受ける方法だ。それはまさに喜びを分かち合う人々の集団であり、われわれはわれわれの活動自体を楽しんでいる」と簡潔に表現している。

市民起業家がその経験について語るとき、彼らは新しいタイプの友情に大きな価値をおいている。市民起業家の誰も他の人々と会合を重ねることが最初に活動を開始した主たる理由であるとは言わないが、多くは満足のいく関係を構築することが活動を継続する理由であると指摘している。ウイリアム・ミラー博士は彼の生涯において、典型的な市民起業家の活動である橋渡し役としての活動を行ってきた。スタンフォード大学副学長、SRIインターナショナル社長、スタンフォード大学ビジネススクール教授として、ミラー博士は他の人々とプロジェクトを実施することにより常に孤立することがないようにつとめてきた。「率直に言えば、私がスマートバレー構想やジョイントベンチャー・シリコンバレー・ネットワークに参画した理由の一つは、通常であるならば肩をすり合わせることのないような人々と知り合いになるということだった。それは、企業経営者ばかりでなく、政府、非営利団体、教育界にもわたる」とミラー博士は発言している。

ワトキンス・ジョンソン社社長のキース・ケネディは、協働というアプローチが力を発揮する理由の一つは、それが同僚と真に話し合い、何かを共有する機会を創造することであると確信している。彼は「われわれはすべて高い地位にあるものにとってもそのような指導を必要としている。われわれはともに学ぶ必要がある」と説明している。

いろいろな浮き沈みにもかかわらず、オースチン市のスーザン・エンケリングが市民起業家としての活動を継続している理由の一つは、まったく新たな種類の個人的な関係ゆえである。「何が満足すべきことかって？　ただ単に東海岸から来た連中と出くわしただけなの。彼らは私を抱きよせ孫の話を聞かせてくれただけ。私たちは違った角度から問題を解決することにとりくみ、今は違った人間であるとともに友人関係にもあるわ」とスーザンは語っている。

市民起業家精神は、ある場合には技能を予期しない形で発展させる方法を提供する。シリコン・グラフィックス社のエド・マクラッケンはこのことを自覚して「異なった環境からの指導者が組織を超えて活動を開始する際には、多くの傲慢とも言える要素が含まれうる。特に、ビジネスの人々が政府とともに活動する場合に起こりやすい。私は、以前まったく知らなかった多くのセクションの人々に対処するため多くのことを学んだ」と発言している。戦中派で巨大な製造部門の指導者であったボーイング社のライオネル・アルフォードは、ウィチタの経済活性化の手助けをする過程で彼のリーダーシップのスタイルをより発展させた。

市民起業家は何でないか

市民起業家が何であるかを理解するためには、市民起業家が何でないかを理解することが重要である。市民起業家は唱道者や機会主義者ではなく、慈善事業家でもない。市民起業家は彼らと彼らの属する組織の長期的利益が経済とコミュニティの活力と堅く結びついていると確信しているがゆえに、コミュニティにおける協働作業の指導者としての役割を果たす。彼らは唱道者や弁護士として短期的な特別の報酬を追求するものではないし、また、機会主義者として金銭的な個人としての報酬を求めているものでもない。同様に、彼らは慈善事業を行いたいとの衝動から活動を開始するものでもなく、お金以上のもので貢献しようとする。

唱道者や機会主義者ではない

メディアは、個人的な目的や企業の目的を追求するだけのビジネスの人々の例を挙げてわれわれの主張を批判する。それらの中には、合法的な陳情活動であるもの、非論理的なもの、両者の中間にあるグレーの領域に属するものがある。過去三〇年にわたる都市活性化とダウンタウンの再開発には、不動産開発業者や建設業者が政府が資金を提供する再開発プロジェクトから直接的な利益を得ようとして市民活動にかかわる事例が多くある。再開発関連業者は、許認可を得ようとして政府やコミュニティと積極的な関係を持とうとする。彼らの直接的なビジネスの利益を実現するために都合がいいように法律、政策、規則に影響を与えようとする者もいるし、影響を与えるため選挙の候補者を支持する者もいる。

しかしながら、このような活動を行うビジネスの指導者は、定義上市民起業家には該当しない。彼らは時には完全に合法的な形でビジネス上の利益だけを追求している人々である。これに対して市民起業家は、ビジネスの長期的な成長基盤を高めるために経済とコミュニティとの結合関係を強化するために協働して活動する。動機づけの点において、両者は決定的に異なっている。

政治的な経歴や個人的な経歴を高めるために市民起業家として活動する人物も、定義上市民起業家には当てはまらない。このような行動をする人物に対しては、最終的にコミュニティが制裁を加えることは経験が示している。

それでは市民起業家の動機は何なのかと人々は質問するであろう。すべての市民起業家は、市民起業家がコミュニティ全体の利益だけのために活動しているという誤った考えを持つことのないよう説いて回っている。エド・マクラッケンは「明示的に言うかどうかにかかわらず、私がこれ（ジョイントベンチャー・シリコンバレー・ネットワークの共同議長および教育改革イニシアティブの理事）を行っているのは、私や他の経営者が公職を得るためだと何人の人々が感じているか知らない。私はこれに何の利害関係も持っていないし、将来においてもそのようなことはない。私はそのようなことは物事を理解できない人々から発するものだと考えている。われわれはシリコンバレーにおいて個人的な利益が得られることは理解している。私の関与がより長期のサイクルを持った広い目的に関連しており、株主の利益の最大化にも関連しているということは、十分理解されていない」と説明している。

指導者は彼らの動機づけについて疑問が呈されているときに手探りでも進める能力を持たねばならないが、同時に真の動機づけに関して自分自身と他の人々に対して真摯な態度で望まなければならない。協働は多様なセクションの人々の利益の融合化を図ることであるが、同時に動機づけについて透明であることが必要となる。個人が市民起業家精神を装って個人の政治的基盤の確立、直接的な金銭上の利益への指向、狭い利益の実現に向けての働きかけなどに走った場合には、コミュニティの信頼は損なわれる。真の市民起業家は状況を観察し、機会を捕らえ、協働の利益のためにその機会を活用するために他の人々を動員する。この行動は、コミュニティを個人的な利益や利得のために利用することとは、まったく異なるものである。

慈善事業家ではない

市民起業家は慈善事業家ではない。慈善事業家は人道的な目的のために金銭を提供する。市民起業家は経済コミュニティの長期的発展のために、時間、才能、個人のネットワーク、金銭を提供する。クリーブランド市の経済界の指導者たちは何十年もユナイテッド・ウェイ（赤十字）や交響楽団の資金を提供するため慈善活動を行っていたが、その後地域の基本的な経済問題の解決というまったく異なった目的のために、新たな方法で協働作業を開始した。アル・ラトナーは「われわれは皮肉な目覚ましによって呼び覚まされた。一九七八年における市の財政は破綻状態にあったが、クリーブランド市は、慈善活動においては、全米一、おそらく世界で最も慈善企業が盛んなところであった。しかし、われわれは進むべき道を失っていた」と当時を振り返っている。

ラトナーは彼と他のクリーブランド市の指導者が新たに果たすべき役割を認識した時を振り返り「私は、マーシャル・フィールド社の副社長との会話を思い出す。私は彼らがデパートを開店していた市の中心部にあるヘール・ビルディングを閉鎖しようとするのを思いとどまらせようとしていた。私はすべての賭け目を失おうとしていた。彼は私が言ったすべてを拒絶したのである。最後に私は、クリーブランドが一人当たりの慈善活動費において全米一位であることを示す統計を示した。そのとき彼は私を見つめ『アル、それが答えに違いない。誰もこの経済に投資していないからこそ、みんなが金をどこかに出さなければならないということだ』と言った。落胆していた私の心に一筋の光明が横切った。彼は正しかった。われわれは、一つの慈善事業か他の慈善事業へと慈善活動にすべての時間を費やしていたが、市自身や経済が必要としているものに対して関心を示していなかった。この区別こそが私の人生を大きく転換させた。私が言われたことは、もしわれわれが基本的な問題の解決に取り組まないのであれば、慈善活動の余地もなくなるということであった」と言った。

古いタイプであれ新しい形のものであれ、慈善はその役割を有している。事実市民起業家が慈善活動に取り組んでるケースは多い。しかしながら、市民起業家精神とは、強固な経済コミュニティを建設するために、金銭的資源に加えて才能、経験、ネットワークを提供する指導者を養成することなのである。

市民起業家精神に対する障害

本書で紹介しているコミュニティや他のコミュニティにおいては、市民起業家は協働的なコミュニティを建設する過程において多くの障害に直面している。そのような障害の多くは、多くのセクターにまたがる指導者として行動することから日常的に起こる文化的、政治的、財政的、個人的な課題である。第Ⅱ部においては、真の市民起業家がどのように指導者としての課題を解決したか、どのような教訓を学びとったかについて記述している。

市民起業家精神の発揮を困難にしているコミュニティの特質がある。市民起業家精神が巻き起こっているあらゆるコミュニティにおいては、当初の段階の市民起業家のグループは、才能ある人々が指導的役割を果たすことを押し殺し、コミュニティと経済を停滞させてしまう基本的な障害を解決している。このような障害は、しばしばコミュニティの歴史、心理構造、文化に深い根を持っている。最初の段階で一連の障害を克服すると、より広範な範囲で市民起業家を生み出し、より協働的で競争的なコミュニティを生み出すことができる。

過度な政府・政治のプレゼンス

「政治を持ち込めば持ち込むほど、ビジネスの関係者は『こんなことは必要ない』と言ってビジネスに戻ってしまう」。リッチー社社長のヘイル・リッチーは、政治がウィチタにおいて最初の市民起業家が登場してくることを妨げたと確信している。選挙で選ばれた政治家や公共セクターにおける職業公務員が経済開発過程で重要な役割を果たすことは事実であるが、過度な政府・政治のプレゼンスは市民起業家精神を圧殺してしまう。

独自性を発揮しようとして、政治家はしばしば経済とコミュニティの間の市民的空間において指導的役割を果たそうとする。市民起業家は、この市民的空間において有効な活動をするためには、他の人々に権限を委譲し、長期にわたって努力を継続し、手柄を他の人々と共有しなければならないことを悟っている。多くに人々と同様に、政治家はこのモデルの下で活動することがなかなかできない。彼らは上からのコントロールを誇示し、短期的な結果を得ようとし、彼らの活動に対する手柄を得ようとする圧力を常に感じている。政治家が指導的役割を果たすことや経済開発を政治化することに固執するようなコミュニティにおいては、市民起業家精神はなかなか生まれない。

市民起業家の立場から見れば、政治的なリーダーシップが強いことは、光の部分と影の部分がある。例えば、インディアナポリス市はいずれも市長をつとめたウィリアム・ハドナットとスティーブン・ゴールドスミスの強力なリーダーシップにより大きな利益を得た。しかしながら、このような強力なリーダーシップは、他の指導者の意欲をそぐこととなった。地域のある指導者は、一九七〇年代後半に構想されたアマチュア・スポーツにより地域を活性化するとの戦略が、民間主導によって成功したとして世界的に有名なインディアナポリスが、このような指導者の構造から生まれた満足感によって被害を被るかもしれないと告白している。

政府の役割を再設計したモデルケースとしてしばしば紹介されるカリフォルニア州のサニーベール市のトム・リューコック助役は、この点を強調して「協働的なフォーラムが政府によって主導されたり、つくられていると見えれば見えるほど、それは活動にとって死を意味する。今日の世界において肝要なことは、経済がすべてのリード役を果たしていることだ。もしこのことが真実であるならば、経済界の代表が指導的役割を果たすことが必要だ」と指摘している。しかしながら彼はこうも警告している。「しかし経済の代表者が他のセクターの人々を巻き込まずに進めるのであれば、良い結果は望めない」。成功しているコミュニティにおいては、政治家は一歩下がって市民起業家と協働することをわきまえており、市民起業家は手柄を政治家と共有し他のセクターの人々を巻き込むことを学びとっている。

政府により開始された経済活性化事業は、出来上がった後ビジネスに参加を求める初歩的なプログラムになりがちである。それらは経済指導、技術指導、融資基金、世界貿易センターなどの名前がつけられている。それらは、善意の公僕のイニシアティブによって産業界からのなんらのインプットもなく展開されることが通例である。それらはプログラムの継続を公的資金に依存しており、多くはほとんどインパクトを有していない。

しかしそれらのプログラムを実行する経済開発の専門家は、時として自らを唯一の市民起業家であると認識してしまう。彼らの多くは、ビジネスや他のセクターから新たなリーダーが登場することを促進することが自らの利益にかない、自らの役割であると認識しようとはしない。経済開発事務所・組織の間だけの競争に政府の関心が移ってしまい、関心を有していたビジネスサイドに冷淡な感情が生まれる。他方、コミュニティの将来を決めるような重要な問題は、手つかずのままに取り残されることになる。

このテーマの関連でいえば、政府の財政支出が地域経済をリードしている場合は、市民起業家精神は刺激を受けて拡大することが難しい。巨大な官僚機構、象牙の塔ともいうべき大学、軍事施設および軍需産業のように政府と直結した企業によって支配されているコミュニティにおいては、競争という圧力を感じることがない。『インク』（会社）という雑誌の著者であるデビッド・フリードマンは、〝クルージュ・経済〟という言葉を作り出した。そのような場所では特定の利益を優先する権力政治によって支配されており、政府の補助金が停滞する実体経済を立て直す解決策であるとみなされている。そこでの解決策は常に、問題を解決するために財政資金を導入すべく政治力を使うことである。ここでは経済とコミュニティにまたがる協働のネットワークをつくるという緊急性は失われる。政府によって主導された経済は、実際はコミュニティや強いビジネスのリーダーシップに依存したものではないからである。これらのコミュニティにおいては多くの人々が政府の資源を活用するために何かなされなければならないと考えているが、政府による資金的支援は真のリーダーが登場する必要性を低下させることになるのである。

過度な民間のプレゼンス

市民起業家精神を刺激する活動が「過度の政府・政治のプレゼンス」から影響を受けるように、「過度の民間のプレゼンス」もネガティブな影響を与える。市民起業家は、彼らと組織の長期的利益が経済とコミュニティの活力に結びついていると確信しているがゆえに、コミュニティの協働的リーダーとなる。

多くのコミュニティにおいては、当初の段階においてこのような考え方が強い懐疑心を持って迎えられる。この点において、市民起業家はビジネスの人々の動機づけに対して基本的な不信感を有する指導者や市民と対決することになる。ビジネスの指導者は狭い自分たちの利益だけのために活動し、その見返りに特定のものを獲得しようとしているのではないかというのが彼らの認識である。これらのコミュニティはビジネスの自己利益を追求する経験に疲れ切っていることもしばしばである。ビジネスの人がコミュニティの活動に関与するのは金銭欲を満たしたいためであるという根深い考え方がある。このようなコミュニティにおいては、ビジネスの人々により推進されているイニシアティブやビジネスに関連した団体からのイニシアティブは、〝成長促進派〟とか〝環境破壊派〟であるとのレッテルを貼られることになりがちである。このような場合は、共通の利益について話し合う余地は少ない。

信頼の回復は、市民起業家がビジネスの利益に巻き込まれた歴史を持っていたり、指導者の動機について懐疑心のあるコミュニティにおいて直面しなければならない中心的課題である。具体的な行動や明瞭なコミュニケーションにより、市民起業家は自らを前任者と区別しなければならない。彼らは懐疑的になっているコミュニティの中心人物からまず受け入れられなければならない。

ビジネスの人々が狭い自己利益にもとづいて行動するときには、コミュニティからものすごい勢いで反発を受けるであろう。ビジネスの自己利益追求が都市のスプロール化につながったり、環境破壊が行われたり、決定的な政治スキャンダルを誘発したりしたときには、コミュニティにおける力の不均衡を是正するためにしばしば改革派が結成される。このような反応は、際立った反発に転じ、行き場のない報復や予期せざる結果を招くことになる。

カリフォルニア州のサンタ・バーバラ市のケースは、ビジネスによる無責任な行動がコミュニティの心理構造、経済の活力、すべてのビジネスの指導者との関係にまで根本的な影響を与え得るものであることを示している。一九六九年にサンタ・バーバラ市で起こった原油流出事故は、全米に環境保護運動を巻き起こした。サンタ・バーバラ市では、この原油流出はコミュニティにおけるビジネスの拡張を劇的に止めることとなり、ゼロ成長を記録することとなった。コミュニティの石油産業に対する敵意とさらに環境が悪化するのではないかとの不安が高まり、サンタ・バーバラ市におけるビジネスの物理的拡張を止めることになった。一九八〇年代の成長かゼロ成長かの論争は、単に論争にとどまらずメディアによる誹謗中傷と訴訟を生み、コミュニティを分裂させることとなった。ゼロ成長派により一九八六年から九〇年までの間建設許可は出されることはなかった。これにより、軍需産業の縮小と成長産業の国外への脱出につれて九〇年代において経済は停滞し賃金水準は低下した。

一九九五年技術指向産業とサービス産業の指導者は、コミュニティ、教育、政府の指導者に呼びかけ、サンタ・バーバラ地域経済コミュニティ・プロジェクトを開始した。プロジェクトの目的は、環境保護との両立を図りつつ技術に基盤をおいた経済を創造するために、協働作業を実行することであった。舵取り役は、ニューヨーク・タイムズ社が所有している『サンタ・バーバラ・ニュースプレス』紙の発行人であるスティーブ・アインスリーとゼロックス社の前取締役であり技術起業家として成功したボブ・ナイトであった。この二人と彼らが組織した広範な基盤を有したチームは、過去においてサンタ・バーバラ市を麻痺させた分裂状態を克服しようとした。この協働作業の焦点となったのは、経済的活力と生活の質を両立させたコミュニティを創造すべく協働することによって人と人との関係を再構築することであった。

「過度の民間のプレゼンス」の第二の形態は、ビジネスを政府の直接的な代替とみなすコミュニティや政府を改革する方法であると考えるコミュニティである。ビジネスが一定の場合政府の代替となりうるとの考えは流行となっている。政府支出を削減し民間セクターが〃間隙を埋める〃との考えを政治家が唱え、市民も確信を抱くようになっている。あるいは、コミュニティの課題の解決策は〃ビジネスのように政府を経営する〃ことであるとビジネス側が主張することが一般化しているコミュニティもある。

この両者の考え方も市民起業家にとって困難な環境を生み出す。市民起業家は市民セクターにおいて協働作業を行うことにより、ビジネス、政府および他のコミュニティ・セクターの間の強固な連関を形成するものである。市民セクターは民間セクターと公共セクターの中間に位置し、両セクターの能力の強さに依存している。市民セクターが活発に活動することは、疑いなく公共セクターの実効性と効率性を高めることになる。しかし公共セクターも市民セクターも政府に代替できるものではない。政府の力を衰えさせその志気をくじくコミュニティは、市民活動の支えを失うことになる。

市民起業家は、コミュニティが抱える問題を解決することは〝ビジネスのように政府を経営する〟ほど単純ではないことを学んでいる。このスローガンは表面的にはアピールするものを有しているが、必要なことは、政府がビジネスのように行動するよう教えるという傲慢な姿勢ではなく、ビジネスが市民セクターや公共セクターに対して何が貢献できるかということを相互に探求してみることなのである。市民起業家が行うことは、ビジネス、政府、両者の力に支えられた市民組織の間に有効に機能するパートナーシップを創り上げ、継続させることなのである。

〝過度の民間のプレゼンス〟に関連した市民起業家精神に対する最後の障害は、ビジネス界のただ一人の偉大な指導者に依存することである。ときどき、ただ一人のカリスマ性のある指導者がコミュニティにおいて大きな影響力を発揮し、即座に何かが起こるように見えることがある。個性と長寿を基盤とした力により、この種の人物は〝一人の委員会〟としてコミュニティの思考家かつ実行家であり、戦略家かつ計画家として機能する。

カリスマ性のあるビジネスの指導者がいなくなると、コミュニティは大きな真空状態に直面する。古いタイプのカリスマ性のあるリーダーは、新たな指導者を指導したり、他の人々に対して意味のあるコミュニティへの関与を行うように仕向けたりすることはない。伝統的なカリスマ性のある指導者はコミュニティに対して多大なる貢献を行うが、彼らが持続性のあるリーダーシップの基盤を遺産として残すことは希である。市民起業家精神を刺激することは、コミュニティにおけるリーダーシップの定義を協働のための触媒としての指導者に焦点を置くものに転換することが必要となる。

本社の不在

本社が別のところにある支店の活動により経済が支配されているコミュニティや、地域企業が地域外へ活動の拠点を移したコミュニティは、しばしばそのような状況を市民起業家精神を向上させることの障害とみている。彼らは本社がある地域、地元によって管理された企業がある地域、地元で成長した起業家精神がある地域などを指摘し、それらの地域においてはリーダーシップがより発揮しやすいと主張する。

市民起業家精神を刺激することは、コミュニティに対する長期的な利害関係やコミュニティ活動に関与するための会社からの指示のない職業ビジネスマンで構成されたコミュニティにとってはより困難なものとなる。ソルトリバー・プロジェクトの責任者でありフェニックスの鍵となる市民起業家であるジャック・ピスターは、コミュニティの進化を描写して「一九六〇年代と一九七〇年代におけるフェニックスの最初の指導者グループは、地元の起業家であった。企業が成長し吸収合併されるようになるにつれて、これらの人々は外部からきた職業ビジネスマンにとって代わられた。これらの人々の多くのものにとっては、コミュニティで指導的役割を果たすことは個人の裁量やスタイルの問題で、企業からの要請によるものではなくなった。彼らの目標は昇進しフェニックスを出ていくことであった」と語っている。地元企業、特に公益企業、銀行および他の金融機関の買収は、アメリカ中のコミュニティの構造を変化させた。フェニックス市の市民起業家にとってこの変化は、コミュニティにおいてビジネスを成長させることにコミットしている地元の精力的な起業家を見い出し、コミュニティに関与させることを本質的に重要なものとした。事実、本書で紹介しているすべてのコミュニティにおいては、地元で成長したビジネスの幹部が市民起業家の集団においてますます重要な役割を果たすとみなされるようになった。

これに対抗してとられた戦略は、職業ビジネスマンも新しくコミュニティに取り込むための活動を展開することである。オースチン市の戦略は期待感を高め、企業の幹部が町に足を踏み入れた日からコミュニティの活動に関与することに対して支援を行うというものであった。スーザン・エンケリングは「最初からわれわれは彼らに対してどれほどわれわれが彼らを必要とし、重要と考えているかを話した。われわれは彼らに対する期待感を高めた。われわれは新しいマネージャーをコミュニティに取り込むためにイベントや訓練を企画した。ほとんどの人々が積極的に反応してくれた」と説明している。クリーブランド市のルネッサンスは、あきらめることなく活動を継続した地元のビジネス指導者によって主導されたが、彼らは意識的に部外者を取り込むための努力を行った。「新しい社長が仕事に就くときには、彼または彼女に参加してもらうことに大きな関心がある。われわれは新しい人を必要とし追いかけている。それは期待感である」とクリーブランドのリチャード・ポークは説明している。経済人でありオランド市長でもあるグレンダ・フードは、「新しいビジネスの指導者が町にきたときはいつでも、私は個人的に彼らと接触しコミュニ参加するよう勧誘している。鍵となるのはコミュニケーションである」と同様のことを指摘している。オランド市はフロリダ州の他のコミュニティと同様に、主要企業の本社のない辺境の経済である。コミュニティの目標は、新しいビジネスの幹部をいち早く取り込み、オランド市での職務期間中に彼らのコミュニティへの関与を最大化することである。

非難の文化

「われわれのコミュニティが前進していないことは明らかであった。われわれは、誰かを指さして非難しながら同じ問題ばかりについて話し合っていた」。経済的分析をさておいても、ピザッツ印刷会社のオーナーでサンノゼ商工会議所の会頭であるジョン・ケネットは、シリコンバレーの問題の根元が何か理解していた。

多くのコミュニティでは、長いうちにコミュニティの前進を阻む〝非難の文化〟を醸成している。時として非難が向けられるのは、部外からきた人々である。人間にトラブルの責任を部外者に転化しようという性癖があることは歴史が繰り返し示している。経済的不安を経験しているコミュニティは、自ら内省する前に、日本の競争者、連邦政府の税制、州政府の歳出削減などあらゆる種類の部外者に非難の矛先を向けがちである。一九八〇年代前半のアメリカ中西部においては、コミュニティや産業が未来に向かって活動を開始する前にこの種の非難のゲームがいたるところで見られた。

同様に悪質な形で非難のゲームの対象は完全に内部に求められる。ビジネスの人々に問題は何かと問えば彼らは政府を非難する。政府の人々に尋ねれば彼らはビジネスを非難する。コミュニティの指導者に聞けば彼らは政府とビジネスの指導者の両者を非難する。非難のゲームは誰も経済コミュニティに対して責任を負わないことから永久に続く。非難の文化の特徴を持ったあるコミュニティは急速に成長するにつれて複雑性を増す。そのようなコミュニティは以前には特徴的であった個人的な関係、信頼、経験の共有を失ってしまう。長年培ってきた生計を立てる方法を大事にして変化の必要性を認識することができなかった他のコミュニティもある。市民起業家によって提供される変化の過程をマネージするためのリーダーシップは、この難問をいかに脱出するかである。

一九九〇年代前半シリコンバレーにおける非難の文化は民間セクターおよび公共セクターにおける数人の幹部の心を悩まし、それが契機になって彼らはそれを変化させようと決意するにいたった。最初のステップは非難のゲームが実際上は〝ここにとどまる方法〟であることを認識することであった。ここから脱出する方法は、コミュニティを成果を生む特定の協働作業に巻き込み、関係者に対して協働が非難よりも良いものであることを一度でも示すことである。変化の過程はゆっくりとして、また苦痛に満ちたものであったが、最終的には報われた。ケネットは「ジョイントベンチャーがどのように非難の文化を克服したかって？　一つのことを一度に実施するということが答えだ」と説明している。

まずい経験の遺産

実行には結びつかなかった過去のまずい経験、言葉を換えていえば〝またうまくいかない〟症候群にとりつかれているコミュニティもある。過去のまずい経験が遺産として残っているためにコミュニティの人々は市民起業家に対して懐疑的になっている。しばしばコミュニティのビジョンを創るという意図的な試みは人々を欲求不満にする。アイデアだけがいろいろ提案され、現実に焼き直されることなく実行されないことは人々を新しいイニシアティブに対して懐疑的にする。その反動として指導者は参加を求めるすべてのプロセスを時間の無駄だとして拒絶してしまう。彼らは「われわれはこれ以上会合は必要としない」とか「人々を巻き込むことは物事を遅らせるだけだ」とか決まって発言する。しかし、市民起業家にとってプロセスが問題なのだ。問題の解決策を発見することに人々を巻き込むことは、市民起業家のゲームそのものである。良いプロセスで進むようリーダーシップを提供することにより、市民起業家はコミュニティが結果につながる建設的なプロセスで物事を進めていくことを学ぶ支援をする。

最初の段階では、ときどき非合理的な期待感が市民イニシアティブの推進にとって阻害要因になる。そのようなケースにおいては有名な地域活動が協働作業を行う結節点になるのではなく、人々の憤慨を高める引火点になる。

しかし、以前失敗したことは常に市民起業家精神の障害となるわけではない。事実成功したコミュニティは、起業家精神を持ちながら最終的に成功するまで何度も試みを行っている。このような経験は重要な学習機会あるいはモーメンタムを形成する機会とみなすことができる。マイクロエイジ社副会長のアラン・ハルドはコミュニティのビジョンをつくる活動をしたフェニックス・フューチャー・フォーラムを重要な訓練基盤を提供したものとして評価している。カリフォルニア州のサンタ・バーバラ市では、最終的に一つに絞られる前には、新しい技術経済を形成するために七つのイニシアティブが開始された。以前の活動から得られた知識や認識は、成功したイニシアティブの進展を加速化させる働きをした。

アメリカ人は常に自分のコミュニティのことを心配し、改善するために立ち上がってきた。市民起業家はこの二〇世紀の後半二〇年間に出現した新たなタイプの指導者であり、コミュニティが経済環境が根本的に変化したことに対処することを支援するものである。指導者として市民起業家は明確な特徴を有している。彼らのスタイルは起業家的であり、かつ、協働的である。彼らは指導者であり、人々をいかに参加させるか、いかにそのプロセスを設計するかに関心をはらっている。彼らの視野は経済的であるが、コミュニティに大きな価値を置いている。彼らは曖昧さを許容し、成果に向かってあくなき挑戦を続ける。

協働的な経済を建設する道程で、市民起業家は具体的にどのようなことをするのか？ どのような役割を彼らは果たすのか？ 彼らはどのような行動が有効であると発見しているのか？ これらの疑問に答えるため、第Ⅱ部に進もう。

第Ⅱ部　市民起業家はどのようにコミュニティを構築するか

市民起業家は、経済コミュニティを構築する過程で特定の役割を演ずる。この過程は四段階（開始、ふ化、実行および改善・再活性化）で進む。各段階において市民起業家の一定の役割が必須のものとなる。「開始」段階における動機づけを与える者およびネットワーカーとしての役割、「ふ化」段階における主催者および教師としての役割、「実行」段階における統合者および主導者としての役割、「改善・再生」段階における師匠および扇動者としての役割である。第Ⅱ部においては、各段階における協働の過程とともに、市民起業家がどのようにしてコミュニティが発展し結果を生むように支援するかを描写している。また、それぞれのコミュニティを変革しようとしている市民起業家に対する実践的なアドバイスが提示されている。

第三章　コミュニティ構築の四段階

アメリカ中のコミュニティ（人口、経済および歴史において多様に分かれているが）において、市民起業家が活動を開始している。彼らの活動は驚くほど似通っている。彼らは協働の過程を主導することによって新しい経済コミュニティを構築している。この過程は典型的には「開始」、「ふ化」、「実行」および「改善・再生」の四段階を経て進む。各段階で行われる活動の範囲、タイミングおよび成功の見通しは経済コミュニティごとに大きく異なっている。あるものは秩序化されていなかったり、非公式な形で進められており、すべてのコミュニティにあてはまる統一的なアプローチがあるわけではない。しかしながら、どの段階においても市民起業家はコミュニティが変化へと動き続けるため触媒として機能している。

コミュニティの協働の過程の性格について焦点をあてる文献が増えてきている。しかし、スコット・ロンドンが指摘するように「協働という言葉（あるいはそれに類した協働のリーダーシップ、コミュニティの連携、参加型の問題解決などさまざまな言葉）が今日では日常の政治に対する回答として語られることが多いが、驚くほどこの点について実質的な分析はなされていない」(ロンドン、一九九五年)。そのような研究がなされるまでは、経験がわれわれにとって最良の指針となるように思われる。

多くの文献は、協働のプロセスの動態的変化と各段階に焦点をあてているが、それらはしばしば組織における戦略計画プロセスに似ている。たとえば、バーバラ・グレイ(一九八九年)は、事前交渉または問題設定、方向設定および実行からなる三段階のプロセスを提示している。われわれの経験では、短期間に焦点を絞ったものから、長期間にわたって広範に参加プロセスを拡大したものまでさまざまな態様のものがある。また、コミュニティの協働の過程が目に見える結果を生み出すときには、市民起業家が鍵となることが明らかとなっている。

市民起業家精神はそれぞれの経済コミュニティで独自性を発揮しているが、コミュニティにおける市民起業家の役割は際立っている。その役割の態様や実施方法には微妙な違いがあるが、それにもかかわらず、市民起業家の間には多くの類似性が見られる。われわれは、変化のプロセスの四段階にわたり、八つの際立った役割を認めている。それぞれの役割に関して、アメリカ中のコミュニティの市民起業家によって遂行される特定の行動がある。多様な役割が変化の過程で市民起業家により演じられることになるが、一定の段階においてはある一定の役割や行動が強化されることもわかっている。

市民起業家は特定の技能を獲得し、行使する

われわれは、市民起業家がただ単に先天的な特性ではなく、学び形成されるものであることに確信を持っている。それぞれの個人がリーダーシップに関する素地を有していることは確かであるが、市民起業家はいろいろな形で輩出することがわかってきている。その中には先天的に輩出するものもいるが、闘志盛んな孤高の指導者から、時間の経過とともに、あるいは一瞬のきらめきとともに市民起業家へと変身するものもいる。

市民起業家精神を構築するために必要なものは何であろうか？　多くのことがビジネスまたは政府におけるリーダーシップについて書かれている。その中には、ビジネスと政府の間を自由に行き来することができる新しい種類の指導者が出現することに関するものもある。そのような技能のうちあるものは、市民起業家の行動が成功するために必要不可欠なものである。

ジョン・ガードナーは、多くの技能が市民起業家に共通してみられることについて書いている。ガードナーによれば「コミュニティの構築または再構築に必要な技能は、今日のリーダーシップに求められる数え切れない要素のうち、その一つにすぎないというわけではない。それは指導者が発揮することができる最も高くかつ本質的な技能の一つである」。

ガードナーは続けて「われわれは活動を展開する上で必要最小限のシステム以上のシステムに精通している指導者を必要としている。政府のことを理解しようとしない勘の悪いビジネス幹部や国際的に考えようとしない指導者が必要なくなったように、文民のことを理解しようとしない頑固な軍人は必要なくなっている」と指摘している。彼は今日のリーダーシップにとって死活的に重要な五つの技能をあげている（ガードナー、一九九〇年）。
●合意形成——紛争解決、妥協および連携形成のための技能、多様なセクターを処理するために信頼を形成し、判断し、政治的技能を磨く能力
●ネットワーキング——伝統的な関係を超えて活動を開始するために必要な連携を形成すること
●権限の範囲を超える力の行使——アイデアを生み出す力、異なったシステムがいかに動くかを理解する力、メディアや世論の力を行使すること
●制度構築——新しいシステムを構築し、問題解決の能力を与え、システムを動かす才能ある人材を投入すること
●柔軟性——〝大きな海上定期航行船を操縦する〟ではなく、〝危険の多いソロモン川の急流を下ってカヤックを操作する〟ような柔軟性を有すること

デービッド・クリスリップとカール・ラルソンは、アメリカ中のコミュニティで実行されている協働のリーダーシップに関する評価に基づいて他の技能について指摘している。彼らによると、根底には「協働活動の指導者は、人々が自らのビジョンをつくり問題を解決する能力を有しているという民主主義に関する深い信念に支えられている」事実があるとされる。クリスリップとラルソンは実行されている協働のリーダーシップから四つの基本原則を抽出している（一九九四年）。
●コミットメントと行動を鼓舞する——他の人々がビジョンをつくり問題解決に取り組むよう触媒役となり、会合を招集し、エネルギーを注入し、容易化する

•問題解決の同僚としてリードする――グループが行う活動に介入せず、命令とコントロールによる行動をとらない。参加者の力と地位の違いを強調することなく、参加者が自ら関係とプロセスを構築するようエネルギーを投入する

•広範囲にわたって人々を巻き込む――問題を設定し、回答を作成して結果を得るため、必要な利害当事者（ステークホールダー）を見つけ出し巻き込むための意識的かつ規律のとれた努力を行うこと

•希望を提示し参加を持続させる――不可避的に参加者が感ずる欲求不満を解消し、将来の目標を設定し達成することを助ける。過程において達成されたことを皆で評価するように激励し、解決策が直ちに見つかるときまたは力が発揮できるようになったときにはプロセスに対するコミットメントを持続させる

これらの食材は市民起業家精神のうまい調理方法をつくるのに有効であるが、われわれの経験では市民起業家の技能基盤をつくるためには、次のような実験を行う機会が必要である。

•思考の発展――市民起業家の卵は、知識の面においても行動の面においても挑戦していく必要がある。前提そのものに疑問を投げかけ、一見関係のないように見えるアイデアを新たな形で結びつけ、学習曲線を駆け上がるような状況に押し出されなければならない。

•境界の除去――市民起業家精神を有する者は、問題が伝統的な境界をいかにまたがるものであるかについて正確に理解しなければならない。従来の世界とまったく異なった語彙、シンボル

および プロセスを正確に理解し、価値が共有され共通の基盤が発見されるためには、他人の立場に立って行動しなければならない。

●過程におけるリーダーシップの発揮——市民起業家は過程における主催者としての役割を実行する機会を必要としている。複雑な問題の解決に多くのセクターの人々と協働で取り組み、核心に触れた質問を発し、すべての人々の声が聞かれるようにすることを確保し、結果を生み出す過程の規律をつくることなどである。

われわれは市民起業家が多くのコミュニティで活動していることを見てきた。多くの市民起業家は前述した技能を獲得し活用しているが、他の行動をとっている者もいる。しかしながら、もっと重要なことは市民起業家精神が繰り返しのパターンで起こっているように見えることである。コミュニティが異なっても同様の行動パターンが明らかに見える。市民起業家は変化の過程でコミュニティをリードするために、一定の役割を演じ一定の行動をとっている。この過程が経済コミュニティを構築しているのである。

新しい経済コミュニティを構築する四段階

経済コミュニティを構築する過程は、「開始」、「ふ化」、「実行」、「改善・再生」の四段階で進む。市民起業家はコミュニティが各段階を成功裏に進むことを確保するために、際立った役割を演じ特

表3－1　経済コミュニティ構築の各段階における市民起業家の役割

市民起業家の役割	第１段階 開　始	第２段階 ふ　化	第３段階 実　行	第４段階 改善・再生
１動機づけ者	◆◆◆◆◆			
２ネットワーカー	◆◆◆◆◆			
３教　師		◆◆◆◆◆		
４主催者		◆◆◆◆◆		
５統合者			◆◆◆◆◆	
６主導者			◆◆◆◆◆	
７師　匠				◆◆◆◆◆
８扇動者				◆◆◆◆◆

定の行動をとる。各段階において市民起業家は一定の役割を果たす（表3－1）。一人の市民起業家が表の八つの役割すべてを果たすことは極めて希である。多くの市民起業家は一つあるいはそれ以上の役割を果たすために特別な技能を有し、他の市民起業家を見つけだして協働により八つの役割すべてを効果的実行するためにチームを組んでいる。市民起業家が単独で行動することはない。

重要な課題は、コミュニティが発展していく各段階において最も必要とされる役割を果たす市民起業家を見つけることである。市民起業家のチームには、弾みをつけ重大な変化へのコミットメントを確保するために、協働のプロセスが必要であることを理解する者が出てくる。また、実行段階を急ぎすぎることは良くないことであることを学ぶ者もいるであろうが、実行が真に必要なときにいかにして開始やふ化の段階を終了させるかを学ぶ者もいるであろう。市民起業家の最も良い典型例は、タイミングを見計らう能力を有し、自ら果たすことができる役割の可能性と限界に対して感度のいい人物である。

開始段階——動機づけを与える者とネットワーカーとしての市民起業家

コミュニティが活動を開始するために、市民起業家は自分自身のみならず他の人々に対してもコミュニティを異なった角度から観察するように動機づける（表3-2参照）。彼らはコミュニティの将来の方向に対する新たなレベルでの責任を個人的にアピールする。彼らは友人の間でネットワークを形成した後、心地の良い領域を越えて、顔見知りではないが変化の過程を開始するために必要不可欠であるコミュニティの他の指導者とのネットワークづくりを始める。彼らはコミュニティの変化の過程において触媒役となり変化を支える指導者グループの中心的チームによるコミットメントをつなぎ止める。

ふ化段階——教師および主催者としての市民起業家

市民起業家はコミュニティの人々を教育し、コミュニティが変化の過程を協働作業に参加して効果的に乗りきる準備をさせる。この過程はアリゾナやシリコンバレーで見られたように広範囲に及ぶ参加型の場合もあるし、オースチン市やクリーブランド市で見られたように特定の課題や機会に焦点をあてたものである場合もある。どちらの場合であっても市民起業家は、事実が参加者にとって意味のあるような形で、かつ、世界的な力が地域に対してどのような意味を持つかについて人々が認識できるような形で提示されることを確保する。市民起業家は外部のアイデアにもよく耳を傾け、新しく複雑な情報を理解するフレームワークをつくることを支援する。ひとたび基礎が出来上がると、市民起業家は公正かつ効果的な意思決定やふ化の過程がコミュニティの多様なセクションを

表3－2　市民起業家の役割と行動

市民起業家の役割と行動	第1段階 開　始	第2段階 ふ　化	第3段階 実　行	第4段階 改善・再生
1 動機づけ者	◆◆◆◆◆			
目覚ましの鈴を鳴らす	◆◆			
新しい責任をとる	◆◆			
相互依存を宣言する	◆◆			
未来に対する掛け金を高める	◆◆			
使命感を醸成する	◆◆			
2 ネットワーカー				
友人たちをコミットさせる	◆◆◆◆◆			
心地よい領域を越えて活動する	◆◆			
懐疑心を避けるため時間をかける	◆◆			
相互補完的なチームを形成する	◆◆			
3 教師	◆◆	◆◆◆◆◆		
事実をテーブルの上に提示する		◆◆		
世界的な課題と機会を地域の視点からとらえる		◆◆		
外部のアイデアに対して心を開く		◆◆		
共通のフレームワークを構築する		◆◆		
4 主催者		◆◆◆◆◆		
明確なルールを設定し，結果に対する規律をつくる		◆◆		
トップダウンの影響力とボトムアップの革新をバランスさせる		◆◆		
人々が正しい役割を発見することを支援する		◆◆		
不可避的に起こる攻撃に対して抵抗する		◆◆		
5 統合者			◆◆◆◆◆	
リーダーシップの変遷をうまく管理する			◆◆	
変化への深いコミットメントを鍛えあげる			◆◆	
第一級の支援チームを編成する			◆◆	
6 主導者			◆◆◆◆◆	
測定可能な結果を追求する			◆◆	
分裂と重複を回避する			◆◆	
目標の達成に常に焦点をあてる			◆◆	
7 師匠				◆◆◆◆◆
継続的協働のためのプラットホームを構築する				◆◆
市民起業家精神が持続する文化を醸成する				◆◆
輪を広げ，コミュニティに新規参入者を迎え入れる				◆◆
8 扇動者				◆◆◆◆◆
変革の過程を継続的に押し進める				◆◆
コミュニティの問題と方向性を見直す				◆◆
常によりよいコミュニティを構築するように会話を継続する				◆◆

包含し、明確なルールと結果を生み出す強い規律により動かされることを確保することにより、その過程における主催者となる。

実行段階――統合者および主導者としての市民起業家

市民起業家はコミュニティが置かれた状況について何をするかを決める協働のプロセスから実際にコミュニティを変革する協働行動へと移行する上で、コミュニティを支援する重要な役割を果たす。統合者としての市民起業家は、専門的知識や地域の資源を調達したり、目に見えるようにイニシアティブを実行し成功に導くために必要な材料を集めることを支援したりする。主導者としての市民起業家は、測定可能な目標が設定されその後に達成されること、実行段階における努力が細分化や重複を避け硬直化しないようにすること、および課題解決を目指している目標に常に焦点が合っているようにすることを確保する。

改善・再生――師匠および扇動者としての市民起業家

コミュニティが持続的・継続的な変化を起こす能力を発展させるために短期間の実行により得られた成果を文化にまで高めようとするとき、市民起業家は再び中心的存在となる。師匠としての市民起業家は、コミュニティが重要な問題に継続して協働で取り組むためにプラットフォームとなる組織をつくることを支援する。市民起業家精神を高めるために地域の文化も育成する。コミュニティにおける新規参入者をも巻き込む。扇動者としての市民起業家は、自己満足と戦う。このような

図3-1　経済コミュニティ構築の継続的過程

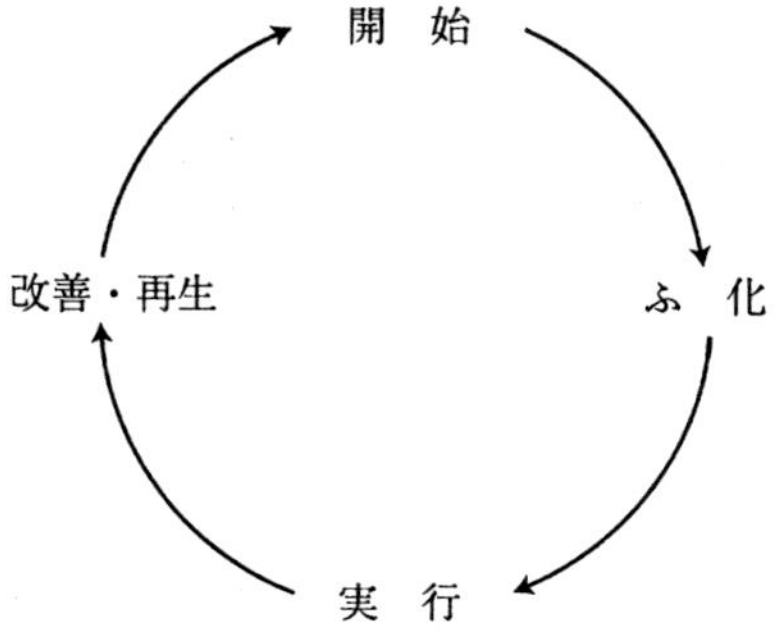

市民起業家は、常に人々に対し、変化は継続的な過程であること、コミュニティの新しい問題や傾向に常に目配りすることが重要であることおよびコミュニティにとってより良い未来があることを思い起こさせる。

　経済コミュニティを構築する過程は継続的なものである(図3-1)。市民起業家の役割は何度となく演じられる。その行動は新しい状況、すなわち新しい人々、問題、制度および障害に適応するように変化する。市民起業家になることは〝科学〟ではないが、以下の四つの章においては、まったく異なった背景、職業、経験を持った人々がコミュニティにおいて市民起業家精神を発揮する〝技〟を実践するかについて紹介する。

第四章　開始——ネットワーキングと動機づけの変化

そこに住む人以上にうまくできる人はいない。外部に解答はない。

アル、ラトナー（クリーブランド）

われわれ二、三人で集まり計画を練った。しかし誰もそれを信じようとしなかった。

ジム・モーガン（シリコンバレー）

市民起業家はコミュニティが活動を開始するために二つの特別な役割を果たす。彼らは動機づけを与える者およびネットワーカーとして行動する。彼らはコミュニティを別の角度から見るように自分自身および他の者を動機づけ、変化を巻き起こすための新しいレベルの責任をアピールする。彼らは友人の間でネットワークを形成した後、心地の良い領域を越えて、顔見知りではないが変化の過程を開始するために必要不可欠であるコミュニティの他の指導者とのネットワークづくりを始める。彼らはコミュニティの変化の過程において触媒役となり、変化を支える指導者グループの中心的チームによるコミットメントをつなぎ止める。具体的には、市民起業家は開始段階において次のことを達成した。

- シリコンバレーでは、非難の文化が捨て去られ、一〇〇〇人以上の人々を巻き込んだ変化の過程が開始された。
- アリゾナ州では経済的衰退から脱出するため、アリゾナ州全体に及ぶ変化の過程を開始した起業家のグループに賭けた。
- クリーブランド市のビジネスの指導者は、町に戻りその後一五年以上にわたって継続された変化のプロセスを開始した。
- オースチン市の市民起業家の小グループは数カ月にわたって毎朝ミーティングを行い、その後マイクロエレクトロニクス・コンピュータ技術コンソーシアム（ＭＣＣ）やセマテック（先端的半導体開発のためのコンソーシアム）の誘致活動に勝ち、オースチンを新しい機会に向かって位置づける変化のプロセスを開始した。

動機づけを与える者――緊迫感を高める

市民起業家は最初に果たさなければならない役割は、動機づけを与える者としてのものである。コミュニティの方向に対してより大きな責任を果たさなければならないことを認識して、市民起業家はまず自分自身を動機づける。ひとたび自らを動機づけると、市民起業家は信用力を活用して目覚ましの鈴を鳴らしコミュニティを改善するための緊迫感を醸成する。彼らはまた、個人的な時間と資源を投資したり他者を巻き込んだりすることにより、コミュニティに対して新しいレベルのコミットメントをアピールする。市民起業家は以下のステップをとることにより、人々を動機づける。彼らは、

- コミュニティに対して目覚ましの鈴を鳴らす
- コミュニティに対した新しいレベルでの責任をとる
- 相互依存を宣言する
- コミュニティの未来に対する掛け金を高める
- コミュニティを変革する使命感を醸成する

目覚ましの鈴を鳴らす

何十年にもわたる高度成長の後で、シリコンバレーにおいては一九八〇年代後半に目覚ましの鈴が鳴った。それは一九八四年から八七年の半導体不況のような一定分野に特定した後退ではなく、広範囲にわたる根本的な変化であった。七二年以来年率七パーセントの伸びを示した雇用は、八六年以降〇・七パーセントの伸びを示すにとどまった。国防費の削減とハイテク産業におけるリストラは製造業において四万人に及ぶレイオフを生み出した。新しいスタートアップ企業の登場は、八七年の水準の半分にまで低下した。ハイテク産業のスローダウンにつれて不動産業や対事業所サービス業が停滞し、産業の食物連鎖がダメージを被ることとなった。地域における倒産は前例のない

レベルにまで達した。一九九二年におけるビジネスの指導者に対する調査では、シリコンバレーの将来に対するビジネスコンフィデンス（自信）は最低のレベルに落ち込んだ。

最も問題であったのは、シリコンバレーを支えてきた企業が他の場所へと脱出していることを新聞が連日のように報道したことであった。主要企業がシリコンバレー以外の場所への進出を発表したが、今回は遠く第三国における労働集約的な製造工場の進出ではなく、オースチン、ポートランド、フェニックスといったアメリカの他の都市部への先端製造機能や研究開発施設の移転であった。

アプライド・マテリアルズ社の海外事業本部長のトム・ヘイズは当時を思い出して「一九九二年においてわが社は急成長を遂げており、次の発展を盛んに検討していた。われわれの次の進出先を検討するにあたって、われわれはチームを編成し、シリコンバレー、オースチンおよび他の地域を比較検討した。われわれはコストと価値の二つの尺度により検討したが、その結果オースチンが優れていることは明らかであった。私とともにジム（アプライド・マテリアルズ社社長のジム・モーガン）もショックを受けた。ビジネスマンとして合理的な判断をしなければならない以上、われわれがしなければならないことは明らかであった」と語っている。今や世界一の半導体製造装置企業に成長したアプライド・マテリアルズ社はオースチンに工場を建設することを発表した。

しかし、この決定はシリコンバレーを評価していたヘイズとモーガンを悩ませることとなった。彼らはアプライド・マテリアルズ社がシリコンバレーにおける関係と多様性から計り知れない利益を得ていることを知っていた。彼らはシリコンバレーはもはや終わったと結論づけたくはなかった。「われわれは何ができるか検討することを決めた」とヘイズは説明している。彼らの目覚ましの鈴は鳴り、彼らはシリコンバレーの他の指導者も同様の行動を起こすことを期待した。

多くの動機づけにより、シリコンバレーの市民起業家が触発され行動を開始した。ジム・モーガンは世界の他のコミュニティにおいて彼が見たことに深い影響を受けていた。「私やシリコンバレーにおける多くの指導者は、日本、ヨーロッパおよびアメリカにおける地域がどのようにうまくいっているかを経験していた。われわれはオースチンがビジネスを行うのに魅力的な場所となるよう多くのコミュニティの人々が集まって活動するという結果を見てきた。私の友人であり、マイクロ・エイジ社の共同創設者の一人であるアラン・ハルドは、起業家的な次世代の指導者によって指導された同様の活動を率いていた。われわれはシリコンバレーはオースチンと異なっていることは理解していたが、明らかにわれわれが学ばなければならないことがあった。私は機は熟していると考えた。われわれは、試みを開始しなければならなかった」とジムは語っている。

時として市民起業家は、コミュニティが地域の力の発展へと他の人々を動機づけることを再発見する。シリコンバレーのエレクトログラス社社長のニール・ボンクは当時を思い出してこう語っている。「オフィスに座ってシリコンバレーが直面しているすべての問題について思いを巡らしていたとき、わたしはふと窓の外を見てパンを運ぶ古いトラックのようなものを見た。そのトラックには〝イオン工場サービス〟と書かれてあった。それが私を考えさせることとなった。それは高エネルギー・イオンを充填した材料を運ぶ配送サービスであり、ハイテク企業にとって重要な専門化されたサービスであった。私は、この種のことを当然と思ってきたことに思い当たった。実際上はこのようなことがわれわれのコミュニティの独自性を形成するものなのである。私は今まで以上の関心を払う必要性に迫られた」。

一九九〇年代前半の悲観的な雰囲気が広がっていた時期、ボンクは目覚ましの鈴を高らかに鳴らし続けた。シリコンバレーの有するものをむしろ誇るべきであり、それを維持しそれらの力の上に地域を再構築すべきであると説いた。そのとき以来、彼はシリコンバレーに所在する市の間で経済開発に関する地域的な協力を推進する民間部門からの指導的勢力の一人となった。

変化の必要性を感じたのはハイテク企業の社長たちばかりではなかった。地域のビル建設業労働組合の指導者であるジョン・ニースとハイテク企業に対して空気整調および関連サービスを提供している会社であるサーマ社社長のジョー・パリシは、別の種類の目覚ましの鈴を聞いた。ニースによれば「われわれはビジネスに対して冷淡な態度をとり、オレゴン、コロラド、オースチンにおいては暖かい対応をしていたことはわかっていた。しかし、ジョー・パリシと私はテキサス州州知事が企業誘致にシリコンバレーに来たとき、立ち上がらなければならないことを理解した」のである。

シリコンバレーと同様、クリーブランドも経済的な目覚ましの鈴を聞くこととなった。七〇年代クリーブランド市は人口の二四パーセントを失った。市は六〇年代において人種的な分極化と暴動によって揺さぶられた。一人当たりの所得は全米平均以下に落ち込んだ。七〇年代後半クリーブランド市は大恐慌以来財政破綻を来した最初の都市となった。この経済的危機がそれまで比較的冷淡に対応してきたビジネス・コミュニティを行動に駆り立てることとなった。

市民起業家が進み出てコミュニティの現実を直視するよう差し向けた。市民起業家でありアメリカでも名高い開発会社であるフォレストシティ・エンタープライズ社の共同議長の一人であるアルバート・ラトナーは当時を振り返って「一九七九年という年はまさに落ち込んだ年であった。選挙民たちは市長であるクニシッチを希望の持てない存在と見ていた。財政破綻は金融的観点からすれば起こりうる理由はなかった。赤字額はわずか二八〇〇万ドルにすぎなかったのである。このまま市の財政を放置するわけにはいかないといったのはアメリトラストの金融家であるブロック・ウェアであり、彼は国からの融資を受け入れた」と語っている。

財政破綻にもかかわらず、ラトナーや他の人々はクリーブランド市が終わったとは思っていなかった。「われわれが財政破綻に陥ったとき。人々が忘れがちであったのはクリーブランドはフィランソロピーにおいてアメリカ一、世界一の市であったことだ。しかし、それは目覚ましの鈴であったと思う。それから〝クリーブランド・トゥモロー〟(数多くの市民活動を推進したクリーブランドの指導的企業経営者の集まり)につながった。興味深い疑問は、変化の前にどの程度悪いことが起こらなければならないかということだ」とラトナーは説明している。

市民起業家であり、クリーブランドの指導的弁護士でディックス&イートン社の上級顧問であるリチャード・ポーグは「一九七〇年代までは多くの経営者は世界的な企業活動を監督しており、地域の政府の領域で起こっていることに多くの関心を払おうとはしなかった。彼らは自分自身のことに専念していた。財政破綻はまったく不必要なものであったが、それが目覚ましの鈴となった」ということをつけ加えている。ポーグの描写は、動きの速い世界経済においてビジネスの指導者が競争力を維持することに専念し、コミュニティとの接触を失い、再び関係を構築しなければならなくなる共通の状況を示している。

ブロック・ウェアが融資借り入れにより困難な目覚ましの鈴を鳴らしたように、ビジネスの指導者の仲間に対して目覚ましの鈴を鳴らした市民起業家がいた。ポーグによれば「われわれには、イートン社を率いビジネス・コミュニティにおいて事実上の指導者がいた。彼はビジネスの指導者たちを集め、その前で〝さあ、関与しよう〟といった。そこで彼らは政府の指導者とすり合わせた上で物事をうまく進めるためのアジェンダ・リストをつくり上げた。最初にわれわれは経済開発を理解する市長を選出しなければならなかった。こうした公共と民間とのパートナーシップが開始された。もちろん当時は公共と民間とのパートナーシップとは呼ばなかったが、われわれはそれを実行した」。

クリーブランド市のケースでは、危機が目覚ましの鈴を鳴らすために必要であった。ポーグは「財政破綻という外傷がなければ回復はなし得なかったであろう。われわれは、これ以上絶えることができないと思われる逆境を乗り越えなければならなかった。財政破綻という危機がなければ、そのまま流されていた可能性が高い」と観察している。

目覚ましの鈴を鳴らせる状況を整えるためには、危機が常に必要というわけではない。市民起業家は現実と望ましい未来との差をうまく提示することに長けている。一九八〇年代後半ネブラスカ州の経済はさほど大きく成長するでもなく、分裂するでもなく、ほどほどに成長していた。ネブラスカ州オマハ市のある金融機関の社長マイク・ヤニーは、このまま州経済が過去のテンポで進むと、州は将来の経済的機会を失ってしまうのではないかと考えた。

彼は危機に対してではなく、機会に対して目覚ましの鈴を鳴らそうと決心した。彼はネブラスカ州の年次商工会議所会議において立ち上がり、「ネブラスカの未来は、とうもろこしではない」と宣言した。ヤニーはブーイングを期待していたが、代わりに喝采を浴びた。個人的にも職業の点からも深い信用を有する人によって発せられたメッセージに対しては、人々は十分聞く耳を有しているということを示していた。ヤニーは、後に「ネブラスカ・フューチャーズ・プロジェクト」と呼ばれる州全体にわたる再活性化イニシアティブを指導するように依頼された。二〇回に及ぶタウンホールでの会合の後、ネブラスカを多様化した経済基地にすることを重点とした新しいアジェンダが採択され、実行に移された。

アリゾナ州では、市民起業家は州の関心を得るために危機と機会の両者に対してアピールした。サンベルト地帯と呼ばれる他の多くの地域と同様に、アリゾナ州は過去新しい仕事と人間を引きつけることに成功したことがあった。同時にアリゾナ州の一人当たりの所得は伸び悩んでいた。アリゾナ州は質の高い仕事を生み出してはいなかったのである。市民起業家は現行経済の限界とともに、エレクトロニクス、光学や他のセクターにおける成長の機会に焦点をあてた。

アリゾナ州の市民起業家たちは機をとらえた。「大フェニックス経済協議会」の代表であるアイオアナ・モーフェシスによれば「それはタイミングであり機会であった。アランと彼のグループは一年間検討を重ねた。州の経済は急速に停滞し不況へと落ち込みつつあり、指導者たちは新しいアプローチに対してオープンであった」。シムラ社の経済開発部長で、アリゾナ州の変化を主導した市民起業家の最初のグループの一員であるスティーブ・ザイルストラは、「指導者たちは、このままほうっておくと物理的な危機が発生しても不思議ではないという緊迫感をつくり上げた。彼らは機会をとらえる緊迫感を創出することができた」と指摘している。

　時として、自然災害が契機となってコミュニティが一つにまとまることもある。エンタープライズ・フロリダ社のジョン・アンダーソンによれば、「ビジネスと政府が協働作業をしなければならないという点において、ハリケーン・アンドリューは大きなインパクトを持った。それは、経済開発の定義内容、公的セクターと民間セクターとの役割を決定し、新たな指導者を位置づけることとなった」。これらのすべてのケースにおいては、市民起業家は自ら進み出て、コミュニティが変化へと転換する意味（経済的機会、危機、自然災害）を説明する動機づけを行う者として活動している。

コミュニティに対して新しいレベルの責任をとる

　市民起業家は変化に対して目に見える形で個人的なコミットメントをすることにより、彼らが鳴らした目覚ましの鈴をバックアップする。彼らはコミュニティに対して新しいレベルの責任を負い、それが他の人々に対して新しい標準となる。彼らは観客を喜ばせるような競技をすることはないが、コミュニティを改善するためにはより高いレベルでのコミットメントが必要であることを地域の他の指導者に対して行動により明らかにする。市民起業家は具体例により指導する。彼らは自らのビジネスや組織から個人的な時間を投資する。彼らは種となる金を投資する。彼らは原因に対して一流の才能を割り当てる。

　市民起業家は他の人々が立ち上がりリーダーシップをとることを期待する以外は見返りを求める

ことはほとんどない。クリーブランド市のアル・ラトナーが言うように、「本当に重要であるのは、なにか良いものが生まれてくるのは責任感からか確信からかは別として、自ら進み出てコミットメントをする人間がいるかどうかではなかろうか?」。実際クリーブランド市は新しいレベルでの責任を生み出した繰り返しのプロセスを発展させた良い例である。クリーブランド財団の事務局長のスティーブン・ミンターによると、「なされなければならない課題があり、それを誰でも参加できる一定の参加型のプロセスを経て行ったときに、必要な資金を計算した場合には、すべての人はプロセスに時間はいくらかかっても構わないと言うであろう。参加者の中には自らの責任を果たしたいという強い気持ちが働いているであろう」。

ビジネス界からの市民起業家は、カウンターパートである政府の限界を知っているがゆえに新しいレベルでの責任を果たすことになる。オランド市長のグレンダ・フードは「政府は過程を容易にしたりパートナーとなったりすることはできるが、前に進むリーダーシップはビジネス・コミュニティがとるべきだ」と主張している。オースチン市のニール・コクレックは、同様の意見として「われわれは政治的指導者がイニシアティブを発揮したことに対して報われる政治システムを有していない。われわれのシステムは満足のいく継続性を保障しない。それでは、新たな課題を解決するリーダーシップはどこからくるのであろうか? それはコミュニティのどこかからでなければならない」と述べている。

クリーブランド市では、リチャード・ポーグの経験は「指導的役割は民間に期待しなければならない。政府はあまりにも多くの制約を有している。民間セクターは、もし彼らが喜んでパートナーとなり、功績に対する評判を政治家に持たせるのであれば、多くのことを達成することができる。希に異なった政治家はいるが、政治過程の性質からすれば、政治家から利己的でないリーダーシップを期待することはできない。他の市に対してアドバイスするとすれば、一番先に言うことになるのは、ビジネスからどのような種類のリーダーシップを確保できるかを看取し、彼らを組織化し、協働作業することだ。ビジネス・コミュニティを触媒としてみなければならない」というものである。

カンザス州ウィチタ市の前ボーイング社副社長ライオネル・アルフォードは、ビジネスの指導者がコミュニティに対してより大きな責任をとるようになる上で、政府は触媒以上の役割を果たせると考えている。「ビジョンを持った政府の人々は、ビジネスの人々をコミュニティの〝ホット・スポット〟に焦点をあてるよう動機づけることができる。コミュニティで何が起こっているかを理解できる洞察力を持った人であれば、それらは物事に焦点をあてる手段となることができる。ウィチタ市長のボブ・ナイトは、ビジネスの指導者が「ワイズ」(WI/SE)に参加するように動機づける上でそのような役割を果たした」とアルフォードは語っている。これらのいずれのケースにおいてもビジネスの指導者は最初に活動を開始し、その後の段階で政府や非営利団体からの市民起業家がチームの欠くことのできない一員として参加している。

市民起業家は決定的な行動を起こす前に、しばしば問題を理解し、行動に関する多くの選択肢を考え、多くの人と話し合い、場合によっては小規模の実験を行うために時間を費やす。成功した市民起業家は彼らの付加価値とともに、彼らの技能、経験、社会的ネットワークを補完する他の市民起業家や特別な才能を有した人材を調達する必要性を明確に理解している。しかし、ひとたび力を発揮するポイントを見つけると、やり遂げるまでコミットする。

アリゾナ州では、市民起業家のグループが何百時間をかけて、州の現状や経済開発の対象となる場所を分析し、州が前に進むためにどのような支援をしたらよいかを検討した。アラン・ハルドは自宅にグループを招いて会合を重ねた。「ほぼ一年間ある時点ではほとんど毎週日曜日にわれわれはミーティングを持ち、何をすべきかを検討した。われわれは、将来のシナリオをつくった。われわれは、ハーバード大学のマイケル・ポーターの著作（訳者注：一九九〇年に出版された *The Competitive Adventage of Nations*（邦訳『国家の競争優位』のことを指す）を読み、経済開発に関する考え方を検討した。起業家精神は経済開発と密接に結びついていることおよびこれは市の問題にとどまらず州や地域の問題であり、循環モデルから生まれることが明らかとなった」とハルドは語っている。このモデルは経済的な活力がいかに経済的なインフラや社会的なインフラづくりに必要な資金調達を助け、それが継続的循環となって経済的活力の向上につながるかを示している。それがアリゾナ州を呼び起こす声となった。

ハルドと彼のグループは自らの資源をテーブルに提示することにより、他の指導者や州政府にも時間と資源を投資するように迫った。「ハルドと他の指導者が、彼らの企業の業績がさらに悪化したかもしれないときに、一斉に進んで彼らの資源を投入したことは極めて希で例外的なことだった。広報担当部長や人事担当部長などにやらせるほど大きなスタッフを抱えていない起業家にとって、時間をこの種のことに費やすことは大変なことだが、実際彼らがそのことを行ったことも例外的なことだった」とアイオアナ・モーフェシスは彼女の観察を明らかにしている。

州の未来に対しての彼らの責任のレベルを上げることにより、他の人々も追随することとなった。タウンホールでの会合が、他の人々のコミットメントを獲得する鍵となる出来事となった。モーフェシスのよると「タウンホールが分水嶺であった。新しいリーダーシップと古いリーダーシップが混在していた。リチャード・クレマー（サンベルト地帯で最大の住宅建設業者であるＵＤＣホームズ社社長）は当初は懐疑的であったが最終的には個人的な資本を投入し他の人々を説得した。数人の人々は逡巡したが他の人々は参加した」。

変化は驚くばかりであった。起業家による小さな勉強会から始まったものが州全体の活動になった。「興味深いのは、土曜日や日曜日に会合を繰り返した風変わりな起業家グループからモデルを引き出した人々が、進んで大金を投資し大きなリスクをとったことだ」とモーフェシスは語っている。

同時に、ハルドと中心となった市民起業家のチームは、目に見えるコミットメントにより彼らの考えをバックアップしないと、彼ら自らが風変わりな起業家であるとして排除されるであろうことを理解していた。市民起業家がコミュニティが前進できるという彼らの自信を示すために初期の段階でシード・マネー（種となる金）を提供することは典型的に見られることである。たとえばシリコンバレーでは、ジム・モーガンは当初の調査を開始するためのコンサルティング契約に七万五千ドルを提供した。調査結果はシリコンバレーが変化の必要性に関心を向ける目覚ましの鈴を鳴らさせることになった。

多くのコミュニティにおける変化は、新しいレベルでの責任を負うことになる市民起業家の比較的小さなグループから開始される。テキサス大学学長のウィリアム・カニンガムはオースチン市がマイクロエレクトロニクス・コンピュータ技術コンソーシアム（ＭＣＣ）の誘致競争に勝ったときのことを思い出し、それは「数人の鍵となる人々が立ち上がり、課題に挑戦しようと決めたからである。大きな変化は、時宜を見る感覚に優れ、幸運にも適材適所に人材を配置することができた数人の個人がリーダーシップを発揮しようと決定することから開始される」と語っている。オースチンのラディアン・インターナショナル社の上級副社長ニール・コクレックによれば、「巨大な資源が今にも活用されようと待っている。しかし、誰かが前に進み出てプロセスをリードしなければならない」。

ウィチタ商工会議所の専務理事ティム・ウィッツマンはただ一人の人間でも大きな違いを発揮できることを見抜いている。彼は「ジャック・デボックという個人にリードされた市中心部の再活性化計画が人々の議論を沸きたたせ、市が百万ドルを支出し郡が追加的資金を拠出することを決定した。これがビジネスのリーダーシップにとって決定的な瞬間であった」と当時を振り返っている。

クリーブランド市では、市の財政破綻が多くのビジネスの指導者にとって決定的な瞬間を提供し、その後市に対してより多くの責任を負う市民起業家が登場した。アル・ラトナーの〝真の転換〟は、彼が「われわれがやってきたことはすべての時間を慈善活動にあて、ある慈善事業から他の慈善事業へと飛び回り、他方、市自身や市が必要とするものに関心を払っていなかった。それは私の人生にとって大きな転換点であった。私はやるべきことをやらなければ、今後慈善事業をやりたくてもできなくなることを告げられた」と認識したときに訪ずれた。アル・ラトナーは関与という以上のことを行った。彼は常にクリーブランド市の最も活動的な市民起業家の一人であり、新しい地域のプロジェクトを推進し、時間と資源を市の重要な問題の解決に投入した。

市民起業家精神が有効に働くためには、焦点を絞り目的遂行のための手段を有することが必要である。市民起業家は戦略家である。彼らはビジネスや組織を経営するのに忙しく、多くの異なった方向で案を考える時間的余裕を持ってはいない。なぜジョイントベンチャー・シリコンバレー・ネットワークに参加したかについて、ワトキンス・ジョンソン社社長のキース・ケネディはそれが空白地帯だと思われていた領域に焦点をあてていると考えたからであるとしている。会社を軍需中心から軍需と民需のミックスへと転換するという困難な仕事の真っ直中で、ケネディはジョイントベンチャー・シリコンバレー・ネットワークの中で地位を獲得しようという関心はまったくなかった。

市民起業家は実行力を発揮し大きなインパクトを与えようとする。決して新聞の見出しを飾り、有名になろうとするものではない。彼らはコミュニティに関与するため多くの場があることを理解している。アル・ラトナーのように、慈善活動やコミュニティのイベントに時間と資源を投入し多大な貢献をしている者もいる。

市民起業家はコミュニティの決まり切った型を打ち破ることにより、新しいレベルでの責任を負うことに真剣であることをアピールすることができる。地域の企業経営者のグループである「大ボルティモア委員会」の委員長（当時）ボブ・ケラーはそのことを示す適例である。小中学校教育を根本的に変化させる必要性と解決に向かって努力する姿勢を示すために、彼は次のように直接的なアピールを行った。「ボブ・ケラーはパークハイツ地域の低所得階層地域にあるブラウン記念教会で一五〇〇人の人々を語り合うことことを約束し、約束どおりやってきた。そこには白人はまったくいなかった。彼が来たこと自体が大きな心理的効果を持っており、人々に対して今までにない何かを訴えかけていた」（クリスプ・ラルソン、一九九四年）。

シリコンバレーではサイプレス・セミコンダクター社社長のTJロジャーズがコミュニティの大きなイベントにおける基調講演の中で、本社に旗を掲揚する施設をつくろうとしたときにかかった許認可に対して不満をもらした。官僚的な対応に対する痛烈な攻撃で始まった議論は、まったく違った方向に発展した。今回は自分が問題の一端であることをロジャーズ自身が認めた。彼は、非難の記事を書くよう地域の新聞社を回っていたのである。その後考え直した彼は、電話機を取り上げ担当の公務員と冷静になって話し合ったと語った。ロジャーズの演説の後、他のシリコンバレー経営者から多くの発言がなされた。彼らは異口同音にいかに彼らがシリコンバレーを愛し、問題を協働作業により解決し非難のゲームをやめるために個人が変わらなければならないかを力説した。

シリコンバレーのニール・ボンクは、ジョイントベンチャーに参加することにより、官僚や政治家に対する偏見を克服した。「私は彼らはただ単に仕事を確保するためにやっているんだ、経済学の初歩すら理解していないと思っていた。しかし、私は物事を動かすために彼らと協働しなければならないことを理解した。そして、タマネギの皮をむき始めたときに、私は変化の必要性を私と同様に理解している有能で献身的な公務員がいることを発見した。協働作業を進めるにつれて私は彼らに対する尊敬の念を持つようになった。彼らはとてもいい人だった」とボンクは語っている。ボンクと他の市民起業家はジョイントベンチャー・シリコンバレー・ネットワークの中で地域のビジネスを確保するプロジェクトである「経済開発チーム」において協働している。

市民起業家はコミュニティがスケープ・ゴートを探し求めたり、神に救済を求めたりすることを止め、未来に向かって責任をとるように仕向ける。彼らはコミュニティの問題や解決は連邦政府や州政府の責任ではないことを人々に理解させ、コミュニティが問題解決にあたって外部から支援を仰ぐことのないように仕向ける。

シリコンバレーでは、以前バプティスト派教会の牧師で建設業界労働組合委員長となったジョン・ニースがそのようなリーダーシップを発揮した。ニースはシリコンバレーの指導者が地域の未来を決定することができ、決定しなければならないと考えていた。地域の複雑性と問題の膨大なボリュームのために、伝統的な自由放任（レッセ・フェール）のアプローチがもはや実際的なものでなくなったことは明らかであった。ニースは外部の競争者や州政府、連邦政府に責任を転嫁するべきではないと考えた。現実的でコミュニティを基盤とした進路が航海図の上に書かれる必要があった。ニースが好んで言うように「サクラメント（訳者注：カリフォルニア州の州都）やワシントンはシリコンバレーに対する回答を持っていない。シリコンバレーに対する回答を持っているのはシリコンバレーである。まずやらなければならなかったのは、変化することであった。われわれ自身がコントロールしなければならなかった」。

クリーブランドのアル・ラトナーはこの考えに共鳴して「教訓はそこに住んでいる人以上にうまくやれる人はいないということである。外部の回答はないし、参考にすべき他の地域も存在しない。

他の人々は助言をすることはできるが、忘れてはならないのは自らやらなければ助言に期待すべきではないということである」と語っている。

アル・ラトナーは変化を起こすための刺激を必要としていたために地域の責任の重要性を理解していた。「二〇年前、われわれの多くは同じ立場にいたが、財政破綻まで何も起こらなかった」。しかし、クリーブランド市の市民起業家は責任を負うようになった。「主要な企業は逃げ出さないように戦うことを決心した。クリーブランドとはなにか？　それは行くべき道を失った偉大なコミュニティであり、いまだかつて偉大なコミュニティであったことのない場所であった。私はいつも市の中心部が再建されることを期待していた。それはまさに私の郷土愛からであった」とラトナーは語っている。

相互依存を宣言する

市民起業家はコミュニティが政府、世界経済、他の地域やお互いを非難することを止めるように仕向ける。コミュニティが責任を負うように支援する過程で、市民起業家は人を指さして非難することを止めるとともに、コミュニティの人々が相互依存関係にあることを理解するようにする。責任を負うことで経済コミュニティは将来の成功の関する共通のビジョンを発展させることができる。

シリコンバレーの郡の監督官のマイク・ホンダは、なぜジョイントベンチャー・シリコンバレー・ネットワークに参加したか、どのようにその重要性を他の人々に説明したかを思い出して「われわれは同じボートに乗っている。もし穴のあいていないボートの後部に座っていたならば、ずっとボートに乗り続けているであろう。そして、もし荷造りをしなければわれわれは一緒になって沈んでいくことであろう」と語っている。

ピザッツ印刷会社のオーナーであり社長であるジョン・ケネットは、トム・ヘイズと彼のハイテク世界の多くを理解していなかった。サンノゼ市から見れば、ほとんどのハイテク企業が位置している半島の中央は、中西部、東海岸および世界中からシリコンバレーに比較的新しく来た世界的ジェット機の設計者、エレクトロニクスの技術者や大学院生の世界であった。任命されたばかりのサンノゼ商工会議所の会頭であるケネットは、ヘイズやブレナ・ボルジャーがジョイントベンチャー・シリコンバレー・ネットワークに対する彼らの考えとプランを説明するのを関心を持って聞いた。

これら最初の段階の議論が暗黙のうちに相互依存関係を宣言するものであった。ハイテク企業専門の印刷企業として、微妙ではあるが力強い相互依存関係にあるシリコンバレーの企業間の食物連鎖を理解していた。経済的崩壊がこの相互依存関係を劇的にクローズアップすることとなった。関係者は他の人々を引き入れるために協働し、シリコンバレーの経済的活力を継続させるために前例のない形で協働活動を行うことに合意した。彼らはコミュニティからさまざまな経済団体の指導者、企業経営者など結集した。ケネットによれば「テーブルに出した疑問は〝われわれの関心の範囲はどこで重複しているか?〟〝どのような共通の基盤をわれわれは有しているか?〟であった。その時点では重複していたのは本当に小さな領域であった。しかしその範囲はしだいに大きくなっていった。それはまさに協働の進化を示していた」。

開始当初彼らにとって一つだけ確かなことがあった。それは問題の処方箋をかき、行動をとるためには、シリコンバレーの経済とコミュニティの多くのセクションを代表する幅広い指導者が集まって基盤を形成する必要があるということであった。それはほとんどシリコンバレーの未来の青写真を発展させる草の根のコミュニティというべきものであった。

エド・マクラッケンがジョイントベンチャー・シリコンバレー・ネットワークへの参加を求められたとき、シリコンバレーは〝人々が生活し仕事をする上で必要となる相互依存関係に関する理解〟を持っていないと感じていた。マクラッケンはそのような努力がどこで行われているか知らなかったが、地域のビジネス相互間、民間セクターと公的セクターの間の相互依存を理解し、その上に立って活動すべき必要性を強く認識していた。シリコンバレーのコンピュータ通信産業の将来に関するワーキンググループの議長を務めることに同意することにより、彼は、個人としてのコミットメントを直接的な形で宣言した。このグループは、電子コミュニティの構築を目指す「スマートバレー構想」と教育改革を目指す「二一世紀教育構想」につながった。

クリーブランド市でも市民起業家は独立を宣言するために前進した。クリーブランド市では、伝統的なリーダーシップと成長しつつある小さなリーダーシップとの間を橋渡しする上で大きな進歩がなされた。クリーブランド市の「グロース・アソシエーション」の専務理事であり傑出した黒人指導者の一人でもあるキャロル・フーバーは「危機の際にこれらの問題をリーダーシップを持って取り上げなければならない機会を持ったとき、われわれはそれを実行した。スタン・ペース、デル・デ・ウィンド、リチャード・ポーグ、アラン・ホームズなどをはじめとする数多くの人々が議論に参加した。私は、当時の市長のジョージ・ボイノビッチが自分が人種に重点を置いた選挙を行う前に選挙に負けるであろうと語ったことに感銘を受けた。結果的には、彼はすべての人々から統一的なメッセージを受けることとなった」と回想している。

市民起業家は立ち上がった後、その後のフォローアップを行う。フーバーによれば「われわれはコミュニティのリーダーシップやさまざまな規律を結集し、コミュニティを前進させるためにどのように協働するかについて話し合う機会を持った。それはその期間に起こったことの中で非常に重要な一部分であった。われわれが現在持っている良い人間関係は、当時われわれが築き上げた信頼に由来している」。

ジョージ・ボイノビッチは、公務員としてビジネス・コミュニティからの市民起業家と同様に活動することができる独創性のある個人を例示している。ボイノビッチは、クリーブランド市の多くのセクションが市の再建のために協働しなければならないことを明らかにする上で重要な役割を果たした。事実、キャロル・フーバーが観察しているように「われわれはビジネスをテーブルにつかせ、変化を起こそうとしていた。ジョージ・ボイノビッチが公的セクターと民間セクターとのパートナーシップを説き、われわれはそれにより成果をあげ始めた。そしてそれらの成果が更なるパートナーシップに火をつけることになった」。

リチャード・ポーグは、黒人コミュニティの主要なメンバーで市の協議会の会長である人物がいかに変わったかを思い出して、「ジョージ・フォーブスは彼の前任者と同じように、かつては他のビジネスを非難することを常としてきた。しかし彼は、コミュニティの中でより良い協働を実現するために必要なことを行いたいと決心した。彼が何度となく言っているように、その過程で〝私は政府は仕事を生み出すことはできない。政府は条件を整えるだけであり、民間セクターが仕事を生み出すのだ〟との考えが心にひらめいた。彼はよく〝私の愛する人々が仕事を必要としている〟と言ったが、そのため彼は姿勢を一八〇度転換し、ビジネス・コミュニティや市長と協働作業を開始した。それは問題の重要な断片であった」と語っている。

アル・ラトナーは、市長に選出されたボイノビッチが大きなリスクをとって協働と相互依存の新しい時代が開始されたことを示した転換点のことについて語っている。ラトナーによれば「わたしはUDAGを推進するため、彼の署名をもらいに行った。彼は〝UDAGとは何か、私はまったく知らない。どうして署名できるのだろうか？〟と言った。私は説明し、もし署名をもらえなければプロジェクトを実施できなくなると付け加えた。彼は〝アル、君を信頼する〟と言って署名した。もし彼が署名しなかったなら、われわれは橋を修復することができず、多くのことを実施することはできなかったであろう。私にとって、そのような形で公的セクターと民間セクターとのパートナーシップが開始された。彼は〝君を信頼する。やってみたらいいじゃないか〟と言ってくれた」。これにより信頼関係が出発点となった。ボイノビッチは、ラトナーが信頼に応えて結果を提出することを期待して手をさしのべた。こうして相互依存と相互期待の基調がセットされた。

市民起業家は、しばしば相互依存の宣言を具体化している一つのイベント、相互関係、プロジェクトをあげる。オースチンの市民起業家であるパイク・パワーズは指導者に相互依存の本質を理解させるきっかけをしてマイクロエレクトロニクス・コンピュータ技術コンソーシアム（ＭＣＣ）の誘致競争をあげている。パワーズは「人々はよりよく協働を行うために新しい途を発見した。大学はコミュニティにおける新しい役割を発見した。そのときからわれわれは、新しいことを新しい方法でできるようになった。新しい産・学・民の連携が形成された。それは電話を取り上げ、人々とコンタクトを開始する能力を提供した」と指摘している。

市民起業家のグループ間で醸成された協働に関する共通の価値観が、カリフォルニア州において一九八八年のある一つのイベントにより、加速度的に発展する力を持つこととなるとは誰が想像できたであろうか？　一九八〇年代カリフォルニア州においては、重要な問題がほとんど解決されないか無視され、政治的な閉塞感が高まった。知事の研究・計画室は専門家グループに対して、州が直面している主要な課題を取り上げそれらに対して考えられる解決策のアウトラインを盛り込んだ報告書「カリフォルニア二〇一〇」を提出するよう要請した。この構想の指導者たちは、本当の問題は州の中で問題解決能力を欠いていることであると結論づけた。

このグループは「カリフォルニア・リーダーシップ」と呼ばれた新しく出現した指導者たちと共同し、「カリフォルニアの契約」をつくるためにモンタレーで指導者たちの会議を開催した。契約は閉塞状況を解決するために必要な原則と行動よりなっていた。この契約こそが「相互依存宣言」であるが、それはカリフォルニアを前進させる主要原則を盛り込んでいた。目標は、教育、水、経済開発などの主要問題を州レベルおよび地域のレベルで解決するため、より協働的でオープンなリーダーシップを促進することであった。契約は、今までのやり方は本当に必要なことを実施することの妨げとなっていると結論づけていた。

「カリフォルニアの契約」のインパクトは、契約の署名者が協働とオープンという共通の価値をそれぞれの組織やコミュニティに持ち帰ったときに感じられるようになった。前カリフォルニア州上院議員で現在はジョイントベンチャー・シリコンバレー・ネットワークの代表であるベッキー・モーガンは、そのような価値をシリコンバレーの再生に適用した。ジョイントベンチャーの理事会のメンバーで、州の資源を地域の協働に投入することを支援する「カリフォルニア経済戦略パネル」設置法案の提出者である州下院議員ジョン・バスコンセロスも同様であった。

協働のビジョンは、「ロサンゼルス・パートナーシップおよび南カリフォルニア地域経済戦略コンソーシアム」を実施したジェーン・ピサノ、マーク・ピサノ夫妻によっても実行に移された。また、契約に盛り込まれた協働の原則にもとづいて「モンタレー湾岸地域未来ネットワーク」の構築に貢献したサム・ファー連邦下院議員によっても実行された。この協働とオープンのビジョンは、ジョン・バスコンセロスの「カリフォルニア・リーダーシップ」から設計面での支援を受けたサム・ファー下院議員より指導されて、モンタレー湾のフォート・オルドにカリフォルニア州立大学を建設することに結実した。また、このビジョンは州全域にわたって協働による地域経済開発を支援している「アーバイン財団」のニック・ボールマンによっても追求された。

閉塞状況を打破するため協働の宣言を採択するために集まったこれらの指導者は、すべてそれらの原則を自分たちのやり方で実施している。成功は今までのところ地域レベルにとどまっている。市民起業家にとって、協働の関係を構築することは州レベルよりもコミュニティレベルの方が達成しやすい。興味深いのは、モンタレー会議がカリフォルニア州において、地域レベルでの市民起業家精神を加速化させるように見えることである。

掛け金を高める

市民起業家はコミュニティの野心、期待、ビジョンを今まで以上に高めることにより、コミュニティに対する掛け金を高める。彼らはコミュニティが将来どの方向に進むべきかについて厳しい問いかけを行うように仕向ける。ほとんどの地域では何を避けなければならないかを理解している。ポートランドはシアトルのようになりたくはないと考えているし、サンタ・バーバラはロサンゼルスのようになりたくないと考えている。クリーブランドのグレンケーン社社長・会長のジム・ビガーは、自らの経験を思い出し「われわれにとって最も重要なことに一つは、ビジネスの指導者が本当にどのようなコミュニティを必要としているのかについて焦点をあてさせることであった。これがコミュニティがどうあるべきかの出発点である。従業員のために、あるいは自分自身のためにどのようなコミュニティを必要とするのか？　の問いかけから始まる」と指摘している。

最も大きな課題はしばしば、コミュニティが悲観主義のサイクルからいかに抜け出すかである。シリコンバレーのニール・ボンクが言っているように「コミュニティはこれ以上競争できないとの意見を議論するのではなく、コミュニティの力に注目しなければならない。人を集めれば変化を起こすことができる。個人の問題は最も解決が容易である。最も困難なのは、負け犬根性をいかに払拭するかである。旗を振り、選出の議員にかけ込むのはエネルギーを空費する非生産的なことである。地域の独自性を構築することにエネルギーを投入しなければならない」。

オースチン市は違ったケースである。マイクロエレクトロニクス・コンピュータ技術コンソーシアム（MCC）とセマテックの誘致競争はコミュニティの視線を上げるのに役立った。オースチン市にあるテキサス州立大学の企業連携担当副部長ビクトリア・ケプセルは特にマイクロエレクトロニクス・コンピュータ技術コンソーシアム（MCC）を〝火付け役〟と呼んでいる。ケプセルは「オースチンは脅威では動かずに、アメリカ中を巻き込んだ誘致競争により火がつけられた。われわれは、われわれの資源を活用するチャンスだと考えた。未来に対する興奮があった。政治的には、われわれは一度にゲル状に流動化したように思われた。それはわれわれの競争心をあおった。それはパイク・パワーズをはじめとする数人がオースチンの役割を技術に発見したことから起こった。それは数カ月にわたり毎日午前七時三〇分に集まりミーティングを重ねた攻撃的なチームであった」と当時の様子を描写している。

パイク・パワーズは「それはコミュニティが結集し、競争に勝とうと一丸となり、コミュニティの合意を形成しようとした初めての機会であった。今まで試されたことのないような形でわれわれは試された。このアメリカ中を巻き込んだ競争は、他のものでは見られないようなコミュニティの参加を形成することとなった。それはわれわれが集団を集めることに役立った。人々は小異を捨てて大同につくことができた」と語っている。

オースチンは視線を上げなければならない、誘致競争に勝つより重要なことがあるとパワーズは確信していた。「われわれは日本企業と競争しなければならない。それでなければ、われわれは言ってみれば二流の市民グループにとどまるであろう」とパワーズは指摘した。オースチン商工会議所会頭のグレン・ウェストは「マイクロエレクトロニクス・コンピュータ技術コンソーシアムの価値は、コミュニティに大きな勝利をもたらしたことである。成功が成功を生んでいる。それは地域の製造事業者と次元のことなった会話を行えるようにした。セマテックはマイクロエレクトロニクス・コンピュータ技術コンソーシアムの関係と成功の基に構築された。アン・ボワーズ（インテル社の共同創設者の一人であるロバート・ノイスの配偶者で後にセマテックの代表者）は、「ノイスはオースチンに強烈な印象を受けた。それはオースチンがセマテック以上のことを欲していたからである」と語っている。

危機を通じたものであれ機会を通じたものであれ、市民起業家はコミュニティが他の地域より高いレベルの成功を切望するように仕向ける。多くの地域が経済的成功を仕事の創出であると定義し、多くの仕事が創出されればされるほど良いとしている。アラン・ハルドのような市民起業家に指導されたフェニックス市では、多くの仕事が創出されることは必ずしも生活水準の向上につながらないことに気づき始めた。アリゾナ州では一九七五年から九〇年にかけて毎年雇用者数の増加を記録したが、一人当たり所得や実質賃金では、全米平均を下回っていた。八〇年代後半では、雇用は依然として年率三パーセントの増加を見せたが、一人当たり所得の伸び率では全米で最下位であった。

伝統的なビジネスやコミュニティの指導者に指導された多くの地域においては、工場移転を雇用喪失に対処するためにコストが安いことをアピールして新規工場と雇用を誘致した。サウス・カロライナ州は、かつてコストの安い地域であることをセールスポイントとして、マサチューセッツ州からの繊維工場のような低コストの生産者を誘致した。一九八〇年代前半までは雇用の伸びは著しかったが、一人当たり所得は全米平均の七五パーセントにすぎず、工場賃金は五〇州中四七位であった。その後サウス・カロライナ州はこれらの雇用の多くを発展途上国に奪われることとなった。しかし、今日ではサウス・カロライナ州の事例は成功物語としてかたられている。政府とビジネスは教育や他のインフラへの投資を促進するために協働している。今や州のセールスポイントは、高付加価値の労働である。この差異はめざましい。最近のBMW社の自動車工場の誘致は、州政府とのパートナーシップの下で地域コミュニティより提案された雇用者訓練プログラムにより実現されたものである。この種の変化により、サウス・カロライナ州は過去一〇年間で最も大きな飛躍をした州の一つとなった。

もう一つの伝統的な成功のための手段は、人口増加である。人が増えれば増えるほど、建設、小売り、サービスに対する需要が生み出され、より多くの雇用が創出される。フロリダ州は移民の継続的流入を確保するために税率を低くすることにより、伝統的にこの戦略をとってきた。つい最近になって、十分なインフラやサービスの整備が伴わない人口増加が、犯罪率の上昇や教育レベルの低い学校の増加を含む負のインパクトを与えていることに気づくに至った。

市民起業家の助けにより、経済コミュニティはこれらの伝統的な成功のビジョンを超えるものを探している。雇用の成長は重要であるが、雇用の質がより重要な関心となっている。市民起業家は、一人当たり実質賃金の伸びにつながる付加価値と生産性の成長を追求するようにコミュニティを激励する。彼らはコストではなく質を基礎として競争することを提唱している。コストを基礎として競争することは、発展途上国の多くの地域がより低い地域として将来出現してくることから、決して勝利を保証しないことに対して彼らは理解を求めようとする。

アリゾナのアラン・ハルドと他の市民起業家は、経済的成功の定義を州で変えるように仕向けた。一九九〇年代前半、アリゾナ州は人口増加に主導された雇用の増加と低コストのビジネス環境から、質の高い仕事に重点を置いた新しい路線に転換した。ハルドと彼の同僚たちは、車のバンパー用のステッカーから質の高い仕事のことを書いた新聞のおりこみにいたるまで、漫画や魅力的なグラフィックスを使いながら、メッセージをより広範に伝達するようにした。メッセージは明確なものであった。彼らは経済開発を人々の生活水準を向上させ、個人と企業に対して機会を創造し、生活の質を高めることであると定義した。それはますます競争的になる経済環境において、付加価値を高め比較優位を創造する製造業とサービス産業からなるダイナミックな産業クラスターを発展させる強固な経済的基盤をつくるために、ビジネス、政府およびコミュニティが協働する結果生まれる。

使命感を醸成する

市民起業家は、コミュニティを動かすため、目覚ましの鈴を鳴らす、新しいレベルの責任を示す、相互依存を宣言する、掛け金を高めるなどの行動をとる。彼らが用いる最終的なテクニックは、使命感、すなわち多くの人々が共有することができる変化への情熱をつくり上げることである。

一種の陶酔感を共有することは、経済コミュニティを構築する過程を開始することに成功しているコミュニティに共通してみられる。パイク・パワーズは、オースチン市における市民起業家の中核グループが通常の経済開発活動を超えた使命感をどのように持つに至ったかを思い出して「われわれは人々がより大きな使命感や目的感を持って貢献するような方法をつくり上げた。それはまったく魔法のようであった」と語っている。

ウィチタのヘイル・リッチーの観察は「協働作業に対する最も大きな障害は、最初にワイズを軌道に乗せることであった。それを成し遂げたとき、われわれはどのようなことでもできるような気がした。それがわれわれに推進力を与えた。ひとたび問題を認識すると、われわれは問題を解決する的確な人物を得ることができた」とのことである。

動機づけを与える者としての市民起業家に対するアドバイス

- 地域における変化の必要性を劇的に表現するために、世界経済・コミュニティにおける経験を活用する。
- 危機であれ機会であれ、コミュニティに対する〝意味ある動機づけ〟を探求する。
- 人々と語らい、立場を明確にし、あるいは変化への願望を示すことによりコミュニティの定型的パターンと対決する。
- 〝手の内をさらけ出し〟コミュニティの変化に対する個人としてのコミットメントを目に見える形で示す。
- 他の人々に対して、視線を上げ、コミュニティにとって何が可能かに関する常識に挑戦するよう圧力をかける。
- 過去について非難のゲームをすることを止める。それに代わって、未来に対する責任を他者と共有することを提示する。
- 政府が主導するように依頼してはならない。しかし、他方、政府や非営利団体からの市民起業家がチームの一員として加わることを確保する。
- コミュニティの変化の過程を開始するために、他の人々がスケープ・ゴートを探したり、神に救いを求めることに逃避することを止めさせる。
- 動機づけを行う者がただ一人でも躊躇してはならない。しかし、直ちに他の人々と動機づけのメッセージを共有し、広めなければならない。
- 少なくとも次の段階にとりかかるために的確な人物を発見できなければ、期待感を高めてはならない。

ネットワーカー——信頼性を与えネットワークを活用する

開始段階で市民起業家が果たす第二の役割は、ネットワーカーとしてのそれである。市民起業家は、友人たちを変化の過程にコミットさせるながら、その間でネットワークを形成する。その後彼らは心地よい領域から外に出て、コミュニティの変化の過程が成功するために理事会のメンバーとして参加を求めなければならない他のセクターの指導者とのリンクを行う。彼らは前進するためのコミュニティの許可を求め受け取る。時としてこの許可は、変化の過程を公的にも私的にも損なうことなく、走り出したばかりそれに対する判断を差し控える合意に他ならない。

市民起業家は新しい指導者がコミュニティのためにリーダーシップを発揮する用意があるかどうかを示す機会を与え、彼らの志気を高めるとともに彼らに挑戦する。それと同時に、彼らが変化の過程に対して真剣なコミットメントをしなければならないことを明らかにする。彼らは、中心となる指導者チームが、見解、人との接触や資源の点からみて、相互に限界を補完する技能を有する人々から構成されるよう対処する。市民起業家は以下のステップをとることによりネットワークを形成する。彼らは、

- 彼らの個人的な信頼性を前面に出すことにより、友人たちを過程にコミットさせる。
- 他の人々を過程に引き込むために、心地よい領域を超えて活動する。
- 協働の過程が前に進むように、懐疑的な人々に対して判断を猶予してもらうように頼み、理解を得るために時間をかける。
- 協働の過程を設計し開始するために、相互補完的なチームを形成する。

友人をコミットさせる

市民起業家はほとんどの場合友人関係から協働を開始する。コミュニティにおいて市民起業家を育成する第一段階は、友人たちに新しいレベルでの参加にコミットさせることであり、これは単純ではあるが重要な事実である。アリゾナのジャック・ピスターは市民起業家としての自分の役割をてこを使って人々を動かしリンクすることであるとし、「人々をてこを使って動かしリンクすること、それが私が主としてやっていることだ」と語っている。

市民起業家は、もしそれが活性化されれば、コミュニティにおいて大きな変化を創造することができる指導者のネットワークの真直中にいる。それは信頼と支援のネットワークである。市民起業家は、他の指導者に対して、経済コミュニティを建設するための重要な作業へ参加を依頼するリス

クを冒す（通常は、前の仕事上の関係を使ったものである）人々である。コミュニティの目的のためにネットワークを活用することは、個人的な栄光を追求している個人と、どの個人よりも大きな大義名分のために時間、専門的知識と資源を投入するコミットメントを求めることにより、個人的なネットワークを喜んで使う市民起業家とを区別する。

しばしばこのリンクの過程は、コミュニティに関する事項を荘厳な雰囲気の中で話し合う指導者会議などよりももっと非公式な形で始まる。アラン・ハルドが一年間毎日曜日に彼の自宅に市民起業家を招いて開催したグループについて、アリゾナのスティーブ・ザイストラが「それは同好会のようなものだった。われわれはやっていることそのものを楽しんだ。われわれは頭の体操をしていた」と語るとき、そのことをよく表現している。

クリーブランド市では市自身のために活動する競争者が現れた。ジム・ビガーによると「彼らは市自身のために集まったように見えた。それは非常に重要な要素であった。簡単に集まることができる小さな市ではあるが、われわれが行動し違いを見せるためには十分な大きさを持っている」。

リチャード・ポーグによると「ここには多様な産業がある。われわれはわれわれの活動について話をするため、デトロイトに何度となく足を運んでいる。そこでは毎日分刻みで競争し、ビジネス・コミュニティを支配しているビッグ・スリーがいる。ここではビジネスの指導者は分散しており、競争意識をそれほど強烈ではない」。さまざまなコミュニティを見渡してみると、協働に対する最も大きな障害の一つは個別の企業の競争である。クリーブランド、シリコンバレー、ウィチタ、その他いずれの地域においても、企業のためであったりコミュニティのためであったりするが、特定の問題について協働し他と競争する競争者が現れる。

デイビッド・ロックフェラーがニューヨーク市のために何かしたいと考えたとき、友人たちにアプローチした。一九八〇年代前半、彼はアーサー・テイラー（ＣＢＳ社長）、リチャード・シン（メトロポリタン生命社長）、ポール・リット（スペリー・ランド社長）、エド・プラット（ピッザー社長）、バージル・コンウェイ（シーマンズ信託銀行頭取）、ジョン・ホワイトヘッド（ゴールドマン・サックス会長）などを集め中核となるチームを結成した。「それぞれの当事者が日々差し迫った必要性や関心を処理する中で、パートナーシップによる協働がどのような役割を果たすべきかについて市民やコミュニティの指導者と意見交換をするために、中核チームはアメリカ中の市を旅した。彼らは大企業、中小企業分けへだてなく経営者からコメントや批評を聞くために、ロックフェラーにより支援され限りなく続いた朝食会に出席した。彼らは市、州、連歩政府の関係者に対しても政治的陳情を行った。彼らはビジネスのグループの経験から多くのことを学んだ。そして彼らの目的について継続的にテストし、見解をつくり、彼らの間で議論するとともに、市の主要な問題の解決を支援し、問題の優先順位を決め、鍵となる問題に焦点を絞った」（カッツェン・バック、スミス、一九九三年）。

一九七〇年代後半クリーブランド市における市民起業家精神が再び興ったことも同様な経路をたどった。イートン社社長のマンデル・デル・デ・ウィンドは、ルーベン・メトラー（ＴＲＷ社長）、モート・マンデル（プレミア・インダストリアル社長）、ジョージ・ディブリー（ハリス社長）と共同してコミュニティのパートナーシップを促進する機構をつくった。前専務理事リチャード・シヤッテンによると「〝クリーブランド・トゥモロー〟を恒久的な組織として設立することが決定されたとき、デ・ウィンドは三六人の人々に電話をかけ、〝君は参加してもらうことになっている〟と言った。その理由を問われた場合は〝これは正しいことで、君にやってもらいたい〟と答えた」。デ・ウィンド自身も「われわれが暮らしている環境に対して何かをしなければならないことを認識することは、大企業の社長としての私の任務の延長である」と言っている（フレイ財団、一九九三年）。

しばしばネットワーカーとしての役割を演ずる個人は、コミュニティ中にコネがある弁護士や他のサービス産業の指導者であることが多い。オースチン市では、それはパイク・パワーズであり、クリーブランド市では、リチャード・ポーグであった。一世代前のシアトルでは、それは弁護士のジェームズ・エリスであり、彼は全くのネットワーカーでありシアトルのコミュニティの将来を案じていた。

友人を引き込むにあたり、エリスは「前進債」と名づけられた債券発行を構想し議会を通過させた比類のない専門家チームを編成した。「事実、エリスはすべてで二〇〇人に上る企業家、弁護士、学者、公務員、牧師、環境保護家よりなる軍団を持っていた。この市民による例外とも言えるコミットメントは、地域の顔を文字どおり変えることとなった。前進債の遺産は後世に語り継がれるまで残っており、広々としたオープンスペースと公園（フリーウェイ上のものも含む）、ウォーターフロントの公共使用、災害時の水管理、コミュニティセンター、水族館など数多くある」（ピアース、一九九三年）。

心地よい領域を超えて活動する

市民起業家は友人のコミットメントを求めることは成功の必要条件ではあるが、十分条件ではないことを理解している。他の人々が渡れるような橋を架け、他への模範を示しながら、自分自身のネットワークを超えて他の社会的ネットワークと接続するためには、しばしば構想力に富んだ人が必要となる。アメリカのコミュニティにおいては、ビジネス出身であれ政府出身であれ、コミュニティや市民の領域で活動する触媒としての役割を果たす指導者として活躍した経歴を持った者がいる。

市民起業家は、境界を取り除き、事例を紹介し、情報を提供し、他の人々に対してリスクをとり協働するよう鼓舞する。彼らは協働のお膳立てをし、将来の指導者が登場する機会をつくる。彼らは、市民起業家自身を含め誰もが想像する以上の成果を生み出す新しいコミュニケーション経路をつくり上げる。クリーブランド財団のスティーブ・ミンターが指摘しているように「突然電話機を取り上げたときに大きな差異が生まれる。そうすると、会話が弾み協働をどのように進めるかについて検討を開始することができる」。

アイバン・アレンは、一九六〇年代におけるアトランタ商工会議所会頭としてアトランタ市のイメージや高速道路や学校を含むインフラを建設する長期的目標の下に経済とコミュニティ（少数人種を含む）を結集させた。南部の大半は人種的騒動に巻き込まれていたが、アトランタ市では二五万人の雇用が創出された。アトランタ市の黒人社会もこの成長に浴することとなり、アトランタ市は今や、アメリカにおいて黒人に所有されたビジネスや資本が集積している有数の地域の一つとなっている。

ジョージ・ボイノビッチのように、ミネソタ州セイント・ポール市市長のジョージ・ラティマーはコミュニティのすべてのセクションを結集させるために新しい基盤をつくった。彼が市長になったとき、セイント・ポール市はミネソタのなかでも財政力がなくブルーカラーが多い地域であった。外部から企業を誘致するという伝統的手法を踏襲することもできたが、ラティマーは内発的な起業立国のビジョンの下にビジネス、政府、コミュニティの指導者を集めた。新規投資、パートナーシップの形成、プロジェクトの実施を含む地域における起業を支援する包括的かつ整合的な戦略を遂行するために、彼は銀行、企業、財団、研究機関などの市民起業家から強固な支持を獲得した。

リー・クークは、当初は商工会議所の会頭、後に市長として、オースチンにおけるビジネスと政府の強い連携を発展させ、それが、マイクロエレクトロニクス・コンピュータ技術コンソーシアムやセマテックという有名な組織の誘致成功や他の研究機関、知識集約産業の進出につながった。オースチン市は、大学および公的教育機関の改善のための措置を講じ、規制体系をビジネスのニーズに即したものとなるように変更した。

シリコンバレーでは、市民起業家は直ちに心地の良い領域を超えて行動する必要性を理解した。ジョン・ケネットは「われわれが一〇〇人の頭の良い人々を部屋に集め、経済の方向を転換させる一〇〇の処方箋を書き、それを実行することができることは明らかであった。しかしそれはジョイントベンチャーが取り組もうとするものではなく、必要とされているものでもなかった」と説明している。ジョイントベンチャーの元となった考えは、シリコンバレー中の個人を結集することであった。トム・ヘイズが説明しているように「われわれは、委員会、イベント、ミーティングなど彼らが参加するためのあらゆる種類の街路をつくった。われわれはすべての人の意見を聞き、ジョイントベンチャーを数十の組織、数百の企業、数千の人々の声をインプットしたダイナミックなものとしたかった」。

多くの経営者は、シリコンバレーの問題は自分たち自ら解決できると感じた。しかしそれはジョイントベンチャーが目指したものではなかった。それは、プロセスであり、参加であり、協働であった。ジム・モーガンが指摘するように「われわれ数人が集まり計画を練ることは可能であるが、しかしそれでは誰も信じようとしない。五、六人の経営者が集まりコミュニティを参加させる過程や活動を継続させるメカニズムがないままにコミュニティにとってためになるものを独断で決定した結果、なんらのインパクトがなかった事例は枚挙に遑がない」。

アリゾナのジャック・ピスターは、フェニックス市においてコミュニティの参加なく進められた活動が失敗した長い歴史を思い起こしながら、同じ結論に達している。「ビジネスマンの小グループがアイデアを思いつき、金を集め、活動を持続的なものとするために必要なコミュニティや他の人々の参加なく進められた事例は頻繁に起こった。彼らは大金を投入したが、めぼしい結果はほとんど生まれなかった。過程が数人によって管理されているときは、その過程はいずれ崩壊する。これが得られた教訓である」。

心地よい領域を超えて活動することはなかなか困難であるとシリコンバレーの指導者が感じたことはむべなるかなである。多様なセクションの人々に対処することは、しばしば市民起業家が当初考えていた以上に困難なことである。エド・マクラッケンは「異なった環境からの指導者が組織を超えて協働を開始するとき、特にビジネスの人々が政府と協働する場合は、多くの傲慢的な要素が見られる。私は以前知らなかった多様なセクションの人々への対処の仕方について多くのことを学んだ」と観察している。

このためシリコンバレーで第一段階としてとられたことは、地域の主要な企業、産業を代表する理事会をつくることであった。シリコンバレーには、産業、業界団体、技術グループよりなる社会的ネットワークが存在していた。ジョン・ケンネット、トム・ヘイズ、ブレンダ・ボルジャーよりなる中核的チームは、それらを一つずつジョイントベンチャーの理事会に招き、二カ月に一回会議を持ちジョイントベンチャーの活動を如何に協働的に設計し、運営していくかについて検討した。

その中で直ちに参加のコミットをする者と警戒的に対応する者があったが、グループは第一段階はどうあるべきかに議論を集中させた。中小企業関係者、小売り業者、建設業者、労働組合関係者などがアップル、ヒューレット・パッカード、ＩＢＭ、インテル、サイプレス、タンデムなどの大企業と肩を並べて検討した。理事会のメンバーは五〇人までになり、一四カ月にわたって二週間に一度会議を重ね、戦略的な青写真が出来上がるまでの間一二〇〇人の人々を巻き込んだ活動全体を見ることとなった。競争者でさえもこの変化の連合に参加した。ヘイズは「痛みは共有され人々は協働を開始すべく動機づけられた。もしこのグループを一年前に始めようとしていたなら、うまくいかなかったであろう」と当時を振り返って語っている。

このようなネットワークを構築するためには個人的は接触が必要不可欠である。ジョイントベンチャーの中心的指導者は、他の指導者に対して個人的な接触を行った。オースチンのリー・クーク、クリーブランドのジョージ・ボイノビッチ、セイント・ポールのジョージ・ラティマーなど、すべてが時間をかけて個人的な接触を行った。

変化の過程のこの段階で市民起業家により遂行される最も重要な行動の一つは、新しい指導者が出現する場をつくることである。アリゾナ州では、スティーブ・ザイラーは、アラン・ハルドの努力により自分を含む新しく若い指導者が登場する機会を提供されていることを認識した。それと同時に、ジャック・ピスターは「こいつは大丈夫ですよ。彼の言うことは信用できる」と言いながら、伝統的な指導者層におけるアラン・ハルドの地位を高めた。アイオアナ・モーフェシスによると、特に指導者層から遠ざけられていると感じていた人々の中では「アランが伝統的な企業構造の一部でなかったという事実がプラスに働いた」。

新しく登場した指導者を参加させ違いを見せるために、市民起業家は対立の過程を経験する者もいる。グリーン・エンジニア社社長のクリス・グリーンは、シリコンバレーにおける変化の最初の段階で見られた一場面をこう語っている。「ジョイントベンチャーのビジョンを検討する会議において、私はグレッグ・ラルソン（サンノゼ市副市長）とコー・ニシムラ（後にソレクトロン社社長になった）と一緒にすわっていた。コーはサンノゼ市の許認可手続きに対して痛烈な非難を開始した。グレッグは防御的な姿勢をとることなく、コーを包み込むように改善するためにともに考えようと提案した」。ラルソンはジョイントベンチャーのイニシアティブの一つである環境パートナーシップの共同議長を務め、ニシムラは後にジョイントベンチャーの理事会のメンバーとなり、彼の会社の取締役を派遣して許認可手続きを改善するために市がトータル・クオリティ・マネージメント（TQM）原則を採用するように支援した。

これと同時に相互依存はグリーン自身をも活動に取り込むこととなった。「私はこの種の相互依存がよいインパクトを有していることを発見することができ、ジョイントベンチャーに何か光るものがあると考えるようになった。活動が学術的なものであったなら、私は直ちに取りやめたであろう。しかし、私はそこに真の意思決定者が集まっていることを発見し、活動を継続した」とグリーンは語っている。グリーンはジョイントベンチャーの規制緩和委員会の議長となった。

多くの市民起業家は彼らの経歴においてかなりの成功を収め、より広範で持続性のあるインパクトをあたえるコミュニティの課題に挑戦する用意ができている人々である。彼らは信用、評判、コミュニティにおける立場などを気にすることなく、心地の良い領域の外にいる人を含むほとんどすべてに人々とミーティングを重ねる。彼らは同様の貢献を他の人々から引き出すことができる接触、技能、経験、信用を自らの中に蓄えた貴重な存在である。

西海岸における有数のコンサルティング企業の経営者であるゴードン・ポール・スミスはロナルド・レーガンがカリフォルニア州知事時代の財務長官としての輝ける経歴の後、カリフォルニア州モンタレー市で引退後の生活を送っていた。引退生活がしばらく続いた後、今や八〇代となった彼は地域における主要な市民起業家の一人となった。彼は二つの軍事施設の跡地を利用してモンタレー水族館を建設する活動を組織化し、経済開発を促進するために地域の将来を考えるグループの設立を支援した。彼は巨大な経験、ビジネスとコミュニティとの接触のネットワークを活用し、他の人々を勇気づけ、企業や市民からのリーダーシップが不足がちになるこの地域の人々を奮い立せた。

特徴的であるのは、スミスは社会の注目を彼からそらそうとしていることである。「〝モンタレー未来ネットワーク〟の一員となったことは、私のビジョンをこのすばらしい地域が提供する経済的、教育的、環境的、文化的、社会的機会にまで拡大した。このネットワークのバックボーンとなっているのは、通常であればお互いに接触することのない専門家を幅広くプールしていることである」とスミスは自分の心情を語っている。

懐疑的な人々の理解を得るために時間をかける

市民起業家は、コミュニティが変化の次の段階に進むように仕向ける前に、鍵となるセクターの人々と十分な意思疎通が図られ障害が取り除かれることに留意する。彼らは生まれたばかりの協働の過程が軌道に乗るまで十分な時間をかける。コミュニティにおいて影響力のある地位を有し、新しい試みをストップさせる力を持っている人々で懐疑的な人々の理解を得るために時間をかける。

要するに、かれらは変化の過程を進めるため、広範囲にわたるコミュニティの同意を得るようにするのである。そのような同意は必ずしも変化の過程を心から認めたことを意味しない。事実ほとんどのケースにおいては、多くの人と組織が今までのやり方で投入され、変化の過程を時間をかけて行うことは希である。しかし、市民起業家は彼らの説得の力を使って、コミュニティから少なくとも活動を前進させる同意を得ること（実際上は、一定期間判断を猶予してもらうことを意味する場合が多い）を確保する。

コミュニティの多様なセクターから同意をもらうという時として時間がかかるこの過程は、変化の過程を損なうような試みを阻止する効果を持つ。シリコンバレーのジョン・ニースが言うように「われわれを後ろから撃つ人はいない。なぜなら、彼らはわれわれと共にいるからである」。かれらは、国連の安全保障理事会のようにコミュニティの拒否権を有する個人を探した。クリーブランドのアル・ラトナーはこれに共鳴して「われわれの成功は、あら探しをする人がいなかったことだ。これは彼らがテントの中にいたからだ。われわれは、彼らがテントの中にいるように努めた。みんながテントの中にいて共通の目的を持っている場合は、どんなときでも成功するであろう」と語っている。このような協議の過程をしだいに積んでいくことは、変化の過程に早期に参加することに対して予想されないような協働の結果を生み出す。

クリーブランド市では、このような活動が非常に重要であった。アラン・ハルドは、変化という考え方を州に売り込むにあたって「準備に加えて、運が幸いした。重要なのは金ではない。前進することに関してコミュニティの同意を得ることが重要なのだ」と語っている。アイオアナ・モーフエシスはハルドと同様に「数人の個人が伝統的な企業を動かし、最終的にこれがアリゾナ州にとって重要なことであることを確信させた」と考えている。彼らは必ずしもすべてのアイデアやアプローチの仕方に同意するわけではないが、喜んで機会を与えようとする。コミュニティの同意を得ることは、すべての市民起業家が前進するために必要なことである。

シリコンバレーでは、最初の段階で、懐疑的な人々の理解を得るために時間をかけたことは非常に重要であった。コミュニケーション担当部長のブレンダ・ボルジャーは、地域の協働に対してチャンスを与えてくれるよう鍵を握る指導者に依頼するする際、リスクをとって彼女が三〇年以上にわたってつくり上げてきたビジネスのネットワークを活用した。『サンノゼ・マーチュリー』紙の発行人でそのような指導者の一人であるラリー・ジンクスは生まれたてのジョイントベンチャーの活動が何とか継続されるよう重要な役割を果たした。労働組合の指導者であるジョン・ニースによると、ジンクスは「批判的な人々に対して、鉾を収めこの変化の過程に対してチャンスを与えるように依頼した」。たとえば、サンタクララ郡製造協会の実行委員会のメンバーとして、彼は会長を説得し、変化の過程が結果を生み出すまで判断を留保させた。

地域の議員の中には懐疑的な者もいたが、シリコンバレーで最も大きな市であるサンノゼ市の市長スーザン・ハマーは、市の職員をこの連合に参加させるために協力した。彼女は、市や郡の議員および地域選出の州議会議員、連邦議会議員よりなる「公的セクター協議会」の議長を務めた。ハマーによると、公的セクターの代表を幅広く取り込むことが重要であった。なぜなら「シリコンバレーの課題は市や郡の境界を超えており、より広いコミュニティの人々の参加が必要であった」からである。

相互補完的なチームを結成する

市民起業家は、経済コミュニティを建設する過程を開始するために相互補完的な技能を持ったプレーヤーからなる集団が必要であることを早い段階から理解している。アレックス・プリニオとトム・ヘイズは、それぞれプルデンシャル保険会社の渉外担当部長、アプライド・マテリアルズ社の海外事業本部長の立場から、地域をまとめるために市民起業家の中核的チームの支援が必要であることを理解していた。

両者は、協働の過程に対して金銭的・個人的コミットメントをするようにそれぞれの社長に依頼した。プリニオは社長のデービッド・シャーウッドと市長を含む五人のトップ・リーダーを招いて、市の多様な指導者層を代表する三五人の指導者との会議を開催した。「会議の議題は、極めて単純だった。われわれは、ニューアークの何が良かったのか？　ニューアークの何が悪かったのか？　そのどちらを行いたいのか？　を問題として提起した」（クリスリップ・ラルソン、一九九四年）。これにより、いつもは対立関係にある指導者が未来とともに共同で何ができるかに対して焦点をあてることとなった。こうして彼らは協働の過程に参加することとなった。

トム・ヘイズは社長のジム・モーガンとともにある日の午後椅子に腰かけ、モーガンの仕事上のネットワークを活用して、シリコンバレーを良くするためにワーキング・グループの議長を引き受けてくれるように依頼した。次にヘイズは、それぞれの議長と補完的な技能と見解を持っている人物を共同議長に据えることにとりかかったが、それは議長と共同議長の間の相互作用と協働により、変化の過程が建設的な協働であり他の人々への非難を行ったり個人的な議題を押し進めるものではないことをワーキング・グループの参加者に対して示すことを確保するためであった。ヘイズはまた、コミュニティが置かれた状況や将来の見通しに対して正確な理解を持つために有名なコンサルティング企業に参加を求めた。

クリーブランド市では一九七九年にビジネスの指導者の間で、市をどのように経営すべきかについてさまざまな不満がもらされていた。新市長のジョージ・ボイノビッチは状況を改善するために彼らが直接市の経営に参加するように求めた。彼らは課題に挑戦した。ボイノビッチは約一〇〇人の企業関係者からなる相互補完的なチームを結成した。チームは一二週間にわたり市の経営手法を評価し、六〇〇以上に及ぶ改善策を提言し、その大半が実行に移された。ビジネスの指導者と他のコミュニティの指導者は、クリーブランド市を再活性化するために売上税の税率アップを提唱し、選挙で六〇パーセント以上の賛成を獲得した。この変化により郊外に住む人々が税収の四分の三を支払うこととなり、市と郊外の運命が固く結びつけられることとなった。

他の中西部の都市ほどではなかったが、インディアナポリス市の経済は一九八〇年代において停滞した。そこには強い経済的アイデンティティはなかった。地域において新しい経済セクターを創造するために市民の指導者とビジネスの指導者よりなる小グループが結成された。非公式に〝都市委員会〟と名づけられたこの組織は、地域をアマチュア・スポーツの中心地にするための戦略計画を策定した。委員会は、戦略を実行するために企業、財団、政府、コミュニティ集団を活用し、宣伝活動を展開した。その結果は、一〇年間で一一〇〇万ドルに及ぶ新規投資と施設の建設であった。

チーム自体は効果的であったが、一九八〇年代後半、参加のメカニズムがなかったために都市委員会のアプローチは問題となった。共通のビジョンをつくるよりも、都市委員会のアプローチはビジョンをつくりそれをコミュニティに売り渡すものであった。そのアプローチは七〇年代後半、八〇年代の前半の環境の下ではうまくいったが、アマチュア・スポーツの後の戦略を発展させ実行するためには、より協働的な過程が必要とされていることをコミュニティは気づきシグナルを送った。

人材調達における重要な出来事は、コミュニティにおける伝統的指導者の地位の外にいる有為な人材を発見することであった。オースチンのビクトリア・ケプセルはスーザン・エンケリングが彼女を人材として登用したときのことを語っている。監査役でありスターツ、ファウルケンバーグ＆パートナーズ社の上級顧問であるエンケリングは、職業婦人のネットワークを活用し、あらゆるレベルの人々を参加させた。ケプセルはオースチン・コミュニティ大学のビジネス技術センターにおける産業プログラムのコーディネーターとして雇われた。他のコミュニティであれば、彼女は見落とされていたであろう。エンケリングは彼女を商工会議所の電子産業部会に参加させた。「彼女は、私が何か提供するものを持っていたことから私を参加させた。彼女が信用力を持っていたことから、私も変化の過程で同様に見られた。普通であれば私が人材としてあてにされることはなかったであろう。私は会社の社長でもなく、大学教授でもなかったからである。私は深く関与しているという感覚を持っているからこそ参加している。私は重要だ、物事に精通していると感じている。それは非常に楽しい。私は自分が達成したことに対して回りから認知をしてもらっている」とケプセルは語っている。

ウィチタのライオネル・アルフォードは、コミュニティが前進する際、才能のある人材を注意深く調達した。「市長のボブ・ナイトが議長の就任要請をしてきたとき、私はジョーダン・ヘイズ（バンク・フォー頭取）を副議長にするのであれば引き受けるといった。それからわれわれは三〇人のコミュニティの指導者を参加させた。人々が参加した理由は二つであった。一つは市長が言ったからであり、二つ目は自らの発意である。ジョーダン・ヘイズは私が知っている以外のすべての人を知っていた」とアルフォードは発言している。アルフォードとヘイズは市長とともに、相互の個人的ネットワークを補い、コミュニティの変化の過程を軌道に乗せることができた。

ネットワーカーとしての市民起業家へのアドバイス

- 友人たちに借りをつくり、コミュニティのために大同小異の立場に立つように競争者を説得する。
- 時間をかけて他のセクターの指導者との個人的な関係を築き、変化を目指すチームに参加するように求める。
- 拒否権を持つ人物を発見し、協働の過程が前進するように確保する。
- 検討の過程と実行期に必要となる相互補完的な役割を発見しながら、中核となる指導者チームを注意深く編成する。
- 友人たちに金銭的な貢献や受動的な支持で済ますことなく、時間、専門知識、接触を積極的に投入させる。
- 心地よい領域の外にいる指導者の人材調達を第三者、特に部下に任せてはいけない。自ら乗り出して要請しなければならない。
- みんなが正しいことをすると想定してはいけない。反対を唱える者を発見し中立化させる広範な活動が結局は実を結ぶ。
- 社長やある特定のレベルの企業関係者のみを参加させるように下してはならない。レベル、セクター、既に社会的に地位を確立した指導者のみならず新しく登場する指導者などいろいろ取り混ぜるべきである。

第五章　ふ化――優先順位の共有化

それは、参加の政治学である。われわれは成功するために君たちすべてを必要としている。

パイク・パワーズ（オースチン）

行動を起こす仕掛けが必要である。それは、課題、期限、イベントである。

アラン・ハルド（アリゾナ）

市民起業家は、協働の過程を進めるにあたり、コミュニティにおいて特に二つの重要な役割を果たす。それは、人々が状況を正確に理解し、何を行うべきかを決定することを支援することである。彼らは教師および主催者として行動する。教師としては、彼らはコミュニティを教育し、人々が変化の過程に効果的に参加するよう準備させる。主催者としては、変化の過程にコミュニティの多様なセクションが参加し、明確なルールに即して運営されることを確保する。

どのコミュニティにおいても、常に優先順位を共有化し、それに即して活動を開始する必要性がある。協働の過程が効果的であるためには、この必要性を満たさなければならない。それにより〝議題の爆発状態〟が起こることなく、さまざまなアイデアが論議される。また、それにより行動の優先順位が決まる。効果的な過程は、上からのリーダーシップと下からの参加および事実を摘出する戦略的な知識をバランスさせるとともに、情報を理解する新しいフレームワークを発展させ、過程そのものの進捗を容易にするものである。変化の過程は、非常に広範な参加が見られるもの（アリゾナ、シリコンバレー）であったり、特定の課題に焦点を絞ったもの（オースチン、クリーブランド）であったりする。市民起業家は、ふ化段階においては以下のことを達成した。

- シリコンバレーの協働の過程は、実行に移すイニシアティブとして一一の〝ビジネス・プラン〟を生み出した。一一のプランは経済開発から軍民転換、新企業創出、規制緩和および教育改革まで及び、それぞれ推進する中核的チームに支えられていた。
- アリゾナ州の変化の過程は、州の経済開発戦略やプログラムを根本から転換し、共同プロジェクトを遂行し州政治を形づくった産業クラスターを生み出した。
- ウィチタ市は、経済の見通しについて独立した分析によりチェックし、地域再活性化のための詳細な五カ年計画をつくり、人々を実行過程に参加させ、最終的に計画のすべての目的を達成した。その結果、市の中心部の再開発のために数百万ドルが投資され、アメリカ経済開発賞も受賞した。

教師――共通の理解をつくる

コミュニティが開始段階からふ化段階に移行するにつれて、市民起業家は教師として非常に重要な役割を果たす。彼らは参加者に意味のある形で事実をテーブルに提示し、人々が政治、作り話や不正確の情報に基づいて判断をすることのないようにする。彼らは、いかに世界的な課題、機会が地域のコミュニティに影響を与えているかを人々が理解するようにする。彼らは〝ここで発明したくない〟という病気を克服し、他のコミュニティで発展したアイデアに対してもオープンな姿勢をとる。また彼らは、コミュニティの将来について議論する共通のフレームワークを開発し発展させる。市民起業家は、以下のステップをとることにより、教師として活躍する。彼らは、

- 地域の経済状況に関する事実をテーブルの上に提示する。
- 世界的な課題と機会を地域の視点からとらえる。
- 外部のアイデアに対して心を開き、他の地域を参考にする。
- 協働の過程に焦点をあてるため共通のフレームワークを構築する。

事実をテーブルの上に提示する

本当の意味で進歩が図られるためには、コミュニティの人々は彼らをとりまく課題について共通の理解を持つとともに、コミュニティが置かれた状況に関して客観的に評価することが必要である。すべての人が見ることができるよう事実がテーブルに提示されなければならない。市民起業家はしばしば、人々が過去の努力に対してシラケないようにしながら、このための基盤を形成しなければならない。制約、脅威や他の現実に関する情報が不十分なために、コミュニティの過程で成果を生

むことなく、多くの人々がじっとしていなければならないであろう。また、専門知識に偏った分析だけでは、教育することも影響を与えることもできず、宙ぶらりんのままほこりをかぶるだけであることを多くの人々は知るであろう。

地域活動が成功するためには、経済とコミュニティが行う方法を評価することから開始されなければならない。診断の過程を通じて、地域の人々はコミュニティが時間とともにどのような成果を上げてきたかを学ぶことができる。市民起業家は、集団を集めるために診断から得られた事実を活用する。地域戦略は、その本質において、今までやってきたことを継続すればいいとか時間とともに経済的な傷は癒えるという安心感を捨てるように求める。

クリーブランド市では、事実をありのまま提示する市民起業家の行動がコミュニティを動員するのに役立った。アル・ラトナーによれば「コミュニティを団結させることは、感情によって行われたのではなかった。われわれが現在以上に立場を高め、そのことが重要であることを示す統計を集め、提示することによってなされたのである」。この段階は、コミュニティが最初の良いアイデアを問題解決策に転換し性急に何かを実行することによって、しばしば見過ごされる。アメリカの多くの都市において仕事をしたことのあるラトナーは「私が仕事をした多くの都市においては、良い状態にあると考えるか悪い状態にあると考えるかは別として、自らが置かれた位置を正確に認識しておらず、発展の基盤を欠いているという問題を抱えていた」と結論づけている。

市民起業家はしばしば反対に直面して、よりよい情報に基づいて判断するように主張する。実際彼らは、事実に基づいて基盤が形成されるまでは、コミュニティの過程が先に進むことを容認しない。クリーブランドのスティーブ・ミンターは「私は、当時連邦銀行頭取であったウィリス・ウィンが理事会に出席し、この地域の経済に関して多くのことが語られ、多くの作り話が科学として通用している事実を厳しく批判したときのことを思い出す。必要とされていたのは、データベースであった。われわれはクリーブランドのビジネスに関するデータベース作りに精力を注がなければならなかった」と語っている。ミンターの財団は自ら名乗りを上げ、事実をテーブルの上に提示する役割を引き受けた。その時においてさえ「答えはそんなことをしなくとも明らかだ、なぜそんなことをしているんだなどとして、われわれの活動を時間と金の無駄遣いであると指摘する多くの人々がいた」。事実、データベースはその後のコミュニティの発展を知らせるためだけに活用され、時間の無駄遣いではなかった。

他の地域も同様な教訓を学んだ。アリゾナのアラン・ハルドは、事実的基盤がすべての参加者によって共有されることなくしては、あまり熟慮されない解決策が提案される可能性が高くなると確信している。ハルドは「合理的な判断をするためには、事実的基盤が必要である。そうでなければ実行不可能な突拍子もないアイデアに行き着くことになる」と語っている。ウィチタのライオネルアルフォードはコミュニティに行動を起こさせ、戦略を設計し実行するために必要な広範囲にわたる支持を湧き起こすために事実を活用した。アルフォードは、人々が彼の会社に対して敵対的になるリスクを冒して、ウィチタの経済を支えていた三つの支柱である航空宇宙、石油ガスおよび農業の崩壊に対して関心を喚起した。経済で起こっている止めることのできないシステマティックな変化に焦点をあてるという彼の手法により、コミュニティに否定的な雰囲気はなくなり、人々は行動を開始することとなった。

フロリダ商工会議所の指導者として活躍している市民起業家たちは、フロリダが未来に対してどのような地位を有しているかを見るために、州経済に関する診断を行った。最初の段階における中心的な発見はすべての人を驚かせた。次に、広く議論されたように、住民が自ら稼ぎ出した所得ではなく外部からの所得に依存していることが、州経済の活力を誇張し、長期的な脆弱性につながっていることが明らかにされた。

この所得のソースの区分について指導者を教育することにより、州および各地域がアメリカの中でも経済的に指導的地位を占めるために何を行わなければならないかについて議論が活発に行われるようになった。これにより州全体で経済開発戦略の転換が行われた。商工会議所に加えて、各地域が高付加価値産業に関心をシフトさせ、次の州知事になったロートン・チリはこの活動を取り上げ州の新しい経済開発戦略に取り入れた。

コミュニティの課題に関する教育を促進する役割を果たした市民起業家を育成したケースのうち、最も長く続いているのは、おそらくミネアポリス市民連盟であろう。市民連盟は一九四〇年代に設立され、三〇〇〇人の個人会員と六〇〇人の法人会員を有している。毎年、会員たちは小委員会ごとに分かれて主要な政策課題に関する合意を形成している。この過程は、ミネアポリス中の産業界・コミュニティの指導者が一堂に会し、コミュニティの関心である特定の議題について議論する場となっている。この過程から、政府の改革、教育改革、医療改革等の主要な政策上の革新が生まれてきている。

世界的な課題と機会を地域の視点からとらえる

シリコンバレーのジム・モーガンのような市民起業家は、世界的な競争上の課題や機会に関する共通の理解に基づいて、成功に向けたビジョンの下に会社を経営している。彼らは、彼らの世界観を経済コミュニティを建設するという課題に持ち込んでいる。一九九二年、アプライド・マテリアルズ社のジム・モーガンとトム・ヘイズは独立系のコンサルティング会社と契約することを進め、ジョイントベンチャーの理事会からシリコンバレーの経済状態を分析する許可を得た。トム・ヘイズは「メンバーの各家庭から理事会に場に至るまで、シリコンバレーの経済の何かが根本的に悪くなっているという認識が広がっていた」と当時の状況を語っている。しかし、当初の段階ではほとんどの人は、問題の性格を理解していなかった。景気循環の底にあるということではないか？　軍事費の削減の影響によるものではないか？　そのほかの影響によるものか？　このような議論がなされていたのである。

ジョイントベンチャーの当初の指導者たちは、シリコンバレーの変化する経済と競争上の位置に関して分析を行うこととした。指導者たちは、シリコンバレーにおける一〇〇人の指導者にインタビューを行った。その中には、ビジネスの指導者、公務員、市民が含まれていた。その結果、経済的事実を集約し、一九八六年以来停滞状況にあったシリコンバレー経済のパフォーマンスを克明に綴った「危機にある経済」と題する報告書がまとめられた。

市民起業家と普通の市民の心をとらえたのは、シリコンバレーの経済が分裂していることであった。ヘイズは「われわれが発見したことは、シリコンバレーの企業が必要としているものと、シリコンバレーのコミュニティが提供しているものとの間に大きなギャップがあるということであった。それは、企業がまったく新しい次元へと進んで世界的な世界観をとり、コミュニティを後に置いていくようなものであった」と説明している。

サニーベール市助役のトム・リューコックは、その結果に驚かなかった。「政府という制度は、コミュニティの人々や産業と同じ時代にいるのではない。情報社会は、政府が何を必要とするかを根本的に変化させた」とリューコックは語っている。フロリダのジョン・アンダーソンは経済的変化により新しいアプローチが求められているとして同様の見解を以下のように述べている。「ダイナミックに変化している世界経済は、非常に複雑な仕掛けの一部である。重要なことは、それがどのようなメカニズムで動いているかを理解することは容易ではないということである。そして、社会的ニーズに合うようにその方向を如何に変えるかを理解することは、さらに困難なことである」。

激しい世界競争に直面して、シリコンバレーの企業は新しい比較優位の源泉を探し求め、ビジネスのやり方を根本的に変化させた。先端企業は、大企業であれ中小企業であれ、ハイテク企業であれローテク企業であれ、顧客満足の向上、市場への製品・サービス提供期間の短縮、生産性の上昇、コスト管理、製品・サービスの質の継続的改善に集中した。付加価値の高い市場で競争力を保持するためには、スピード、柔軟性、継続的な革新が必要とされる。これらの新しい比較優位の源泉は、シリコンバレーの企業が厳しい世界競争の中で生き残り繁栄することを可能にした。

それらの新しい要素に集中するため、最新世代のシリコンバレー企業は、最も得意とするものに特化し他はアウトソーシングするようになった。それは、設計、製造、組立、試作、販売などのさまざまな企業の活動を〝アンバンドリング〟（分化）させることであった。企業は世界的な競争力を確保するために選択的に投資し、得意分野以外を処理するために部品供給企業、パートナー企業、さらには顧客と緊密な関係を構築した。シリコングラフィックス社のエド・マクラッケンは、「回転速度の速い企業にとっては、パートナーは地理的に近くにいればより効果的になる」ことを追加的に指摘している。

元請企業、下請企業（訳者注：シリコンバレーにおける元請企業と下請企業の関係は、日本的な上下関係のものではなく、パートナーシップを組む横請け的関係であることに留意する必要がある）および顧客を洗練されたクモの巣状に連携させる柔軟なネットワークシステムは、しだいに支配的になっていった。外部との関係はこの地域ですべて完結するものではなかったが、コア・コンピタンス（訳者注：最も競争力を有するもの）へと集中することは、シリコンバレーの部品供給企業ネットワークというインフラと関係づけることを最も重要なものとした。

ほとんどの企業にとってこのような企業間の関係は、コミュニティやその組織にも波及した。地方政府、教育機関およびコミュニティ組織は、市場に対応し、従業員を引きつけるという企業が生み出す価値の連鎖関係において、機能を付加したり控除したりする役割を果たした。質の高い従業員を引きつけるという必要性は、企業がジョイントベンチャーに参加する強力な動機づけとなった。マクラッケンはシリコンバレーにおける彼に企業の関心について「コミュニティの質と活力は非常に重要な要素であり、従業員のアイデア、彼らが仕事にもたらすものおよび企業にどのくらい在職するかに大きな影響を与える」と説明している。

シリコンバレーの企業は、各地域の特性を有効に活用するために事業を世界的に展開している。彼らはしだいに自らを知識の媒介者とみなすようになっている。多くの地域ネットワークに参加することにより、世界的に事業を展開しているシリコンバレー企業は、世界の異なった地域の間でノウハウや技能を移転し、活用している。あるタイプのビジネス機能を持った企業の中には、地域的に立地し、地域資源を活用し、他の地域が安価な資源や金銭的なインセンティブを提供するまではそのコスト構造を活用するものがあることは確かであるが、知識労働者の依存している企業は、しだいに事業活動を行うコミュニティと新たな関わりを持つようになってきている。成功した企業は、各地域の資産ベースと緊密な関係を持ち、その発展に貢献するようになっている。そのような企業は、地域的な集中と世界的な展開の両者を持っている。

多くのシリコンバレー企業は競争力を持っていたが、コミュニティは競争的ではなかった。企業経営者は、もし彼らがコミュニティと関わりを持たなければ、コミュニティを大きく後れをとることを理解し始めた。企業は、専門化した労働者を含む高付加価値労働の基盤を提供する環境順応度が高くかつ感度のよいコミュニティをパートナーとして必要とした。シリコンバレーのコミュニティ・インフラは、顧客満足度、製品の回転期間の短縮、柔軟性の点において、企業の期待に対応するような質を有するものではなかった。しかも、シリコンバレーでの操業コストは上昇しつづけていた。

たとえばシリコンバレーの世界的企業は、世界的な教育システムを必要とするが、際立った成果を上げていたのはシリコンバレーの学校の一〇パーセントにも満たなかった。シリコンバレーの企業は、優秀な従業員を引きつけることの困難な事例を次々に報告していたが、その理由の一部は、シリコンバレーの学校の評判が芳しくないことによるものであった。若い職業専門家たちは、彼らの子供たちを地域の公立学校に入れることは消極的であった。

シリコンバレーの世界的企業は、時間の感覚を有する政府を必要としている。時間に基づいた競争は製品のライフサイクルが今や月単位で測られることを意味していた。〝時は金なり〟とのことわざは、〝時は市場なり〟となった。新製品をすばやく市場に供給できないことは、会社が市場から閉め出されることを意味するようになったからである。

世界的企業は、コミュニケーションを容易化する地域環境を必要とする。ある意味では、シリコンバレーは成功ゆえにその犠牲になった。シリコンバレーは、多数の機関、組織、個人がそれぞれ話しかける人を発見し、物事をすばやく成し遂げることが困難な規模にまで成長し、根本的な変化を起こすことがなかなかできなかった。地域には、二〇〇万人以上の人々が生活し（これは、アメリカの一八の州よりも大きな規模となる）、四つの郡、二〇以上の市にまたがっていた。変化の速い環境の中で企業が柔軟性を発揮するにつれて、コミュニティの成長は困難となった。コミュニティは変化の速さに柔軟に対応するように組織されていなかった。

シリコンバレーでは、〝非難の文化〟が蔓延した。ジム・モーガンは「コミュニティとしてのわれわれは、合意形成能力を喪失してしまったかのようであった。問題のほとんどは、交渉、和解、協働ではなく、対立と訴訟により解決が図られるようになった。われわれは、共通の目標を設定し達成する能力を失い、完全な閉塞状況に陥った。そして、このことがわれわれの競争力をそぐこととなった」と説明している。

「われわれの診断の最も基本にあることは、われわれはそれぞれ世界的に見て競争力を有していたが、それが全体の優位につながっていなかったということであった」とトム・ヘイズは当時を振り返って語っている。シリコンバレーは、才能のある人材、広範な産業ネットワーク、強い起業文化など、成功の基礎となる多くの材料を持っていたが、それらの資源はコミュニティの競争力を低下させた問題の解決には活用されなかった。シリコンバレーのコミュニティの人々は、経済が体験している主要かつ継続的な変革の効果を感じていた。コミュニティが経済の変化するニーズに対応できないでいることは、不可避的に起こる変革の痛みをさらに悪化させることとなった。

一九九二年七月、ジョイントベンチャーは「危機にある経済」と題する診断報告書をサン・ノゼ商工会議所の年次大会に提出した。大会後積極的に参加することとなったジム・モーガンの観察によると、「当初の計画は、人々にコミュニティについて考えさせ、その後二、三のことを実行に移すために研究をするというものであった。しかし、昼食会をかねたその会合には強い反応があり、ニーズはわれわれの想像以上に大きいことが直ちに明らかとなった。われわれは、五〇〇人の人々が集まることを想定していたが、それでもすばらしいことであった。しかし、現実には、一一〇〇人もがすし詰めに集まり、四、五〇〇人は立ったままで、二、三〇〇人は会場に入りきらずに立ち去らなければならないほどであった。企業関係者、公的セクターの関係者、市民など、人々は一様に興奮していた」。三分の一以上の人々がシリコンバレーの再活性化の解決策の実行に向けて時間を喜んで提供するといって協力を申し出た。数多くの人々が一緒に学んだすばらしい機会であった。

数年後、この大会に出席した人々は記念すべき瞬間であったと語っている。

シリコンバレーの経済が世界的な力に対応して変化していること、および人々がその変化を広範に感じていることは明らかであった。中心的課題は、この関心の高揚を如何に建設的な行動につなげていくかであった。前述の診断報告は的確な疑問を提示していたが、意図的に解決策を明示していなかった。

ジョイントベンチャーの変革の過程が実行しなければならなかったことは、合意を形成することであった。ジム・モーガンは当時を以下のように語っている。「われわれは、このコミュニティが目標を設定し、一連の競争力や世界的にビジネスを展開する能力を確保するために各種のイニシアティブを協働で行う過程を開始することは可能ならしめた。しかし、これは単に外部から経済的なインセンティブを与えることや政府の補助を行うことでは起こるものではないことを強調したい。コミュニティが再構築のため集まり継続的な改善を行う中心的能力を集合化させる必要性を発見する過程によって初めて起こるものである。特にコストの高い地域では、このような共通の能力を構築する過程によって初めて、既存の産業が強化され、新しい企業が創造され、新しいビジンスを引きつけることが可能となる」。

ジム・モーガンや他の地域の市民起業家が発見したことは、新しい世界経済の課題や機会を地域の関心につなげることが大きな力を発揮することであった。それは人々を外部的な力の現実に目を覚まさせる役割を有し、地域が脅威ではなく機会を発見するという希望を人々に与え、地域の問題がより広い経済的文脈に関連しているかについて目に見える具体例を提示することとなった。

外部の考えに心を開く

どのコミュニティも異なった環境に直面しているが、それぞれ他の地域における成功や失敗から多くのものを学びとることができる。他の人々が試みたことを理解するだけで、思考の基盤を形成し地域の市民起業家が行動を開始することが可能となる。行動の選択肢を拡大することは、革新を刺激する。市民起業家は生来の変革者である。彼らは最も適切な行動、得られる教訓を吸収しようという飽くなき探求心を有している。

しばしば市民起業家は、地域の指導者が外部で発展した新しい考えに耳を傾けるよう活動を展開する。最も高い志を持った地域の指導者でさえも、もしアメリカの他の地域あるいは海外の他の地域を訪れる機会を与えてくれる企業活動に関与したことがなければ、他の地域で開発された革新であって地域に適用可能性のあるもののペースに合わせることは困難が伴うであろう。ある地域では、指導者が〝ここで開発されたものでなければならない〟という病気にかかって外部の考えを導入することに抵抗しているケースもある。

コミュニティの好みがどのようなものであれ、市民起業家は、コミュニティの他の人々が外部の考え方や革新に触れる機会を持てるように、時間をかけて将来に対する洞察を提供したり、討論会や視察旅行をアレンジしたりする。あるケース（たとえばウィチタ市）では、彼らはコミュニティに新たな考え方や革新の機会を他のコミュニティから注入すべく外部の専門知識を取り入れた。また他のケース（たとえばクリーブランド市）では、地域の専門家を活用して将来の課題と機会に対する新鮮な見方を取り入れた。

ひとたび歩みが始まり里程が出来上がると、コミュニティは多くのことを学びながら多くの場所に普及していく過程をフォローできるようになる。クリーブランドのスティーブ・ミンターは過去を振り返って「一九八〇年にわれわれはボルティモアを訪問し、大変感銘を受けるとともに、彼らができるのであればわれわれにもできるのではないかと考えた。ボルティモアの人々は、ピッツバーグに感銘を受けたことが明らかとなった。われわれはヨーロッパのウォーターフロント開発も視察した。また、四、五のグループがセイント・ルイスを訪問したが、そこのラウンドテーブルは、デトロイトの影響を受けていた」と語っている。このような場所的発展がなされていることがわかったことにより、過去一〇年間シリコンバレーは、クリーブランド、ボルティモア、ピッツバーグなどから多くのことを学んだアリゾナやオースチンから学ぶこととなった。

同時に、市民起業家は余りにも他の地域からの学習が行き過ぎないように注意深く行動する。彼らは、他の地域で行われていることを模倣するように主張したり、どのモデルが好ましいかについて見解を表明したりするのではなく、起こっていることをそのままに観察する機会をつくり出す。クリーブランドのキャロル・フーバーは「われわれはどこかのものを模倣しようとはしなかった。われわれは他のコミュニティを観察し、われわれ自身のアプローチを形成するために学んだことを最も有効に活用しようとした」と強調している。アル・ラトナーは、他のコミュニティに対して「他の誰もが行っていることを発見し、次に自分自身のプログラムを設計する」ことを推薦している。「模倣してはならない。あなたが実行することが他の誰かのプログラムであるならば、それは機能しない」。

現地視察の形で積極的に里程をつくっていくことは重要である。シアトルの市民起業家は、公的セクターと私的セクターよりなる大きなチームが他の地域の実践を体験するために毎年アメリカおよび海外の地域に対する視察旅行を企画している。クリーブランドのスティーブ・ミンターによると、「それは、討論よりも大きな効果を有している。共通の経験とともに、模倣するのではなく何か同じようなことができるのではないかという感覚を得ることができる」。

市民起業家は個人的に他の地域の指導者たちとネットワークを形成し、他のコミュニティの活動からアイデアを集め、自らのコミュニティの活性化に向けた期待を形成するために活用する。ITコミュニティ開発の社長・会長であるジェームズ・ガードナーによると「われわれは、他の州で行われていることを観察した。われわれの停滞は、他よりもひどくはなかった。われわれは、他の地域の活動からそれぞれ最善のものを選ぶことができた」。リチャード・ポーグによると、クリーブランド市では、「一九七〇年代半ばにおいて、黒人コミュニティの指導者たちはコミュニティの意思決定から閉め出されていると感じていた。そこでキャロル・フォーバー、デル・デ・ウィンドおよびその他数人が、都市開発の関係セクションの連合のモデルがあるのかを発見するためにアメリカ中を視察して回った。一九八二年、彼らはラウンドテーブルを結成した。しかしその後でさえも関係者のパートナーシップが有効に機能するために必要な信頼を構築するには時間がかかった」。

シリコンバレーでは他の地域のケースを検討することは必要不可欠であった。企業の再立地・拡張の点から見ると、オースチン市のような他の地域の成功の一部はシリコンバレーの〝犠牲〟においてなされていたからである。コミュニティがひどく停滞していたために、シリコンバレー企業の好調さは地域につながっていなかった。

シシリコンバレーは、地域の企業が生み出す価値をしだいにつかまえられないようになっていた。地域のインフラの質とコストのバランスが崩れていたために、施設、労働者および技術に対する投資は他の地域で行われていた。

リコンバレーから外に目を転じると、指導者たちはアメニティの少ない他の地域が意識的にそれを構築していることを観察することができた。オースチン、ポートランド、フェニックス、シンガポールなどから激しい競争が行われていた。人々は、なぜシリコンバレーが産業基盤の強化につながるセマテックやマイクロエレクトロニクス・コンピュータ技術コンソーシアムなどの連邦政府によって資金的支援を受けたコンソーシアムの誘致に失敗したのかを知りたがった。地震研究センターでさえもニューヨークに行ってしまったのである。他のコミュニティがどのように活動しているかを観察することにより、シリコンバレーの指導者たちはなぜ地域がうまく動かないのかを現実的に評価することができた。

シリコンバレーの市民起業家の活動に弾みがついたのは、彼らがたとえば日本やテキサスの各地域における経験に直接触れ、順調に活動している経済コミュニティを観察したからである。彼らは効果的な協働によって何が可能となるかを発見した。そして彼らは効果的なコミュニティがどのように動くかについて、他の人々が理解するように仕向けた。直接の経験がない人々は、学びとろうと努力した。ジョイントベンチャー・シリコンバレー・ネットワークの活動の初期においては、ビジネスとコミュニティの指導者のグループがオースチン市を訪れ、オースチンの指導者のように彼ら自身も、シリコンバレーを再活性化するために協働に取り組めることを確信した。

市民起業家はしばしば世界的活動を展開しているビジネスマンであるがゆえに、彼らは結果にかかわらず経済コミュニティのパフォーマンスについて他の地域と比較することを評価する。彼らの世界では、どこからスタートしたかは、どこに行こうとしているか、目標に向かってどのくらい進歩したかよりも重要ではない。企業は、今まで存在していたかどうかは別として、ビジネスを遂行するために最も効果的な行動や方法を学びとり、その次に、各工程において数量化できる目標を引き出す。トップを走っている企業にとって、工程ごとに管理することはトータル・クォリティ・マネージメントの本質的に重要な一部分であり、世界的指導者を見つけだし学びとる過程である。

市民起業家は、最良の行動を各工程で進めるというビジネス上のコンセプトをコミュニティにあてはめる。産業におけると同様に、この種の進め方は継続的に行われるものであり、一度限りのものではない。また、産業におけると同様に、特定の行動を学びあてはめることがこの種の活動の中心となる。あるコミュニティの経済開発の経験全体を他の地域にあてはまるものではないが、工程改善を含む特定の行動を他の地域に導入することは可能である。

ジョイントベンチャー・シリコンバレー・ネットワークの最初の報告書である「危機にある経済」は、ある部分は、オースチン、フェニックス、ポートランド、シンガポールという四つの対象地域に比較して、シリコンバレーの変化に対応する能力を示している。最も重要であったのは、報告書が、四地域においてビジネス、政府、教育、コミュニティ間の協働に基づく優位性を生み出したのに対して、シリコンバレーでは「非難の文化」が見られるとの発見を示したことであった。

ジョイントベンチャーは他の地域における最良の行動に基づき、協働の戦略過程を設計した。一四のワーキンググループと一〇〇〇人以上の人々を巻き込んだコミュニティの広範な参加型の過程は、創造的なアイデアが爆発的に沸き起こる状態を生み出し、それが一一の新しいイニシアティブに関する提言に結実した。この過程は、アリゾナ州およびオレゴン州において産業クラスターからなるワーキンググループを活性化することが、産業界の指導者を地域戦略に関与させる手段として活用された経験に基づいて構築された。ジョイントベンチャーは共通の目標を設定し、アクション・プランを発展させた一一の産業クラスターのグループを設置した。このグループには、半導体、コンピュータ通信、ソフトウェア、バイオサイエンス、防衛、環境技術、事業所支援サービスの関係者が含まれていた。

ジョイントベンチャーは、協働の戦略を促進するインフラに関するワーキンググループを発展させるに際して、アリゾナおよびフロリダ州の経験から学んだ。実際、これを推進した指導者たちは、アリゾナ州とフロリダ州の関係ビデオを見るとともに、「アリゾナ経済開発戦略「アリゾナ経済開発戦略計画〈ASPED〉」」やフロリダ州商工会議所およびフロリダ州商務省によって作成された「フロリダの里程とエンタープライズ・フロリダ」を詳細に検討した。ジョイントベンチャーは、教育・労働力、技術、規制過程、税制および物理的インフラの焦点を当てたインフラ・ワーキンググループをつくった。たとえば教育改革イニシアティブを推進するにあたっては、参加者はアメリカ中の地域における教育改革活動において、何がうまくいき、何がうまくいかなかったを詳細に検討した。

ジョイントベンチャーは、アリゾナ州の経験に基づき、地域の各イニシアティブに対して指針を与えるため、ビジネス、政府、教育およびコミュニティの指導者よりなる協働の推進体をつくった。それまではセマテックの誘致活動が一九八八年にオースチンに敗北したように誘致活動はすべて失敗に終わっていたが、このような協働体制ができたことにより、一九九三年にはジョイントベンチャーとサンノゼ市が「アメリカ・ディスプレイ・コンソーシアム」を誘致することに成功することとなった。

一九八九年、ビジネスと市民の指導者たちは、アリゾナ州の経済的将来に対して責任を負うために結集した。アリゾナ州商務省と協働して、指導者たちは「アリゾナ経済開発戦略」を結成し、他の州の最良の行動を研究するとともに、アリゾナ州の経済開発のために最新のモデルづくりを開始した。この活動は、コンサルティング・チームの支援を受けて指導者自身により開始されたものである。

一九九〇年に作成された「アリゾナ経済開発戦略」の最初の報告書は、「一九九〇年代の経済開発の再定義」と題されたものであった。アメリカ中の最良の行動を検討することにより、この報告者はアリゾナ州の経済開発にとっての新しいモデルをつくった。それは、経済開発を産業誘致ではなく「高付加価値産業クラスターを形成・発展させる経済的基盤に対して、公的セクターおよび私的セクターの投資を喚起することにより質の高い仕事を創造すること」と定義することから開始された。報告書は、強いコミュニティとダイナミックな経済が相互に発展する〝重要サイクル〟をつくりあげる経済開発を提唱した。

この里程となった報告書は、産業クラスターの発展および強い経済的基盤の構築に関する他の州や地域における最良の事例の研究に基づいていた。ペンシルベニア州のベン・フランクリン・パートナーシップおよび産業資源センター、オレゴン州のオレゴン・シャイン戦略および産業ネットワーク、ノースカロライナ州のアパレル産業・木製品産業ネットワーク、フロリダ州のエンタープライズ・フロリダによる産業クラスター形成戦略などがその対象とされた。それに加えて、報告書は、技術、資本、人材資源などの基盤の形成に関する最善の行動を分析していた。

「アリゾナ経済開発戦略」の過程において、アリゾナ州立大学のモリソン研究所は他の州から指導者を集めて、新しい経済開発モデルからあらゆる教訓に焦点を当てたセミナーを開催した。フロリダ、オレゴン、テキサス、カンザス、インディアナ、ミネソタ、ペンシルベニアの各州の代表者が出席した。研究者たちは、アリゾナ州の経験から得られる主要な教訓にハイライトをあて、最良の行動を他の地域が参考にすることを可能にした『一九九一年行政レビュー』を出版した。

一九九五年「アリゾナ経済開発戦略」（ASPED）の後を引き継いだ「経済開発戦略パートナーシップ」（GSPED）の関係者たちはアメリカ連邦政府商務省経済開発局主催の産業クラスターに関する全米会議に招待された。アリゾナ州は、産業クラスターを基盤とした経済開発戦略を推進している州の中でも先端を走り続けている。GSPEDによる継続的な支援を受けて、アリゾナ州の活動は進化している。たとえば、GSPEDにより開始された主要なイニシアティブに「アリゾナ州情報スーパーハイウェイ構想」がある。最近、スマートバレー構想の指導者たちは、シリコンバレーの教訓についてブリーフィングを行っている。

共通のフレームワークを設定する

経済コミュニティを建設するためには、質の高い、整理された情報とともに、広範な参加が必要である。広範かつ意味のある参加を実現するためには、共通のコミュニケーション手段と行動へのコミットがなければならない。どのようなコミュニティにおいても、人々は経済的問題と世界的競争力に関する広範な知識を持つことになるであろう。彼らはまた、公的セクターと民間セクターとのインターフェイスとして問題に取り組むにあたり、多様な経験を積むことになる。

市民起業家は、戦略的計画や問題解決過程に人々が参加するためには、適切な情報とそれを咀嚼する方法が必要であることを理解している。協働のフォーラムが最も成功するためには、すべての参加者に対して問題となっていることに関する基礎的な情報を即座に提供することが必要である。そのようなフォーラムは、参加者とともに、事実を咀嚼し、複雑な問題を考え討論するフレームワークを提供し発展させる。また、フォーラムは、経済コミュニティのために独創性のあるコミュニケーション手段をつくりあげる。

コミュニティには常に専門知識は存在するが、問題を解決するために活用できるような形になっていることは希である。市民起業家は、特定の情報を意思決定のフレームワークの中に翻訳する専門知識を持った人々を勧誘する担当者である。

アリゾナは、市民起業家が、次のステップへ前進するために、事実、問題、アイデアおよび彼ら自身を組織化する方法を地域に対して提示する新しいフレームワークの使い方を示す最もよい例の一つである。ブロールト研究所理事長のボブ・ブロールトは「アラン・ハルドは新しいコンセプトを持って登場したが、人々はそれを受け入れる準備ができていた」と指摘している。ハルドによれば「非公式のグループがいろいろなネットワークで、フェニックスの場合は「フェニックスの未来」の過程を通じて、その過程を継続するフレームワークが重要であることを学んだことについて話し合った。ビジョンの中心にあったのは、経済が質の高い仕事を生み出し、それがコミュニティにおける生活の質を高め、さらに、それがすべての人を経済活動に従事させるという重要なサイクルを形成することであった」。

もちろん、それはハルドのみによるものではなく、新しいフレームワークが直ちに形成されたわけでもなかった。ビジネスにおけると同様に、ハルドは典型的な製品開発サイクルに従った。彼は、製品を市場に投入する（協働の過程で報告書を使用する）前に、設計をし（毎週関係者でブレーンストーミングを行う）、プロトタイプをつくり（一九九〇年代の経済開発の再定義に関する報告書を発表する）、プロトタイプで市場調査をし（報告書を共有化し、数十人の当事者と個人的に相談する）、製品を洗練化させた（報告書の内容を洗練化する）。

オースチンはまったく異なった手段ではあるが、同様のフレームワークを採用した。マイクロエレクトロニクス・コンピュータ技術コンソーシアムとセマテックの誘致段階における協働を通じて、彼らは彼ら独自の〝重要なサイクル〟、コミュニティと経済との相互依存関係の循環を学んだ。パイク・パワーズが指摘するように「そのような循環が会社になければ、会社において競争力を発揮することはできない。オースチンにおいては、そのような循環が備わっている。われわれは、それを喪失したり、コミュニティと経済のいずれかを偏重するようなことはしたくはない。われわれは、それを未来の向かって展開したい」という状況であった。

市民起業家は、本能的に経済とコミュニティの相互依存関係に重要なサイクルをビルト・インすることの重要性を理解している。彼らは、経済の繁栄はコミュニティにおける投資を促進し、コミュニティにおける投資が経済の発展につながることを理解している。彼らは、コミュニティにおける人々が相互に影響を与えあっていることを理解させる技能に長けている。また彼らは、ビジネス、政府、コミュニティの機関の運命が密接に連関していることを明らかにすることを得意としている。

フロリダでは、「コーナーストーン」(里程)プロジェクトが経済とコミュニティに関する考え方を根本的に転換させるフレームワークを提供した。ジム・ガードナーはその転換について、以下のように説明している。「固定資産からの税収では課税基盤は脆弱であり、われわれは高賃金の仕事を生み出す産業基盤を必要としていた。金融は、農業にとっては十分ではあっても、新たなビジネスにとっては適当とは言えなかった。金融機関の関係者は、農業のことはわかっても産業を理解していなかった。コーナーストーンは、一九八〇年代と一九九〇年代との根本的な違いを指摘していた。われわれは、従来アラバマやジョージアとの競争を語っていたが、今や、世界的な競争に目を向けなければならなかった」。

共通のフレームワークに関する理解を広めるとともに深めることは、困難な仕事であり時間のかかる問題である。市民起業家はあらゆる機会をとらえて経済コミュニティに関する思考を発展する新たなフレームワークを紹介し、その肉づけを行う。ハルドによれば「われわれは過程において重要なサイクルのフレームワークを何度となくつくり上げた。一番難しかったのは、人によって解釈が異なるということであった。火があちこちからあがり、その度に消火しなければならなかった」。

オースチン市については、グレン・ウェストは「セマテックはマイクロエレクトロニクス・コンピュータ技術コンソーシアムの成功の上につくり上げられた。セマテックの誘致競争を勝ち抜くために、われわれはリハーサルや訓練を行った。われわれは、皆が新しいフレームワークを理解していると思ったが、そうではないことを知って愕然とした。そこでわれわれは、質問に対して回答するというリハーサルを行った。やがて、リハーサルは必要なくなり、われわれ自身が明確にフレームワークを語れるようになった。人々のネットワークもつくられた。セマテックがオースチンに来たときには、充電を十分にした信頼できるチームがいることは明らかだった」と過去のことを想起している。

市民起業家はまた、一握りのトップの指導者を超えてより広く新しいアプローチを共有化することが如何に重要かを理解している。オースチンのニール・コクレックは「まず誰が賛成し、誰が反対しているかを見極めるとともに、皆を知らなければならない。ついで皆を同時に教育することが必要である。その努力を根気強く行うならば、最終的には人々から信頼感を獲得するであろう。時間を人々の条件に従って活用することができるようにアレンジするならば、彼らは喜んでその時間を使うであろう」と語っている。

市民起業家は、経済コミュニティに関する新しい思考フレームワークを創造し共有化する過程を短縮したり、途中で変更したりすることはできないことを理解している。オランド市長のグレンダ・フードは「人々は物事を単純化して、一つ一つ解決したがる。しかし一つの問題を他と切り離して解決することはできない。一度のすべての問題を処理しなければならない」ことを発見した。エンタープライズ・フロリダのジョン・アンダーソンはフードの見解に共鳴して「経済開発の困難性を過小評価する傾向がある。人々は経済開発を穴を埋めるような短期間の問題ととらえているが、われわれはそのような意識を超えて行動しなければならない。歴史的に見れば、開発プログラムは単純になりがちである」と指摘している。ウィチタのライオネル・アルフォードはコミュニティがもっと十分な対応を行うべきであったと感じている。「われわれは深く考えなかったばかりか、長期的な視野も失っていた」。

市民起業家は、時には激しく、人々が既存の概念や内部の心理的フレームワークに挑戦をすることを支援する。クリーブランド市の目標を従来あまり想定されていなかった観光にシフトさせたのは、市民起業家の活動によるものである。リチャード・ポーグは「製造業がなくなったとき、どの分野に力点を置くべきか検討した。ジム・ビガー（グレーンケーン社会長・社長）が推したのが観光であった。今日では観光に力点を置く地域が多いが、一〇、一五年前はそうではなかった。われわれは、漸くこれがわれわれが苦境から脱出する途であることを理解し始めた。そこでわれわれは、当時観光地としては最悪の評判を有していたにもかかわらず、観光の最終目的地としてのイメージを浸透させるあらゆるプロジェクトを開始した。何かこの地にあるに違いないとの一般的な考えから、一連のプロジェクトが提案された。それは意外な事実の発見であり、私にはまったく思い浮かばなかった。製造業の町の出身であれば、通常は自分の町が観光の目的地としての潜在的可能性を有しているとの考えは思いつかないであろう」と回想している。

新聞の発行者であり、知事により設立された職業訓練調整協議会の新議長であるフィリップ・パワーは、ミシガン州において発想の大転換を行った人物である。「私は誰が専門家なのか、どう転換したらよいのかのノウハウを誰が持っているのかについて質問を発し続けたが、知事のスタッフたちの回答は〝誰もそのような人はいない〟であった。そこで多くの会議に出席したが、そこでも満足のゆく回答は得られなかった」。パワーは、彼の言葉で言えば〝頭を引き裂くように〟、詳細に既存のプログラムをチェックした。その結果、七〇程度の分野に八億ドルもの金がつぎ込まれていたが、どのようなインパクトを有しているかまったくわからないことを発見した。「われわれは金の問題であると思っていたが、実は金が問題ではなく、どのように使うかという運用、方法論が問題だった」。

パワーは、彼らの過程は当初人に投資するようにパラダイムを変化させるように設定されたが、その趣旨が損なわれていることを理解した。彼と同僚の市民起業家は、そこで新しいフレームワーク、ミシガン州における人材資源への投資に関する新しい考え方をデザインした。それは整合性のある〝人材投資システム〟の形を取っており、共通のインプット形態、システムの成果測定手段および「機会カード」(参加者がシステムとの相互作用を有する度にそれを記録するコンピュータ・チップを組み込んだスマート・カード)などからなっていた。しかし、究極的には、パワーはそのビジョンに沿って十分な〝経済コミュニティ〟を構築することはできなかった。彼を任命した州知事が一九九〇年の州知事選挙で敗北したとき、運動の勢いは失われた。しかしながら、そのパラダイムの転換は、確かなインパクトを持った。他の数州が整合性のある人材開発システムを創造する革新的な方法に目を向け始めたからである（オズボーン、ゲブラー、一九九二年）。

意思決定のため共通のフレームワークを設定することは、問題の重要な一部であるが、正しく位置づけられなければならない。あまりにも多くの情報が不十分な形で提示されることは、参加者に負担をかけ、混乱とデータの詳細に関する議論を巻き起こすこととなり、かえって非生産的である。逆に、新しい情報があまりにも少ないことや既に知られていることを再び提示することは、活動が新たな世界を切り開くものではないとの誤ったシグナルを参加者に対して送り、市民起業家の早期退出につながる。鍵となるのは、参加者に対して地域が置かれた状況、傾向および問題に関して当事者としての実感を与え、個人が置かれた状況と直接的に結びついていることを明らかにすることである。

もう一つ共通して陥りやすい落とし穴は、コミュニティが情報にあまりにも多くの重要性を与えすぎて、多くの金をデータの処理につぎ込むことである。最も効果的な市民起業家は、いつ教師としての活動を止め、今まで学習したことに基づいて行動を開始すべきかを理解している。アリゾナのアラン・ハルドは、情報と共通のフレームワークの役割について次のような見解を表明している。「フレームワーク、コミュニティの指導者の同意、そして継続して活動を行い多くの数の人々を参加させる中心的な人材を待たなければならない」。

教師としての市民起業家に対するアドバイス

- テーブルの上に提示する事実が簡潔でわかりやすく、実態を反映し、かつ、多くの人々により共有されるように時間を使わなければならない。
- 新しい世界的現実を地域の問題や関心に結びつけるため、自分自身の経験から具体的な例を明瞭に提示しなければならない。
- 他の指導者たちが他のコミュニティの経験に触れる機会を多角的につくるように支援しなければならない。
- 全過程において顧客（コミュニティ）を取り込んだ製品開発（設計・プロトタイプの開発・製品の洗練化・販売）のようにアプローチし、共通のフレームワークの開発を指導しなければならない。
- 認識、予測あるいは個人的な意見を事実としてテーブルの上に提示させなければならない。そうでないと、浅薄な分析によって全体の行動を批判されることになる。
- 世界経済に関する経験を売り込みすぎてはいけない。そうでないと、地域の指導者はあなたとの関係を雇用者・非雇用者の関係として認識し、コミュニティの日常の関心からは〝かけ離れた〟存在とみなすことになる。地域の指導者にコミュニティに関する観察を提供してくれるように依頼し、それらがすべて結びついていることを指摘することにより、常にフォーロー・アップをすることが必要である。
- 自分の好みのモデル（たとえそれが最良のアプローチであることが明らかな場合であっても）を押しつけてはならない。コミュニティのオピニオン・リーダーを過程に参加させ多くの事例に触れさせることにより、それらの事例をコミュニティと関連させるように課題を与えることが必要である。
- きちっと整理された形でフレームワークを提示するのではなく、所有者意識を高めコミュニティの実状に即したものとするため、発展可能性のある形で、ある場合は意図的に混乱させた形で提示しなければならない。

主催者——過程を擁護し豊かにする

市民起業家は、いくつかの方法で過程を擁護し豊かにする。主催者としての伝統的役割を果たしながら、彼らは過程を動かすため、アイデアを実行可能なイニシアティブに転化するための規律を含んだ明確なルールを設定する。しかし、彼らは会合を開催する以上のことを行う。市民起業家はトップの指導者と草の根の革新者とのミックスをはじめとするバランスのとれた過程を実現するために活動する。彼らは過程への参加者がどの領域において貢献し、どの領域において最も受益することができるか発見することを支援することにより、常に彼らに対して新しい途を開拓する。そして最も重要な役割は、彼らが不可避的に起こる批判や過程に対する寛容のなさに対して、敢然として立ち向かうということである。市民起業家は、以下のステップをとることにより、主催者として行動する。彼らは、

- 明確なルールを設定し、結果に対する規律をつくる。
- トップダウンの影響力とボトムアップの革新をバランスさせる。
- 人々が正しい役割を発見することを支援する。
- 過程の中で不可避的に起こる攻撃に対して敢然と立ち向かう。

明確なルールを設定し、結果に対する規律をつくる

市民起業家は、結果を生み出す強固な規律をつくりながら、コミュニティにおける問題解決過程において共通の競争基盤を設定する。そのルールは、過程への参加条件を明らかにしたものである。その過程は行動につながるものであり、ポジション・ペーパーをつくるものではないという期待も明らかにされている。その過程は、協働を真剣に考えている人々がコミュニティの変革を目指す仕掛けであり、問題を集約化するためのフォーラムではない。

市民起業家は、実行が成功するためには、新しい戦略を設計する過程における広範な参加が必要とされることを理解している。彼らは、いいアイデアが実行に移されるためには、その広範な参加が究極的にはコミュニティの指導者を含んだものでなければならないことも理解している。ビジネスの計画と同様に都市計画および地域計画の伝統的なパラダイムの下では、戦略を構想する際二つの方法があった。第一の方法は、権力、影響力および専門知識をうまく組み合わせた数人の人々が密室で相談し、ペンを取り、〝戦略計画〟を発表するというものであり、第二の方法は、主体的には何もせず、事実上の戦略に従うというやり方であった。いずれの方法とも、いざ実行となると、真の変革はなかなか起こり得なかった。

ジョイントベンチャー・シリコンバレー・ネットワークを構想した市民起業家は、行動こそが必要であると考えた。しかし、彼らは〝構え、狙いをつけ、撃つ〟という単純な衝動には抵抗し、地域が試みた中では最も参加型の戦略策定過程を切り開きながら、リーダーシップを発揮した。その過程は、政府、産業、教育およびコミュニティの関係者が相談し、双方向で交流し、障害を乗り越え、シリコンバレーの経済的厚生の障害になっているものを解決するような構造を提供するものであった。郡の監督官のマイク・ホンダは「われわれは、われわれの役割やわれわれが属する地域ゆえに通常であれば質問しないような質問をすることをお互いに認めあった。しかし、われわれが次第にお互いを知るようになるにつれてその必要性は薄れ、われわれは共通の目標を有していることを理解するようになった」と回想している。

その過程はオープンだったが、規律を持ったものであり、人々を行動に駆り立てた。クパティーノ市の前市長バーバラ・コッペルによると「何かを開始するためには、けんか腰の姿勢ではいけない。海兵隊の将兵が障害を取り除き一つのものへ再構成するように、すべての障害を取り除かなければならない」。労働界の指導者であるジョン・ニースは「会議を終えた後、私はどのようなところに住むべきか、コミュニティに対してどのように感じるべきかについて、まったく異なった感慨を持った。一言でいえば、私は誇らしかった」と語っている。印刷事業者のジョン・ケネットは、その過程が二つの最良のものを生み出したと確信している。ケネットによれば「人々が自己表現するやり方には一四通りのものがあるが、その中で、われわれの過程からは希望と集中が生まれた」。

こうして、過程において多くの参加と最も高いレベルからのリーダーシップが達成された。この取り合わせにより、その後とられる行動が実行に移されることが確保された。一九カ月にわたった過程において、一〇〇〇人以上の人々が「二一世紀コミュニティのための青写真」と題する報告書の作成に貢献した。ジョン・ニースによれば「人々は、新米兵が野営訓練をやり遂げたように感じた。人々は、精一杯活動し、新しい友人をつくり、参加することに誇りを感じた」。このことが実行段階で必要となるコミットメントつくりあげた。

市民起業家は、親身になって参加することに魅力を感じるような環境をつくりあげる。それは効率的であり、公正であり、多くのことを要求し、結果指向のものである。それは、節目が明確であり、役割が明らかにされ、人的・事務的支援が得られることから効率的な運営が可能となっている。スティーブ・ザイストラはアリゾナがとったアプローチに関して「法律事務所、会計事務所、広告会社などが事務サービス、会議の案内、レターヘッドなどの諸々の雑事を公益的目的から担当してくれることが必要だ。それは、非常に重要なことだった」と語っている。

市民起業家は、政治過程をできる限り明確にしようとする。スティーブ・ザイストラはアリゾナ州での過程を非政治的にしようと努めた。「人々は政治的ゲームに巻き込まれることなしに参加し、違いを発揮しようと考えた。必要な貢献をするとともに、ビジネス環境を改善し子供たちに対しても積極的な効果を生む変化を期待することができた」。ザイストラは「それは、政府が静かなる支援を行う民間セクター主導型の過程でなければならない」ことを確信している。ウィチタのヘイル・リッチーは単刀直入に「政治的要素を入れれば入れるほど、ビジネスの人々は〝そんなことはいらない〟と言ってビジネスに戻ってしまうであろう」と述べている。

リチャード・ポーグは、クリーブランド市のいずれの党派にも属さない活動が成功の鍵であったと主張している。ポーグは「一九八九年三月、『フォーチュン』誌は〝ビジネスの指導者はどのように病んだ市を救うか〟と題する記事を掲載した。その記事を書いた記者が一週間ここに滞在して関係者をインタビューした。去るにあたって、彼は私に対して〝この市には独特なことがある。人々がプロジェクトに集中するとき、イデオロギーを絶対に持ちこまない〟と指摘した。彼の観察は正しかった。われわれの会議を見るがいい。右翼からも左翼からもわれわれは人材を調達はしていない。われわれの人々はあらゆる種類の強固な確信と背景を有した人材であり、彼らはプロジェクトに集中するとき他のすべてのことを忘れて没頭する」と語っている。もちろん、そのような環境は自然に生まれるものではない。ひな形を設定し過程を擁護するのはリチャード・ポーグのような市民起業家の仕事であった。

党派制を帯ないようにうまく操作しながら、市民起業家は特定の解決策を提案する代わりに過程におけるリーダーシップを発揮するため注意深く行動しなければならない。過程におけるリーダーシップとは、まず、正しい過程を踏むことの重要性について語ることである。ジム・モーガンは「この国とここシリコンバレーにおける大きな間違いの一つは、われわれが意思決定過程においてあまりにも法律的でかつ対決的になったため、共通の目標を達成する能力を喪失し閉塞状況に陥ったことであると思う。われわれは、ジョイントベンチャーが将来に残る遺産をつくる潜在能力を持った意味深い過程になることを希望している」と語っているが、彼の発言は正鵠を射ている。この発言においてモーガンは、過程より得られる結果については明らかにしていない、ただ過程が効果的でなければならないと指摘しているだけである。彼は、よい過程はよい結果を生み出す最良の保証であることを知っていたのである。

市民起業家は特定の結果に過度にのめり込むことを避けようとする。アラン・ハルドは、彼が最も満足のゆく瞬間について回想するとき、市民起業家精神の真の姿を示している。「光明は、われわれが協働イニシアティブの主要なものについて合意した土曜日の朝にさしだした。われわれの意見は多様であったがわれわれは一緒に集まり、一緒に実行しようと言った。人々は、アリゾナ州の経済開発がどのようなものであるべきかについて従来とまったく異なった見解を持って会議場を後にした。特定のイニシアティブがいろいろ進められていたにもかかわらず、従来の過程は閉塞状況にあった。この会議こそが私にとって最も得がたい瞬間であった」。

プルデンシャル保険会社取締役のアレックス・プリニオは、一九八四年時点まで解決策を有していなかったが、ニューアーク市はそれを発見するために活動を開始すべきだと確信していた。ガタガタになったインフラ、人口の急激な減少、停滞した経済、「ほとんどなくなった信頼と希望、ビジョンがまったくないこと、市を効率的に運営する組織がないこと」（クリスリップ・ラルソン、一九九四年）などの混乱した事態がプリニオが過程の中でリーダーシップを発揮する背景としてあった。彼は多くの横断的なセクターの指導者にインタビューし、主要な問題を解決するためにリーダーシップを発揮する余地があるか、人々は喜んで協働に乗り出してくるか、などを質問した（クリスリップ・ラルソン、一九九四年）。

彼は解決策を押しつけるのではなく、むしろ解決策を発展させるための過程に対してコミットするように求めた。彼の飽くなき活動により「ニューアーク協働グループ」と呼ばれるフォーラムが結成され、地域が直面する最も重要な問題を認識する〝問題認識〟過程が実行された（クリスリップ・ラルソン、一九九四年）。

アラン・ハルド、ジム・モーガン、アレックス・プリニオなどの市民起業家は、他の人々に対して模範となった。シリコンバレーの労働界の指導者であるジョン・ニースは、過程が明らかになるにつれて彼の転身が起こったことを認めている。「当初はビジネスの経営者との交流を拡大し、雇用を確保しようという利己的な動機を持っていた。しかし、それは最初の会議の後根本的に変化した。経営者たちは回答を有しているような見せかけはせず、物事を動かすために協働したいと考えていた。それは私が何物も得られない最悪の方法であった。それで結果は？　結果はすばらしいものであった。すべての活動が私の想像以上のインパクトを持ったからである」。

ライオネル・アルフォードはウィチタ市の模範となった。アルフォードによると「われわれが活動を開始したとき、われわれは既存の利益を守ろうとしているのではないことを明らかにした。われわれのグループには、多くの試練と苦難を乗り越え、多様性にはそれ自体優れた利益があることを理解している賢明な人が数人いた。最も大きな問題の一つは、どの範囲の問題に集中すべきかということであった。私は教育問題を指摘し、他の人々は交通問題をあげた。われわれはそれらを含む多様な問題をわれわれの経済開発に関する見解の中に入れた」。アルフォードは、過程をうまく設計することは問題の全体の質を高め、教育が重要であれば教育が優先順位の高い問題として表面に浮上してくることを知っていた。実際、教育が他の問題と同様に優先順位の高い問題としてとりあげられた。今日ウィチタでは、既に数年間にわたって教育改革イニシアティブが実行されている。

過程をうまく進める環境をつくるために、市民起業家は結果をあくまでも追求する強固な規律を発揮する。アリゾナのアラン・ハルドは、アメリカの中でもそのような規律を実践した最も優れた人物であろう。「われわれは、構造とプロセスを持ち、オープンで多様性を有することが必要であった。われわれは人々に情報を伝達するために、ファックスによる連絡ネットワークをつくり、ほぽ毎週一回の頻度で情報を提供した」。ハルドはどんな効果的な過程であっても〝行動に移す仕掛け、すなわち課題、期限、イベント〟が必要であると主張している。

一九八八年から九二年にかけて、ハルドはアリゾナ経済開発戦略計画（ＡＳＰＥＤ）を構想し、運営した。アルビン・トフラーの民主主義に関する予測に刺激されるとともに、トフラーの出身州における知識創造型産業に対する偏重に不満を感じて、ハルドは州全体で一〇〇〇人以上の人々を巻き込んだ革命的な戦略計画作成過程を開始した。ハルドの信念は、情報化革命の潜在力は、組織変革、社会変革によってのみ実現されるというものであり、彼は現在でもそのように主張している。

オープン性、説明責任およびビジョン共有に基づいたハルドの進歩的な運営哲学は、ＡＳＰＥＤの過程に大きなインパクトを与えた。急速に成長しているネットワーク企業の社長として、ハルドは効果的な指導者の主要な役割は共通のものの考え方と行動の方向性を発展させることであることを学んだ。彼は、アリゾナの市民がどのように経済が動き、どのような共通の経済的目標を持つべきかについて話し合う共通の言語を発展させた。マイクロエイジ社の従業員がネットワーキングの力とトータル・クオリティ・マネージメントの重要性を早い段階で認識したように、アリゾナ州の市民は今やオープンな過程が有する価値を認識した。

ハルドはコミュニティのために新しい過程を運営する技術を開発した。経済的目標について討論するためにアリゾナ州全土にわたって開催された四つの地域フォーラムの後で、ＡＳＰＥＤは「質の高い仕事」（QUALITY JOB）という彼らの目標を本質的に言い現したステッカーを車のバンパー用に数千枚用意した。ハルドは経済戦略を発展させ、テストするために三つの明確に異なったタイプの会議―広く公衆からのインプットを確保するための公開フォーラム、討議するためのタウンホール会議、行動事項や実行計画を発展させるため特定の産業・インフラに焦点を当てたグループ会議を開催した。その結果得られた包括的な戦略は読みやすいように新聞形式で配布されたが、その中には〝なぜアリゾナ経済はすべての人にとってビジネスになるのか？〟を説明した漫画も含まれていた。

アリゾナ州立大学のメアリー・ジョー・ウェイツは規律が如何に働いたかについて、以下のように描写している。「あらゆるところに行き渡る構造があった。アランはわれわれが市民とのインターアクションを有する過程のマスターのような存在であった。各グループの議長は皆忙しい人々であったが、対外的な発言を行い産業クラスターの代表が出席すべき時には、産業クラスターの代表者を集めた会議を開催するために大きな資源を投入した。彼らはそこで白紙のペーパーを持って立ち上がり、報告することを潔しとしなかったのである」。

このアプローチが過程のあらゆる局面を通じて織り込まれた。フェニックス市の弁護士ボブ・モヤは、ワーキンググループの議長として「いかにコミュニティまたはビジネスにおいて物事を成し遂げることができる実行力にある人材を見つけ出したのか」について描写している。「そのような人材は肩書きと責任を与えられたため、過程にはある種のエゴが持ち込まれた。したがって有害であってももし外に配布されなければ害はないものとともに、それ自体配布されるべきものとして有益なものも存在した。それこそが、究極的にわれわれのグループにおいて結論をグループ全体のために持ち帰ることを人々に動機づけたものであった」。

アリゾナ州の指導者たちは、ハルドの規律の結果を見ることとなった。ボグ・ブロートは「誰か進み出た場合は何かを生み出さなければならなかった。アランはツーソンのわれわれ数人に対して光学産業の関係者を集めるよう求めた。彼はわれわれを激励し、組織をつくり、重要なサイクルをつくり上げ、三週間以内に結論を出すように督促した。彼はわれわれを〝何かできる〟という気にさせた」と語っている。規律は今日まで続いている。ブロートによると「私は今でも常識をはずれたスケジュールを要求している」とのことである。

一四のワーキンググループと一〇〇〇人以上の人々を巻き込んだシリコンバレーの参加型のコミュニティ・プロセスは数十に及ぶ創造的なアイデアを生み出し、それが新しいイニシアティブのための四三の特定の提言に結実した。過程における規律は優先順位をつけ、焦点を絞るために使用された。指導者グループは、以下の要素を満たすイニシアティブについてのみ支援を検討した。

- 協働イニシアティブとその主要構成要素
- なぜこのイニシアティブが必要なのかおよびそれがどのようにシリコンバレーに利益を及ぼすか
- イニシアティブを実行するために必要となる行動と資源
- イニシアティブを実行する上での擁護者とパートナー
- 特定の実行目的と工程管理
- 成功を達成するために目標期限
- 未解決の問題

このアプローチは、優先順位を決めるために公正なシステムをつくりあげた。選定基準が明確にされ広く行き渡っていたため、政治的なゆがみを最小限にすることができた。ダーウィンの進化論的発展が見られ、あるイニシアティブは支持され、あるイニシアティブは広範な支持を得るため他のイニシアティブと統合され、多くのイニシアティブは行動を起こすコミットメントを得られなかったり提案の目標や起こりうべき結果を明確に説明できなかったために尻つぼみとなった。この過程の規律は、ペンディングとなっている他のイニシアティブに対する考え方とアプローチを明らかにすることとなり、ある場合は協働が開始され、他の場合はこれ以上追求する価値のないものとして認識されることとなった。

実際上の結果は、一四のイニシアティブ（翌年にかけて一一に再編された）が結成されたことであった。各イニシアティブはリーダーシップグループ（後に新しい非営利組織の理事会に発展した）と了解覚え書きを結ぶことに合意した。了解覚え書きの中心にあるのは、実行のため測定可能な目標を明確にしていることである。

トップダウンの影響力とボトムアップの革新をバランスする

市民起業家は、個々の部品の集合よりも大きな力を発揮する統合を達成するために、トップダウンの指導者と草の根の革新者とをうまくミックスすることを実行する。彼らは、われわれが問題や機会がしだいに複雑でさまざまな領域にわたる時代にいるようになっていることを理解している。

閉塞状況を回避し、コミュニティの問題を解決するためのアイデアを幅広く混合させるため、市民起業家は既存の指導者の外に才能豊かな人材や支持を求める。

それと同時に、両者のバランスをとることは極めて難しい。いずれかに偏向することは過程の実行可能性を減殺させることになるからである。トップダウンの指導者の役割が大きすぎるときは、コミュニティの参加は最小限のものとなり、その反対が重要な問題となる。逆に、草の根の参加が広範で焦点が定まらないときは、指導者たちは関心を失う。ジョイントベンチャー・シリコンバレー・ネットワーク代表のベッキー・モーガンは両者のバランスをとることが困難であるがなぜ本質的に重要であるかについて「ビジネスと異なり、ジョイントベンチャーはその研究開発を公開で行う。創造的過程は、本来的に混沌としたものである。しかし、それはトップダウンとボトムアップのバランスをとって実行するためのコミットメントを構築する」(『ジョイントベンチャー・ウェイ』一九九五年)と説明している。

シリコンバレーの中核的な指導者たちは、必要なことは、産業、政府、教育およびコミュニティからの最も革新的な提案者を結びつけるコミュニティ全体にわたる協働的過程であることを理解していた。彼らは、トップダウンであるとともにボトムアップであり、すべての関連セクターを包含し、行動主導である地域戦略過程を設計した。彼らは、結果に対して所有者意識を持ってもらうためにあらゆるレベルの個人を過程に参加させることが必要であることを理解していた。それは参加したいと思う人は誰でも参加できるよう十分オープンになっていなければならない。彼らは、質の高い、高いレベルの参加者が喜んで過程に参加し、結果を擁護するような仕掛けとする必要性も理解していた。

　シリコンバレーの市民起業家が行ったことは、多くのレベルからの人々に協働する最初の場を提供することであった。アップルコンピュータ社の社長・会長のジル・アメリオは「中立的なフォーラムの力を過小評価してはならない。真の価値を生み出す新しい連結のために学習曲線のカーブは指数級数的に上昇する」と指摘している。研究者であるマイケル・シュレージ（一九九〇年）は、「協働は空間の共有を必要とする。それは、黒板、ナプキン、ピアノの鍵盤、リハーサル室、試作品やモデルである場合もある。空間の共有は、会話による曖昧性をうまく補完する技能として本質的に必要なものである。実際、これらの空間の共有は、さまざまな関係を統合したものが個人の専門的知識の総和よりも大きくなることを確保するために人々が使う協働の装置である」。市民起業家は、コミュニティの協働を促進するためこのような空間の共有をつくりあげる。

　市民起業家は、トップの指導者のニーズと関心を敏感に感じて、共有された空間が実質的で意味のあるものとなることを確保する。ボランティアの指導者たちは、しばしば金銭的な貢献やスタッフによる意思決定過程を支援するように求められるが、彼らの専門知識を真の課題に適用するよう求められることはない。「明日のクリーブランド」の前専務理事であるリチャード・シャッテンは「明日のクリーブランドが成功した真の秘訣は、スタッフではなく組織のメンバーが実効的であることである。スタッフが選出された理事会のメンバーだけと会合を持つことはほとんどなく、スタッフはそれらのメンバーを支援する。われわれが行っていることは、メンバーが関与し、参加する機会を提供することである。もし彼らが参加しなければ、われわれの組織は、直ちにボランティアによって構成される理事会がスタッフを雇っている集団にすぎないことになるであろう」(フレイ財団、一九九三年)。

過程において重要な役割を果たすトップ・レベルの指導者を的確に見つけ出すことは、市民起業家の最も重要な仕事の一つである。アリゾナのアラン・ハルドは「集団の議長役を見つけることは、大きな課題であった。彼らは起業家精神を持ち、喜んで時間とエネルギーを投入し他の人々を過程に巻き込む能力を有する者でなければならなかった」と指摘している。リチャード・ポーグによれば、「明日のクリーブランドは、社長の出席を要求し代理は認めなかった。彼らは毎回会合に出席するであろうか? なかなか困難であろうが、実際上かなり多くの社長が出席している。伝統的なモデルでは、社長が副社長を代理で出席させれば、副社長は戻って報告し社長はその報告書の束に目を通すことがあるかもしれないが、実際に出席することと同じではない。社長自身が出席すれば、社長は当事者となる。このような機械的なルールが非常に重要であると思う」。ウィチタのライオネル・アルフォードも以下のように同様のことを指摘している。「企業のトップを直接参加させなければならない。そうでなければ、リーダーシップの発揮は期待できない」。

市民起業家は、ビジネスと政府の競争関係にある者同士が協働するように説得し、しばしば両者の仲介者として行動する。フェニックスの弁護士であるボブ・モヤは「われわれが成し遂げた最も偉大な業績は、普通は競争関係にある人々をさまざまなセクションから参加させ、共通の目標に向かって協働するメカニズムをつくったことである」と過去を振り返って指摘している。ウィチタのライオネル・アルフォードの発見は、「ここでは競争者が喜んで協働した。このコミュニティは私が属した他のどのコミュニティとも異なっている。他のコミュニティでは競争者はお互いによそよそしく振る舞っていたが、ここでは彼らは協働していた。たとえばジョーダンと他の指導者はバンク・フォーの理事会のメンバーであり、お互いよく知り合っていた。競争者でありながら、彼らは喜んでコミュニティの課題の解決に取り組んだ。彼らはビジネスを超えるコミュニティの利益に関する感覚を持っていた」。

市民起業家は、しばしばビジネスと政府の間の溝を埋める役割を果たす。サンノゼ市市長のスーザン・ハマーは、シリコンバレーの指導者たちが組織化した後、彼女や彼女の同僚を官民共同イニシアティブに参加するようアプローチしてきたと語っている。ハマーによれば、「ジョイントベンチャーの設立以来、シリコンバレーの多くの企業がコミュニティのプログラムや政府の関連事項に対して積極的に関与するようになった」。また、ハマーの補佐官であるボブ・ブラウンシュタインは「ジョイントベンチャーの真の利益の一つは、間都民の既存の関係を破壊したことである」との指摘を付け加えている。

市民起業家は、しばしばまったく異なった種類のグループ、すなわちあまり気乗りのしないトップの指導者とコミュニティの方向性についてほとんど発言したことのない草の根の指導者を説得して同時に参加させなければならない。アリゾナのアラン・ハルドはそのような挑戦的課題を「ほとんどの人々は関心を有していない。あてにできる人、すなわち金を持った人々のほとんどは、むしろ反対に回る。そこで数人の革命家が出現し、危機に直面して潜在化していた情熱のエネルギーを投入する。ついで、権力の座にある人々が、これが閉塞状況から脱する唯一の道であろうと発言し出す。この段階になると、従来関心を示さなかった人々も、実際は何もできないというストレスに苦しんでいたことから発憤するようになり、勢いを得て実行に向かって邁進するようになる」と要約している。

市民起業家は、個人的なアピールを行い、コミュニティの異なったセクションに共通の利益を明瞭な形で示す。シリコンバレーの労働界の指導者であるジョン・ニースにとっては、一生忘れることのできない瞬間であった。彼はその瞬間について「私は、教育と少数民族の重要性に関するマクラッケンとモーガンの会話に耳を傾けたときのことを思い出す。彼らは、お金のことについて話し合っていたのではなかった。彼らは、人間と彼らが必要とする人材について話し合っていたのである。私は、われわれは九五パーセント同じことを考えていることを発見した。そこには多くの提携者がいたのである」と語っている。

モーガンとマクラッケンはニースに対して、経営に関する彼自身の考え方を切り替える機会を提供した。ニースはそれに応えた。ニースは現在でもジョイントベンチャー・シリコンバレー・ネットワークの積極的なメンバーである。彼は肩書きや経歴がじゃまることなく、コミュニティの重要な問題について地域の企業経営者と建設的に交流し続けている。「彼らは私を個人として受け入れてくれた。今や、私も彼らを個人として受け入れている」とニースは語っている。

市民起業家は、関係者を広く参加させることを精力的に進めることにより、過程を擁護する。アリゾナのボブ・ブロールトは「彼らが規制のルールを取り払ったために私は参加することができた。私は草の根で活動しているが、多くのことを学び、人々と交流し、今までと違ったことができる」

と過去を振り返っている。パイク・パワーズによると、オースチンの成功の鍵は「選別よりも参加である。積極的に活動し、できる限り多くの異なった種類のグループを参加させなければならない。参加の障壁を取り除き、オープンな感覚を持たなければならない。入場券や入場料は必要ない。必要なのは個人的な関心だけである。誰であろうと歓迎される。われわれはこの試みが成功するためにすべてに人々の参加を必要としている。このことがまさにマイクロエレクトロニクス・コンピュータ技術コンソーシアム、セマテックやコンベンションセンターで起こったことである。この段階で人々の参加意識を小異を捨てて大同につき、より大きなコミュニティの利益のために協働する使命感にまで高めることができる」。

市民起業家にとって最も困難な課題の一つは、過程を途中で飛ばして実行段階にいきなり移行したり、〝追いつかない〟組織を意図的に取り残すことを如何に防ぐかである。クリーブランドのアル・ラトナーは「われわれは、過程を段階的に踏んでいかなければならないことおよびその過程には必然的に数千もの落し穴があることをようやく理解した。過程をすばやく通り過ぎるだけであれば話す必要のない人々であっても、十分な会話を持つことが必要である」と観察している。

シリコンバレーのニール・ボンクは「ある日私はジム・モーガンのオフィスで彼と話していた。私はいくつかの既成の組織を迂回して活動した方がいいのではないかと考えていた。それらの組織は非協力的であり、実効的ではなかったからである。しかしジムの答えは〝ノー〟であった。それらの組織は実効性という観点からはさまざまなレベルのものがあるが、すべて何らかの正統性のある利益を代表していた。彼らを迂回するのは止めよう。そうすれば彼らはわれわれの足を引っ張ることになるだろう。彼らを取り込み参加させよう。これがジムの言葉であった。もちろん、これらの組織は現在ジョイントベンチャーの活動に深くかかわっている」と自分の思い出を語っている。

参加の過程を実行しながら、市民起業家は人々に対してコミュニティでどのようなリーダーシップを発揮すべきかについて自らの地位を発見する機会を提供する。彼らはコミュニティのさまざまな階層の人々を協働させる媒介者として行動する。彼らは、公平という観点から行動するのではない。市民起業家はすべての組織が等しく代表されること、すべての政治家が一定の役割を与えられること、解決策を提案している人が見解を表明する機会を与えられることなどに関心を示さない。むしろ彼らは、目に見える結果を生み出す共通の所有者意識を醸成することとなる意味のある参加のプロセスを常に追い求めている。

デンバー市の事例は、意味のある参加のプロセスがどのような力を発揮するかを示す好事例である。ティム・サンドスとハリー・ルイスは市民起業家の独特な取り合わせである。サンドスは若いコミュニティ活動家で政治的なとりまとめ役とみなされており、食料品店を経営している民主党員であった。これに対して、ルイスは年のとった共和党員であり会社の取締役であった。デンバーの市長と市議会は「デンバーの将来を考える市民委員会」と題する九二人の多様な関係者よりなる委員会を開き、二人を議長に選んだ。委員会は、住民投票にかけなければならないインフラの改良・整備に関する事項を認定し優先順位をつけるという困難な仕事に取り組まなければならなかった。サンドスとルイスは、相互補完的な技能と経験とともに協働により解決策を見つけることに対して共通の利害を持っており、委員会の雰囲気を設定した。彼らは、委員会のメンバーに対して偏狭なスタンスをとったり、特定に利害についたりしないように要請したのである。彼らの努力の甲斐があり、その後の過程は公平かつ実効的なものとなった。結果として、二億ドルにのぼる地方債の発行が住民投票で許可された（クリスリップ・ラルソン、一九九四年）。

市民起業家は、やむにやまれないアイデア、要望やコミュニティの利益のために（自己の利益のためではなく）喜んで働く意志を持った草の根の人々の努力に報いるように過程を作り擁護する。彼らはコミュニティの既存の指導者と交流する機会を与えられる。新しいコンベンションセンターを建設する活動の過程に関連して、オースチンのニール・コクレックは「われわれは五カ月間にわたり二週間に一度の割合で午前七時三〇分から一一時三〇分まで集まった。そこで人々はあらゆる人が意思疎通できるようになることを学んだ。環境保護の関係の人々とビジネスの人々が含まれていたが、彼らは通常は意思疎通をすることはなかった。両サイドから好感を持たれている誰かが仲介者としての役割を果たさなければならない。そうすれば、彼らは新聞を通してではなく実際顔をつきあわせて話し合うようになるであろう」と語っている。クリーブランドのジム・ビガーが観察しているように「それは相互の尊敬と信頼を如何に獲得するかである。信頼も尊敬も要求されるものではなく、獲得されなければならない。クリーブランドでの活動を振り返れば、そのことが達成され続けたことがわかる。もし誰かが会合を招集すれば、それは正しい問題に関するものであり解決しなければならないものであることを信頼することになる」。

もしあるとすれば、市民起業家はトップダウンの影響とボトムアップの革新の調和をもたらし保持し続けるために十分な活動を行えないことを嘆くであろう。ウィチタのヘイル・リッチーは「もしわれわれがそのとき間違いを犯していたなら、われわれの活動は深みのないものとなったであろう。実際、われわれは資金集めにあたり十分な資金を集めることができた。われわれには、パートナーである企業の中核的グループがいたからである。しかし振り返って考えてみると、われわれは検討過程のもっと多くも人々を参加させるべきであった」と観察している。フロリダ州では、ジム・ガードナーは最も反対に回りやすい人々を活動に参加させなかったのではないかと考えている。「ビジネス・コミュニティに売り込むだけでは対象は限られていた。ビジネス・コミュニティは支持集団としては最も大きなものではなかった。人々場その背後に控えていなければならなかった。人々、特に第一線を退いた人々は成長と開発を悪いことであると考えがちである。われわれはプログラムを市民全体に売り込まなければならない」。

市民起業家はトップダウンの影響とボトムアップの革新を調和させることが実際上の観点、すなわち関係者の燃焼という観点からも重要であることを経験から学んでいる。市民活動において比較的少数の指導者グループだけしか関与していなければ、指導者たちはどの活動もうまく遂行することができないか、良心的となってコミュニティに有害なビジネスの利益を無視することとなるであろう。ウィチタのヘイル・リッチーは「このコミュニティの問題の一つは、われわれがこれらすべての人々を燃焼し尽くしてしまったということであった。われわれは勝ったのか負けたのかわからない。われわれは、ピザ・ハット、コールマン、セスナやその他の企業から指導者を参加させることができなかった。そのことがどの程度彼らをコミュニティにつなぎ止められなかったことと関係があるのか？　コミュニティに接続されていれば、コミュニティを去ることは困難である。広範な基盤を持たなければならない。その数が、たとえば三〇人程度と少なければ、やがて燃焼しつくすであろう。参加する人々の数が多ければ多いほど、情熱を伝えることができる人の数が多ければ多いほど、良い」と語っている。

コミュニティを参加型へと転換させた市民起業家の役割こそがクリーブランドが過去一五年において成功した最も重要な理由の一つである。「一九六八年、私は一群の人々と会合を重ねるというプロセスを踏んだ。そのプロセスの最後に、私に対してある特定の人物と会うよう発言した人がいた。しかし、同時にそれは時間の無駄で、その人物はあなたがユダヤ人であるがゆえに取引きしようとはしないと指摘するものもいた。当時、コミュニティにおいては人種的偏見が相当強く残っていた」とアル・ラトナーは語っている。

その後、回りの雰囲気が一変した。ラトナーによれば「変わったのは、クリーブランドのために働く人がすべて参加しなければならないことを理解する開明派の指導者が登場したことである。システムは開放されなければならなかった。それは非常に重要なことであり、ひとたびシステムが開放され機会が出現すると、前進を開始した。どのコミュニティも偏見を持っていることを認めたがらないが、われわれ一人一人、何かあるいは誰かに対して偏見を持っている。問題は、如何に窓を開放するかである。近所に住む貧困層の人に発言をする機会を与えるものであるか、人種的なものであるか宗教的なものであるかを問わず、それは行動を開始し、変化に真剣に取り組むために必要なことである」。クリーブランド市は、門戸を開放し、今やアメリカの大都市の中でも問題を協働により解決する環境を持った最良の場所の一つとなっている。

人々が正しい役割を発見することを支援する

過程の主催者としての市民起業家の最も重要な行動の一つは、個人の参加者に正しい役割を発見することである。参加の最初の時点では、参加について理想的な状態となっていることは希である。人々が過程を発展させ、他の人々と協働し、市民としての技能を実践するためには時間がかかる。

市民起業家は、参加者がどの時点で貢献をしたらよいか発見することを手助けする。時として彼らは、人々があるワーキンググループ（または市民グループ）から他のワーキンググループに活動を移すことを提案することによって行ったり、また、新しい問題が背後にいる中心となる擁護者との間で具体化するにつれて、新しいワーキンググループを作ったりする。要するに、市民起業家は過程の進展に伴って、個人に対して協働しコミュニティの変革のために協働のイニシアティブを発展させるための最良の機会を与える途を明らかにするためために、常に機会を探している。

シリコンバレーのジョイントベンチャーの過程を指導している市民起業家は、この手法を広範に採用した。たとえば、変化する経済と地域の環境企業に関する研究についての知識に基づいて、彼らは地域の新興環境企業に対して最初にテーブルにつく機会を与えた。環境浄化、計測、エンジニアリング、汚染防止など多様な領域の企業は、自らを初めて産業として認識し始めた。彼らは産業の規模を分析し共通の問題について議論した。また彼らは、彼らの産業発展の促進要因あるいは阻害要因となる大学、国立研究所、環境保護団体および規制当局などの他の組織を検討の過程に加えた。

市民起業家であるアメリカ銀行のリック・モリソンとエムコン社のジーン・ハーソンに指導され

図５－１　シリコンバレーにおける市民起業家のための道づくり

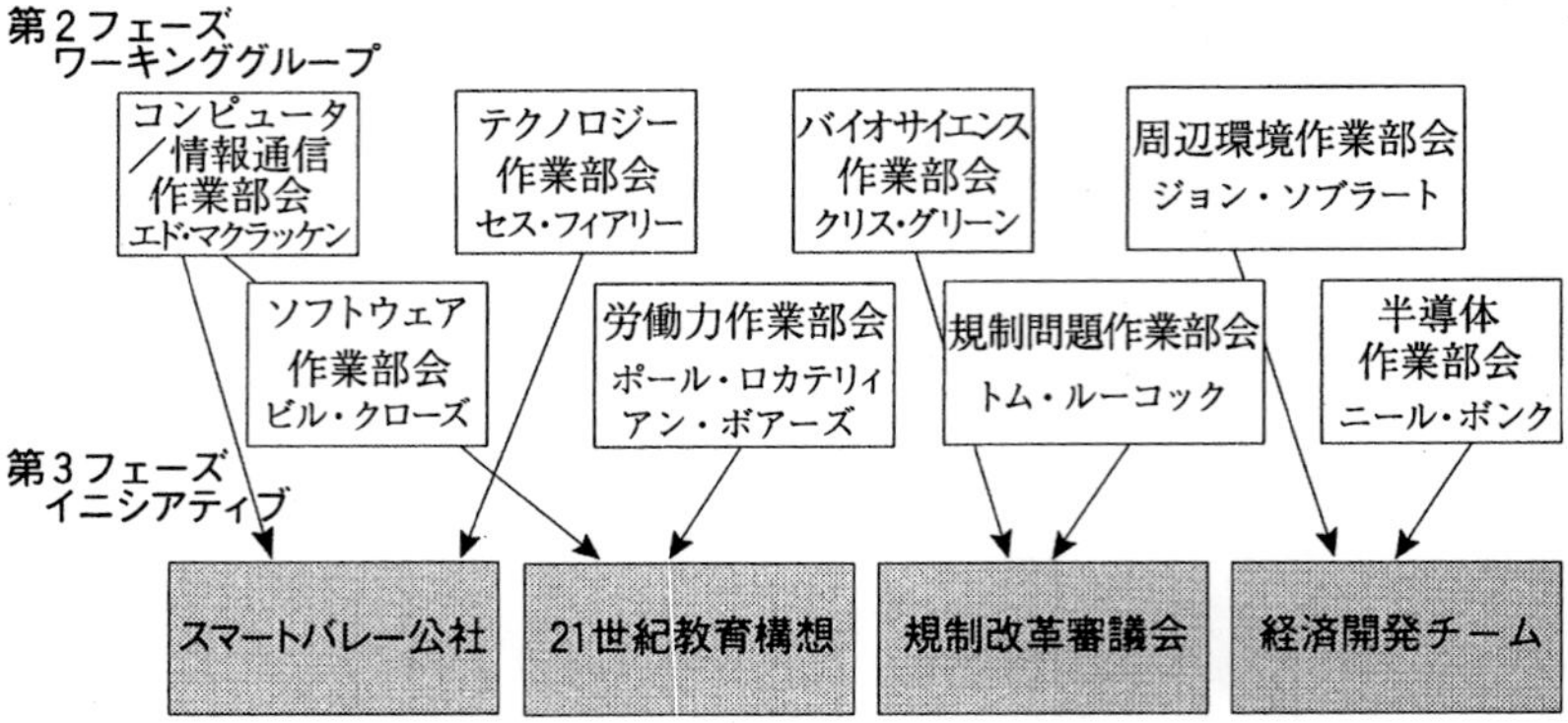

て、多くの参加者が環境企業を支援し成長させる地域の能力を発展させるために時間を投入した。アメリカで初めて環境ベンチャー企業を育成するためのインキュベーション機能をつくり、新しい技術に対する障害と除去するためにカリフォルニア州の立法措置を促進し、地域の大学やコミュニティ・カレッジとともに環境・安全保護士を育成するための特別のカリキュラムを作成するために、二年間にわたり彼らは協働活動を行った。

ジョイントベンチャーの協働の過程はダイナミックで非線形的に発展した。それは常に関連するアイデアを結びつけ、良いアイデアとそれを発展させる人間とをリンクさせるように進化・発展した。協働の過程において各種のワーキンググループの考え方がイニシアティブに発展し、実行に移されるにつれて、ワーキンググループの共同議長を務めた多くの人々が指導力を発揮した（図5-1）。

人々が正しい場所を見つけることを支援することを示す良い事例の一つとして、クリス・グリーンのケースがある。グリーンはシリコンバレーにおける小さなエンジニアリング・サービス企業の社長であった。ハーバード・ビジネススクールの卒業生であり、マッキンゼー社に勤務したこともあったが、彼はコミュニティにおける指導者的立場にはなかった。それにもかかわらず結果として彼の貢献は認知され、市民起業家は彼が活動するために道をつけた。グリーンによれば「ジェーン・ショー（当時アルザ社社長）がこの過程において私の真の擁護者であった。私は彼女が議長を務めるバイオサイエンスのワーキンググループのメンバーであった。第二回会合において二つのサブ委員会に分かれて活動することとなった。私は興味を引かれた産学連携委員会に参加したが、ジェーンは私のところへやってきて私を許認可委員会に引っぱり込んだ」。

ショーはグリーンの能力と可能性を見極め彼の活動にとってより適した場所を見つけた。グリーンは「政府と産業界が共通のコードを策定することなどの課題に共同して取り組むことができる規制緩和フォーラムの考え方を提唱した。ジェーンは私を許認可委員会のメンバーとしたが、他のメンバーは私の参加に対しては懐疑的であり、私の考え方は委員会で拒絶された。しかしジェーンは私を支援し、彼女がワーキンググループの共同議長として発言する機会があったときにジョイントベンチャーの指導者会議において私の考えを発表させた。タウンホールの会合においても、ジェーンは私の考えが実行に移されるべきであると主張した。このような支援により私の考えは何とか生きながらえることができ、しだいに多くの支持を得るようになった」。

ジョイントベンチャーはグリーンの〝規制緩和フォーラム〟の考え方を取り入れ、グリーンが提案したコードの調整だけではなく、許認可手続きの合理化や電子申請を含んだものに拡大した。グリーンは設立以来「規制改革審議会」と呼ばれるイニシアティブの議長を務め、協議会はジョイントベンチャーの最も重要な成功と言えるいくつかの業績を上げた。その中にはシリコンバレーにおける建築コードの数を九五パーセント縮減（二九の行政区域において四〇〇以上のコードを一一に減らした）したことが含まれているが、それはまさにグリーンがジェーンの支援を得て推進したものであった。グリーンはその後、数百人に及ぶボランティアの中でも最初の人物として、ジョイントベンチャーの理事会において市民起業家と呼ばれる栄誉に浴した。

市民起業家は機を見て敏に行動する。彼らはある特定の過程に集中するのではなく、優先順位の高い問題とこれらを解決する行動に関する合意を形成する過程であれば、あらゆる機会をとらえて行動する。時には、適当な過程を見つけるため二、三の試みを行うことが必要になる。クリーブランドのアル・ラトナーは適当なものが見つかるまで過程における活動を継続することが必要であることを理解している。ラトナーは「われわれは郡の政府を改革する努力を行っている。いままで改革のため幾度となく試みを行ったが、その都度失敗を繰り返してきた。今やわれわれは過程を手にしている。われわれの結論は、黒人コミュニティを郡の再編過程に参加させないものであれば過程を進めてはならないというものである。なぜならばそのような形で再編を行っても、起こしてはならない問題を引き起こすからである。過程は、問題を観察し、だれが参加していないかをチェックし、今後のプロセスを設計することから開始されなければならない。この過程は、単にわれわれ四人が〝開始しよう〟といって活動を開始することよりも、ずっと困難なものである。われわれがそのような過程において活動を開始したとき、われわれは見失うものがなかった」と語っている。

「大ボルティモア委員会」と呼ばれるビジネスグループの前委員長であるボブ・ケラーは、正しい場所を発見し、教育・職業訓練問題に関する地域のコミュニティ・グループと協働する重要性を発見した。「建設」（BUILD）と名づけられたプロジェクトにおいて、「われわれは職業訓練と雇用創出を目指した。われわれは長期間にわたり活動を続けたが、表面上はなんらの成果も生み出さなかった。しかしわれわれが行っていたことは、相互の信頼関係を確立することであった。ある日会議が開催され、ボストン・コンパクトの考え方が提示された。そこでわれわれは職業訓練から教育へと課題を転換した。ここにおいて大ボルティモア委員会および「建設」プロジェクトの関係者が本格的にコミットメントを行うこととなり、真の意味での可能性が生まれた。それから交渉過程が始まった」とケラーは語っている（クリスリップ・ラルソン、一九九四年）。

過程において不可避的に起こる攻撃に対して抵抗する

市民起業家がいろいろ準備をするにもかかわらず、複雑なコミュニティの過程においては、しばしば混乱が生ずる。おそらく市民起業家が過程に対して行う貢献のうちで最も大きなものは、忍耐であろう。彼らは、過程に対してさまざまな試練が生ずることを防ぐ信頼性と影響力を有している。彼らは甘んじて批判を受け入れ、自らの政治的な蓄積を活用して過程を防護する機能を提供する。この点は、オースチンのニール・コクレックがよく知っている点である。「リーダーシップのあり方を理解するとともに、熱意を持たなければならない。不可避的に賛成者よりも反対する活動家が多くなる。忍耐力を持つことが必要である」。これは、コクレックの言葉であるが、シリコンバレーのジョン・ニースはこれに呼応して「私は忍耐力と過程自体が有する価値を持つことが本当にどのようなものであるかを学んだ」と言っている。

クリーブランド市では、ビジネスと少数民族のコミュニティを協働させる過程を実現するためには、計り知れない忍耐が必要であった。リチャード・ポーグは「われわれには信頼感が欠如していた。このためわれわれは黒人と白人で構成される一〇人から一二人よりなる執行委員会を設立し、そこで膝をつきあわせて率直にそれぞれの考えをつきあわせた。その結果しだいに少数の指導者グループの間に信頼感が生まれ、それがメンバーにまで広範に拡大していった。もしわれわれがそのような会議を持たなければ、そのような信頼感を発展させることができたかどうかわからない」と指摘している。

市民起業家は、過程の主催者であるが、他の人々はその過程を自己の目的のために活用しようとする。シリコンバレーのジョン・ケネットのざっくばらんな分析は「その過程は醜いものである。コミュニティに関して知りたくもないことも発見するであろう。ある人は自己の利害のために過程から退出しようとするが、それをどのように処理するか学ばなければならない」というものである。

ニューアーク市のアレックス・プリニオは、過程を軌道に乗せるために影響力を行使しなければならなかった。過程の最初の段階においては、「人々は会合に出席し、議題を強引に通過させようとした。われわれはそれを直ちに止めさせなければならなかった」とプリニオは語っている。対策委員会と公開の会合が何度となく開かれ、最終的にニューアークのための将来ビジョンと戦略計画が策定された。その後ビジョンと戦略計画が実行に移され、「住居、教育、経済開発の面において重要な改善がなされた。一九九一年、ニューアーク市はその再活性化に向けた協働の活動に対して、全米市民連盟の全米市町村賞を受賞した」（クリスリップ・ラルソン、一九九四年）。

市民起業家は、安易な解決策が提案されたり、権力が介入したりするとき、過程を損なおうとするそのような圧力に対して抵抗する。会社の取締役であり、コミュニティの指導者かつ「デンバーの将来を考える市民会議」の共同議長であるハリー・ルイスとティム・サンドスは、この種の抵抗を示さなければならなかった。「ティムと私が行ったことは、船が浅瀬に乗り上げないように舵取りをすることであった。われわれは、過程が継続され、委員会として何を行いたいかを決定することができるように環境を整備した」（クリスリップ・ラルソン、一九九四年）。ある特定の利益を代表したところから妥協しないかとの圧力がかかったとき、ルイスは決定的な瞬間に進み出て「われわれは、参加型の過程にコミットし、皆の合意を信頼している。われわれはそれを雲散霧消させようとはしない。われわれは、元のままの姿でわれわれの過程を確保する」と宣言した（クリスリップ・ラルソン、一九九四年）。

市民起業家は時として、過程に対する批判を力強くかつ説得的に中止させなければならない。ジョイントベンチャーにおける最初の段階での演説で、ジム・モーガンは批判者に対して現実を直視するように求めて「数人のエコノミストを含めジョイントベンチャーの活動を批判する人々がいる。彼らは問題は単に長い不況の結果生まれたものであると主張している。しかし、彼らのほとんどは会社を経営し、世界を相手にビジネスを展開し、規制にがんじがらめにされた環境と戦ってはいない」と指摘した。

ついでモーガンは如何に行動すべきかについて他のメンバーと考え方を共通化させたが、これにより、過程は時間の無駄だという批判を沈静化させることとなった。「私の考えを具体化させたのは、ビジョン策定会議において二七歳の青年が立ち上がり〝誰も何をなすべきかについての緊急性を理解していない。われわれが友人と何を議論しているかあなた達は知っているのか？　われわれの会話の八〇パーセントは、如何にシリコンバレーを脱出するかで占められている〟と発言したことであった」とモーガンは語っている。モーガンはジョイントベンチャーが目指すべき問題の本質をつかまえた。それは短期的な改善策ではなく、シリコンバレーの未来を長期にわたって如何に設計するかであった。

フェニックス、オースチン、シリコンバレー、クリーブランドなど成功したコミュニティについてみると、過程が成功するかどうかは他と如何に差別化するかである。クリーブランド財団のスティーブ・ミンターは、この点に関し、新聞の見出しとなるような観察を超えて深い洞察をしている。「私が学んだことは、成功しないときは批判者が何百人と存在し、成功するときは貢献を認知してほしいと主張する人が何百人もいるということである。本当に成功しているかどうかがわかる一つの方法がある。参加している組織の年次報告をすべて入手すると、いかに各組織がこのプロジェクトに貢献したかを説明している記述が記載されている。しかし記載されていないのは如何に時間がかかり、多くの問題と失望がその過程であったかである。それらの要素は多くの異なった場所から情報を入手する必要がある。われわれは、それらの要素がわれわれを異なったタイプの街にするものと理解している。では、あきらめずに回り道をしようじゃないか」。

主催者としての市民起業家に対するアドバイス

- 前線にたってグループを集める重要な仕事をしなければならない。特に、質の高い議論と実行能力のある人々の参加を確保するために主要な参加者を個人的に招聘することが必要である。
- 過程の参加者が問題や機会を解決に向けた特別の考え方と結びつけるように主張しなければならない。そのことが、建設的に問題を解決する雰囲気を生み出すことになる。
- 解決策に強固な理論づけ（すなわち、優先順位に高い問題や機会に結びつけられていること）、信頼のおける擁護者およびグループからの支持を与える明確なスクリーンのメカニズムをつくらなければならない。
- 裏方として、参加者がアイデアを実践し、同僚を巻き込み、過程において正しい役割を発見すること（たとえば、他のワーキンググループに参加したり、グループのメンバーを増強したり、新しいグループをつくることなど）を奨励しなければならない。
- 過程から予見不可能性を除去しなければならない。アイデアや草の根から輩出する指導者に常に門戸を開放し、予想はできないが説得的な解決策が生み出されるように準備しなければならない。
- 過程の参加者が事前に用意された解決策の心を奪われること（たとえば、〝私の組織は既にこのことを行っている〟とか〝このコミュニティには、われわれに完全に当てはまる整理されたプログラムがある〟というもの）のないようにしなければならない。彼らにさまざまな選択肢を考慮する時間を与えることが必要である。
- 人々が生焼きの提案に満足することなく対応するように仕向けなければならない。アイデアを洗練化させるためにソクラテス的な質問手法を使い、アイデアを他のアイデアと関連づけ、アイデアを前進させるために中心的な擁護者をつくらなければならない。
- 多くのアイデアが最終段階まで生き残ると期待してはならない。重要なのは、さまざまな可能性を検討し、体系的に次の二つの要請を満たす選択肢にしぼりこんでいくことである。イ．経済コミュニティが直面している優先順位の高い課題や機会の解決に資すること、ロ．実行可能であること（すなわち、明確な目標とコミットしている擁護者がいること）。

第六章　実行——目標を達成するため資源を動員する

実行は、困難な部分である。それは、焦点、忍耐、柔軟性を必要とする。

ベッキー・モーガン（シリコンバレー）

人々が結果に対して説明責任を感じるような構造を創り上げることが重要である。

アラン・ハルド（アリゾナ）

市民起業家は、コミュニティが協働の過程から実行へと進むにつれて、参加者がコミュニティを実際に変化させる協働の行動へと次元を高めて進むことを支援するため、二つの役割に焦点を当てることを強調する。この変遷をうまく達成するため、市民起業家のある者は統合者として行動し、他の市民起業家は主導者として活躍する。統合者として行動する者は、専門的知識、地域の資源を調達したり、実行を成功裏に進めるために必要となる材料を集めることを支援したりする。主導者として行動する者は、測定可能な目標が設定され達成されること、実行段階の活動が方法論として分裂、重複、硬直性に陥らないようにすること、および挑戦する目標に常に焦点があっていることを確保する。市民起業家は、実行段階において、次のことを達成する。

●三年間の実行の後、ジョイントベンチャーの一一のイニシアティブは三五〇〇万ドルの資金と実行を進める資源を調達した。規制の状況は著しく改善し、市における許認可に必要とされる要処理期間は大幅に短縮され、二九の行政組織にまたがる統一的建築コードが制定された。

●五年間にわたる実行の後、アリゾナ州は「中小ビジネス革新研究」プログラムと「アリゾナ技術開発機構」をつくった。数学と科学のカリキュラムの改善、新しい職業訓練プログラムの創設および新しい輸出促進プログラムの推進のため一〇〇〇万ドルの基金を設置するとともに、州の産業クラスター（定期的な会合を続けている）により各種のプロジェクトが推進されている。

●過去一五年にわたり、オースチン市のアプローチは、二つの研究開発コンソーシアム（マイクロエレクトロニクス・コンピュータ技術コンソーシアムおよびセマテック）の誘致、新しいコンベンションセンターの建設、テキサス州立大学における数百万ドルに及ぶ新規投資の実施につながり、アメリカの地域において製造業における最も大きな雇用増加を記録した。

●クリーブランド市は、過去一五年間にわたり市の中心部の再開発のため五〇億ドル投資し、人口減少に歯止めをかけ、新しいハイテクベンチャー企業を育成するため数百万ドルの資金を調達し、地域の高等教育機関の能力を拡充し、精密機械製造業の競争力を改善した。

統合者——ベンチャーキャピタリストのように活動する

コミュニティが過程から実行へと進むにつれて、市民起業家は統合者として重要な役割を果たす。ある意味では、彼らはベンチャーキャピタリストが果たす役割を市民の領域で果たす。ベンチャーキャピタリストは、新しいアイデアや企業に投資する者として広く知られている。しかし、ビジネスの人々にとっては、ベンチャーキャピタリストは接触の中心である。ベンチャーキャピタリストは直接新企業と接触し、ベンチャー企業が成功のチャンスを拡大するように、ビジネス上、技術上、その他の専門的な才能にアクセスすることを容易にならしめる。彼らは、投資先企業の戦略的意思決定に積極的に参加するため、取締役会のメンバーとして行動する。彼らの参画により、投資先の企業は他の企業や投資家との関係において信頼感を獲得する。

市民起業家は、コミュニティの協働のイニシアティブがその初期の段階において育成・発展していくように活動する。アル・ラトナーは、クリーブランド市において彼や他の人々が果たした主要な役割について「これらの多くのものが自分自身の意志を持って活動した。指導者は、すべてを処理しなければならないのか？　そんなことはない。正しいことが起こるように環境を整備することが必要なのである。それが、われわれができる最も大きなことである。そのような環境をつくるため必要なことであれば、われわれは何なりと実行しなければならない」と発言している。

市民起業家は、次のステップをとって実行に重要な要素を統合する。彼らは、

- リーダーシップの変遷をうまく管理する

•変化への深いコミットメントを鍛えあげる
•第一級の支援チームを編成する

リーダーシップの変遷をうまく管理する

ふ化から実行への変遷の時点において、コミュニティの活動の多くは分解する。多くのケースにおいては、過程における最初の指導者は疲れはて、新しい指導者はまだ登場の過程にある。モーメンタムと切迫感は失われ、停滞が見られるのがこの時期である。アイデアを生み出す過程に積極的に参加した人々は、次のステップに関して指導者の意見を聞かなくなり、何か別のことに取り組み始める。リーダーシップの変遷をうまく管理するため、市民起業家は実行段階において特徴を発揮する。

「スマートバレー公社の理事会は、スマートバレー構想により何かを本当に起こすためには、フルタイムで活動する人物が必要であることを理解した。ボランティア主義では、今までが限度であった」とヒューレット・パッカード社インターネット・ソリューション販売部長のセス・フィアリイは語っている。「われわれは、強力な実行者を雇い、適切な報酬を支払い、実行段階において大きな自由度を与えなければならなかった」。サニーベール市助役のトム・リューコックも同様に「それには多くの時間がかかる。また、インドの導師が途を諭し示すようなことも必要である。さもなければ、早い段間で分解するであろう。そのため、ジョイントベンチャーはベッキー・モーガンが先任の代表に就任することを要請した」と語っている。モーガンは過程から実行段階におけるジョイントベンチャーの代表に就任するため、カリフォルニア州上院議員の職を辞した。彼女は実行段階における安定した組織を作ることを支援し、変遷の過程が効果的になるように他の指導者たちを参画させた。

ジョイントベンチャーの過程では、ワーキンググループの過程から、あるイニシアティブを推進し、それを実行に移すために影響力のあるコミュニティの指導者と共同に活動する新しい指導者が登場した。言ってみればこのような市民のベンチャーキャピタル投資過程により、過程の活力を反映し有能な〝推進者〟とリンクした優れた考えが年をとったコミュニティの指導者により活用される資源と結びつくことができた。ワーキンググループの過程で発展した関係とモーメンタムが地域内の問題解決の基盤となった。

同時に市民起業家はリーダーシップを高いレベルから下のレベルに委譲した。これは〝ジム・モーガンが行っていること〟だと思われることを避け、他の人々にも機会を与えなければならないことを認識して、モーガンは自発的に議長の職を辞め、エド・マクラッケンに譲った。マクラッケンによると「私が創始者である〝ジム・モーガン〟であったならどのようになっていたかはわからない。しかし、われわれが転換点にさしかかったとき、ジョイントベンチャーに関する関心、参加、興奮をこのまま死なせるわけにはいかなかった。シリコンバレーは家族としての一体感を長期にわたって持つことを必要としている、そう私は確信した」。

マクラッケンは、機会は二度とは巡ってこないと考えた。「もしジョイントベンチャーを実行段階で死なせてしまったとしたら、人々はこれを〝だから言ったじゃないか〟ということで永久に片づけてしまい、二〇年間は相互依存というテーマを口にしなくなったであろう。ひとたび開始したら、機能するようにすることが重要である。私は、実行過程において協力することができると考えた。誰かがやらなければならなかった。私は喜んで、その役割を引き受けた」。

変遷を容易にするため、市民起業家はコントロールすることを止め、他の市民起業家が跡を継いで活動することを確保するとともに、引き続き新しい役割を果たす。ジム・モーガンは議長としての職を辞したが、彼は理事会のメンバーとしてとどまり、積極的に資金調達を行った。アル・ラトナーはクリーブランドが成功した鍵は「ビジネスの指導者であると認知される唯一の人物がいなかったことである」と指摘している。長期にわたり、多くのビジネスの指導者が貢献し、他の指導者と巻き込み、そのまま役割を継続するか新しい役割を発見した。

同時に、ウィチタのヘイル・リッチーは共通に陥りやすい落し穴について、「最も適した人々に仕事をしてもらう体制をつくるよりも、われわれは単にポトスを埋めていた」と警鐘を鳴らしている。リッチーと他の指導者は実行段階で活躍する多様な指導者を発見するため十分な努力をしなかったことを認めている。うまく設計された過程は、後で追加をしたり入れ替えをすることは必要であるが、実行を主導する推進者を生み出すものである。

おそらく市民起業家精神にとって最も重要な要素は、喜んで自己を捨て去るということであろう。最も効果的な市民起業家は、〝啓発された無心〟を実践する。多くの優れた企業経営者と同様に、彼らは、個人的には他者が成功することを支援することに価値を発見する。実際、彼らはときどき詩歌に歌われない英雄としての役割を大切にする。ジェームズ・エリス（地域づくりのため起債発行計画を推進した弁護士）やジョセフ・グランディ（一九六二年シアトル・ワールドフェア開催を主導した自動車ディーラー）を含むシアトルの過去における市民起業家について記述している中で、ニール・ピアースは時として「報酬を求めない大きな指導者が出現する」（ピアース、一九九三年）と指摘している。

プルデンシャル保険会社の取締役で「ニューアーク協働グループ」を創設した市民起業家であるアレックス・プリニオは、協働が進展し続ける上において〝啓発された無心〟が重要であることを理解していた。彼は「協働作業の指導者ではなく市の指導者をできる限り多く〝前線〟にたたせるようにしなければならないことを理解していた。われわれは、たとえば影の内閣の機能を果たそうとしたのではなかった。われわれは、協議会の人々、市長、大学の指導者、コミュニティ・グループなどに手柄を与えようとしただけである。これは、ほとんどの組織が行うこととまさに正反対のことである。ほとんどの組織は自ら手柄を独り占めしようとする。その正反対のことを実行しなければならない。自己を捨て手柄を要求しないことが必要である。活動している関係者あるいはその中心にいる人であれば誰に対しても手柄を譲ることが必要である」（クリスリップ・ラルソン、一九九四年）。

ミシシッピー州ツペロ郡の新聞発行者であり市民起業家でもあるジョージ・マクリーンは、コミュニティに新規に参入した者として信頼を構築する必要性を学んだ。マクリーンは現在の指導者に耳を傾け、彼らを助ける〝指導者の召使い〟として行動することに多くの時間を費やした。そして彼はいとも簡単に業績に対する手柄を放棄した。彼の経済開発に関する革新的な考えに対しては、地域的な賞賛よりもアメリカ全土からも賞賛を与えられるものであろうが、彼はコミュニティが前進することに関し効果的な役割を果たした。

フロリダのラリー・ペルトンは、「それは一歩下がって起こるのを待つという性格のものではない。われわれは、企業の指導者であれコミュニティの指導者であれ、長期的なリーダーシップにコミットした推進者を必要としている。その過程では、雨が降ったり風が吹いたりすることもあろうが、短期的な視点を超えた中長期的な視野を持つことが必要である」として、実行段階におけるコミットメントを確保することの重要性を強調している。また、オランド市市長のグレンダ・フードは、これに加えて「比較的易しいのは、ビジョンをつくることであるが、難しいのは実行である。何度となく計画が店晒しになったケースがある。推進者を見つけだすことが必要である」と指摘している。

オースチン市ではいろいろなプロジェクトが提案され、それらを実行に移す指導者を確保することができた。市民起業家であるニール・コクレックはどのように実行段階への変遷がなされたかについて「リーダーシップが沸き起こるように噴出した。ある人がプロジェクトを推進する有能な人を必要とすると、その有能な人がプロジェクトを成功に導くようになる。そして、プロジェクトの成功が他のプロジェクトを推進する人々を引きつけるという好循環が生まれる」と描写している。

コクレックは実行に対する長期的なコミットメントを確保する必要性と困難性を認識している。「ある人が一年間コミットするかを最初から決めることはできない。短期間であればある事、ある局面に関して手助けをしようという多くの人々を見つけることは可能であろう。しかし、あなたが開始し実現に向けて何年も努力しているプロジェクトを引き受ける人を見つけることは非常に困難である。しかしながら、今日のコミュニティにおいて重要なプロジェクトが起こるためにはまさにそれが必要である。人々はテレビを見て三〇分で何かが起こることに慣れてしまっており、それが必要なことであると思いこんでしまっている。一年も時間を使うと落胆してしまい、以前よりも目標に接近したようには思われない。しかし、五年間プロジェクトを実施し進展をみせ始めると、最後まで成し遂げようとより強く決意するであろう。そのようなリーダーシップを発展させることが必要である」。

クリーブランド市は設計から実行に至る変遷のあり方を示すプロジェクトであるロックン・ロール美術館の例を提示している。市の市民起業家の中でもベテランの一人であるアル・ラトナーは、その変遷を「われわれの多くが推進者であったが、それはあまり似つかわしくないように思われた。われわれの多くはロックン・ロールの熱狂的なファンでなかったからである。われわれは美術館の建設を支援することはできるが、それを何か意味のあるものにするためには、新しいグループの人がその仕事を引き継がなければならないと考えた。そこでわれわれが行ったことは、そのような人々を探す努力を精力的に行ったことである。われわれは、とても若い会計士を見つけるとともに、少数民族のコミュニティにおける鍵となる人物を発見した。われわれはケイコープに電話をかけ、彼の銀行の三人の取締役のうち一人を派遣してもらうよう要請した。その結果、一人を派遣してもらうことに成功した。われわれは、この種の継続性が必要であり、それが多様な人々の集団に支えられなければならないことを認識している。適材適所に人材を配置することは、われわれの責任である」と語っている。

市民起業家は、現実的である。彼らは、大きな変遷には混乱が伴うものであることを認識している。クリーブランドのスティーブ・ミンターは、次のようにその過程を分析している。「計画やビジョンがあり、最終成果物を見ると、時としてすばらしいものに見え、直線的に発展していくように見えがちであることを理解することが必要である。しかしクリーブランドにおける現実は、過去においていろいろな基盤をつくってきたこの市で重要なものを活用できたにもかかわらず、〝もっと早く知っていたならよかった〟というようなものであった。プレイハウス劇場をとりあげてみよう。最初に前に進み出て、劇場を救わなければならないと言ったのは、ビジネス・コミュニティではなかった。「クリーブランド・ジュニア連盟」が最初に声を上げたのはもう何年も前のことである。財団がまず加わり、ついでビジネス・コミュニティ、続いて州政府と郡政府が参加した。それは混乱した過程であり、多くの苦痛と人々の対立があった」。

市民起業家は、ねばり強く適切な組み合わせを追求する。クリーブランドのリチャード・ポーグによれば、「われわれは、あのひどい一九八〇年代以前の時期からコミュニティにおいて発展してきた協働の志を持っていた。それは問題を的確に捉える手法として結実した。ゲートウェイ・プロジェクトをとりあげてみよう。私は問題のねじれ、障害、センセーショナルな標語が表に出てきた時期のことを思い出している。そこで、誰かが問題を解決するための他の方法を提案した。同じことがロックンロール美術館の建設についても見られた。少なくても九回解決策が提案されたが、その都度うまくいかなかった。毎回、このアイデアはどうですか？　それでなければこれはどうですか？　という風に提案がなされた。このため、人々は問題解決のために他の方法があるに違いないと思うようになった。われわれは、このような過程を十分経験してきたため、今やある特定の障害を解決するうえで、協働で作業を開始する人々がいるに違いないと思うようになった。問題に直面したとき、誰か他の人が協働作業に参加し、必要なものを供給するようになったのである」。ジム・モーガンは、実行上の障害に直面したときのクリーブランドのアプローチをアメリカン・フットボールにたとえて「(最後の攻撃である) サードダウンでゴールまでまだ二七ヤードも残っているときは、いい方法が発見されるものだ」と言っている。

コミュニティにおける実行への変遷の過程において、既成の権力がその変遷に至る途を発見することは困難である。フロリダのジム・ガードナーはコンセプトの段階から実行の段階に至るまで強力なリーダーシップが継続されることの必要性を理解しているが、他方、「われわれは間違いを犯した。組織形態をどうするかについて、もっと十分な検討がなされるべきであった。実行に至るまでには想像以上の時間がかかった」として、継続性の危険性についても認識している。組織とプロセスをうまく設計することは、決して容易なことではないが、実行過程をうまく運びやすくする。シリコンバレーのベッキー・モーガンは、実行が効果的になるためには、「日常的なこと、すなわち人間、実行計画および資金調達に配慮することが必要である」と強調している。

市民起業家が継続性を提供しなければならない瞬間がある。ウィチタのヘイル・リッチーは、ある部屋に人々があふれていたが、皆いずれの他の人々が抜け出ていくのではないかと心配していた瞬間のことを思い出している。アリゾナのアラン・ハルドは、過程が実行段階へと移行するにつれて、人々の役割が自然と変化することを発見している。「計画段階から実行段階に移行するにつれて、人々は協働から競争へと関心を変化させる。この段階では、多くの人々がそれぞれの仕事に戻ることになる」。

変化への深いコミットメントを鍛え上げる

リーダーシップの変遷をうまく管理することは重要であるが、市民起業家は既存のグループや新規のグループのコミットメントを深めるためにいろいろな努力を傾注する。たとえば、企業の社長の参加を確保することは、第一歩にすぎない。コミットメントを他の経営陣や究極的には従業員にまで拡大し、深めることは、どのように実行するかという問題をすべての人々の関心とする。また、それはコミュニティのイニシアティブを実行するために、膨大な才能の蓄積を開放することになる。グローバル・ヒューマン・リソース社の副会長でジョイントベンチャーの二一世紀教育イニシアティブの会長を務めるシリコンバレーのグレン・トニーは、実行段階で他の企業とパートナーシップを鍛え上げることは、大きな効果を持ちうることを指摘している。「より範囲の広いコミュニティ活動に参加することは、個々の企業にとって、成功に向けた大きなフレームワークの中で、参加の範囲や特別の利益を調節することを可能にする。鍵は、てこの原理である。一人の力では不可能なことでも、協働によりほとんどのことが可能となる」。

その典型的なケースは、実行が引き続き少数のグループの推進者と彼らが集めたスタッフにより行われる場合である。ほとんどのグループは、パートナーシップを深めるために必要に時間と資源を用心深く調達する。成功するグループは、これらのコストを小規模のプログラム以上のものを達成することができる実行段階のネットワークへの投資とみなしている。オースチンのニール・コクレックは、過程から実行にいたる上での人々の継続性を確保するために、「指導者は、参加意識をもたらさなければならない」と確信している。しかしながら、よく起こるのは、コクレックによれば「政治団体が問題解決のために格式の高い委員会を設立することである。その格式の高い委員会は問題解決のためにものすごく多い時間を使い、良いアイデアを盛り込んだ報告書を政治団体に提出する。しかし、その後彼らは活動を放棄してしまい、報告書はそのまま店晒しとなる。何が材料として失われているのか？　プロジェクトを継続し、参加が確保されプロジェクトが前進することを保証する個人が存在していなかったのである」。

市民起業家は、コミュニティのコミットメントを深くするため、常に創造的な方法を探求している。ウェルズ・ファーゴ銀行頭取のビル・ゼンドは、ジョイントベンチャーの教育改革イニシアティブの関係者に対して、変化へのコミットメントとして果たしてどのような証を提供したのかを壊れたレコードのように問い続けている。オースチンのウィリアム・カニンガムは、テキサス大学のコミットメントが大きく成長して地域の経済開発にまでつながった点を指摘している。「セマテックにおいては、テキサス大学が今まで行ったことをはるかに超えた活動を行った。それは、たとえばコンソーシアムに対して土地と施設を含む必要な活動基盤を併せて提供したり、個別の相対での合意を得て法律に基づく資金調達を確保することなどであった。当初の段階では、大学の関予は少人数の献身的な個人を基礎としたものであったが、今やわれわれの支援する姿勢は制度的・組織的なものとなっている」。

クリーブランド市では、ジム・ビガーと彼の同僚は、地域の企業がリターンに関してある種の期待感を持って、新しい都市開発プロジェクトに対してより大きな投資をすることを可能にする革新的なアプローチを開始した。「企業は、投資に対する金銭的リターンはビジネスにおいて期待できるものの半分程度であろうとの考えに基づいて投資した。投資を正当化した後の半分の理由は、そのような都市をつくることにより、他の市においてチームを組んでいる人々よりも競争力のある人々を引きつけることができるのではないかと考えたからである。それを数量化することは困難であるが、良い企業を引きつけることができると感じたのである。われわれは、ユニットを結合しその有効性を証明した後、民間の市場に任せた」とビガーはそのアプローチを説明している。

シリコンバレーでは、グレン・トニーがジョイントベンチャーにおける経験を活用し、彼の会社のコミュニティに対する関与の仕方を再検討した。彼は、「アメリカで七万以上に及ぶビジネスと教育のパートナーシップが行われていることを最近の研究が明らかにしている。その多くは一年以上は継続していない。そのほとんどは、ビジネスが資源を学校に提供する形の〝手を貸す〟関係である。実際上、ほとんどのものは学生のパーフォーマンスを測定可能な形で持続的に引きあげるため、ビジネスの人間と教育関係者が肩と肩を並べて協働する本当のパートナーシップを形成するものとはなっていない」ことを発見している。

トニーは、深い形のコミットメントやパートナーシップが必要であることを理解した。「私が学んだことは、個人として（および会社の代表として）の私の関与は、より戦略的である必要があるということだ。私は、私の会社の貢献がより大きなインパクトを持たないことに対して不満を感じていた。しかし、そのことは本来驚くに値しないものであった。われわれは、本当は教育関係者と真のパートナーとしてつきあっていなかったばかりか、われわれは、包括的な戦略と変化へのコミットメントが必要とされる状況へとわれわれ自身やわれわれの資源を投入していなかった。私は、長期的なコミットメントを行い、われわれの活動と教育改革に取り組んでいる他の企業や組織の活動とを調整しながら、われわれの活動をより広い教育改革のイニシアティブとしてのフレームワークの中で再構築することの重要性を学んだ」とトニーは語っている。

ジョイントベンチャー・シリコンバレー・ネットワークは、そのイニシアティブのいくつか、特にK－一二（幼稚園、小学校、中学校）の教育改革、情報スーパーハイウェイ構想を進めるスマートバレー構想および規制緩和の各イニシアティブを実行する上で、ベンチャー・キャピタルのモデルを使用した。

シリコンバレーの市民は、今や情報スーパーハイウェイの一つであるインターネットで自由にネットサーフィンをすることができる。シリコンバレー中のアクセスポイントにおいて、パブリックアクセス・ネットワークは、教育、コミュニティ、政府や他の資源に関する情報に対してインターネット上無料かつ高速でアクセスすることを可能としている。近い将来、市の計画担当者、不動産開発業者および普通の市民は、サンフランシスコ湾岸地域の地理情報をビデオ化した超小型のインターネット・アクセス端末を保有することになるであろう。ベイエリア・デジタル・ジオリソース（BADGER）のシステムを活用することにより、人々は植林、水質汚染、災害時の水害などをコントロールし、火災発生の危険を予測することができる。コマースネットを活用することにより、企業は数十億ドルにも及ぶ製品・サービスの売買を電子的に行うことができる。このほか三〇以上に及ぶプロジェクトが情報通信技術を適用してコミュニティの枢要な領域に便益を与え、シリコンバレーにおいて人々が仕事を行い、生活し、学習するスタイルを変革している。

シリコンバレーの停滞するビジネスインフラを改善するため新しいイニシアティブを発展させ、次世代のシリコンバレー経済のあり方を構想するために数百もの指導者がチャレンジを開始したのは、一九九二年の秋のことであった。その過程における多くの部分から発生したのは、地域の真の問題を解決し真の機会を生み出すために情報通信技術を使う〝電子コミュニティ〟という概念であった。一年以内にこのビジョンを実現するためにスマートバレー公社という若々しい組織が生まれた。

もちろん、タイミングの良さもあった。一九九二年には、ワールド・ワイド・ウェブ（ＷＷＷ）が生み出され、九三年には、ユーザーに使い勝手の良いブラウザーまたはナビゲーターであるモザイクが発表された。技術的見地からすると、そのようなイニシアティブが生まれるため他に適した地域はなかった。しかし、スマートバレー構想を生み出したのは、新しい行動主義である。市民起業家のチームによる協働のリーダーシップが今までとの違いを生み出した。コミュニティのニーズを発見し解決策を発展させる上での草の根の強力な参加も同様の機能を果たした。このような協働のリーダーシップと草の根の参加というトップダウンとボトムアップの組み合わせにより、シリコンバレーは、情報スーパーハイウェイの機会をすばやく利用し、国家情報基盤の効果的で意味のあるシリコンバレー版を発展させる位置づけを確保することができた。

「コミュニティ中にふくれあがったのはこのような基盤からであった」とセス・フィアリは回想している。「私は国家情報基盤（ＮＩＩ）構想を推進するため、アメリカ連邦議会やブッシュ政権の政策決定者とともに、コンピュータ・システムズ・ポリシー・プロジェクト（ＣＳＰＰ）に取り組んでいた。われわれが実際にシステムを構築し、世界に向かってそれぞれの領域においてどう推進したらいいかを示す機会を得たのは、ここシリコンバレーであった」経済のあり方を再検討しようというジョイントベンチャーの試みを推進する過程で、次のようないろいろな疑問が提示された。

•どうして、われわれのクラスター内のコミュニケーションのスピードを上げるために情報技術を活用できないのか？　これは、エド・マクラッケンとアスペクト・テレコミュニケーションズ社のジム・カレッカーがリーダーを務めるコンピュータ通信グループから出されたものである。

•どうして、われわれは、このスーパーハイウェイをテレコミューティングに活用できないのか？　これは、シエラクラブ（訳者注：世界的にも有名なカリフォルニア州の環境保護団体）や建設業協会の指導者が議長を務めるインフラストラクチャー・グループから出されたものである。

•どうして、われわれは建設上の許可や環境上の許可を電子的に申請することができないのか？

•（そして、最ものっぴきならない疑問であろうが）どうして、シリコンバレーの学校におけるコンピュータの使用状況は、全米で最下位に近いのであろうか？

歴史上初めて、シリコンバレーはこれらの疑問に対して回答を出すためのメカニズムを持った。ジョイントベンチャーというメカニズムを通じて、ビジネスと行政の担当者はシリコンバレーの経済的インフラの特性や欠点に関して話し合った。両サイドとも情報通信技術を経済的インフラの重要な構成要素とみなしており、それらの技術がシリコンバレーにおける経済的回復とコミュニティの再生を図る上で主要な役割を果たすべきであることが明らかになった。フィアリは「今となっては明らかなことのように見えるが、われわれはこれをコミュニティとして明らかにしてこなかった。われわれはそうする必要があった。皆が集まるジョイントベンチャーはそのためのメカニズムであった」と説明している。

インフォメーション・インフラストラクチャー・ワーキンググループの最初の会合では、サンタクララ大学のビジネススクール・マーケティング学科学科長のシェルビー・マッキンタイルと独立して会社を経営するラルフ・ギルマンが共同議長を務めた。ヒューレット・パッカード社のセス・フィアリとサンマイクロ・システムズ社のボブ・エリスは、ワシントンD．C．における国家情報基盤（ＮＩＩ）の経験をグループに持ち込み、進歩した通信インフラがどのような経済的・社会的便益をもたらすかをグループが明らかにすることを支援した。フィアリに指導されたインフォメーション・インフタストラクチャー・ワーキング・グループの最初の参加者たちは、彼らのビジョンを〝スマートバレー構想〟と命名した。そのビジョンは、情報技術の力をフルに活用して、産業、政府および教育界の人々が協働し、協働による優位を創造する電子コミュニティを構築するというものであった。人々の興奮は盛り上がり、容易に知覚できるほどであった。会合は夜にまで及んだ。

中心的グループの人数は一〇人から一〇〇人にまで膨れ上がった。フィアリは「われわれは、輪を広げるためにメーリングリストをつくり、草の根のエネルギーを発展させた。しかし、われわれにはエネルギーはあったが、目標が明確でなかった。最終的に、われわれがすばらしいアイデアを行動に移さなければならない時機が到来した。われわれは、シリコンバレーの指導者の支援を必要とした」と語っている。

この時点でスタンフォード大学教授のウィリアム・F・ミラーが市民ベンチャーキャピタリストとして行動し、この将来性のある構想を離陸させるように、アプライド・マテリアルズ社のジム・モーガンから要請を受けた。モーガンは「われわれは、これらよいアイデアのすべてが雲散霧消しないようにすることが必要であった。われわれは、実行力のある人物を必要としていた」と回想している。モーガン、ミラー、ビル・デービッドゥの三人は理事会の候補メンバーを集め、彼らをシリコンバレーの多くの企業がスタートしたパロアルト市にあるシャンティリというレストランで夕食に招待した。ビル・ミラーが鍵となる数人の人物が出席するよう責任を持った。加えて、ミラーはヒューレット・パッカード社の前会長・社長のジョン・ヤングを説得し、スマートバレーの会長を引き受けてもらうこととした。ミラー自身は、副会長になることに同意し、他の人々に参加を要請した。

フレデリック・ターマン教授（訳者注：シリコンバレーの生みの親とされる人物）によるスタンフォード大学への最後のスカウトされた人物として、ミラーは市民起業家に典型的に見られる橋渡しの役割を果たすため、自分の一生を捧げて活動した。最初は工学部において、後に副学長としてスタンフォードで過ごした彼の年月は、コミュニティとの関係を強化することに使われた。彼は、コミュニティの生活を豊かにする非営利団体である第三セクターの力を固く確信していた。

SRIインターナショナル（訳者注：シリコンバレーに所在する世界的なシンクタンク）の社長になったときにおいてさえ、ミラーは非営利組織をたちあげ助言を与えるために自らのネットワークを活用した。彼は、受益者、資金調達、市民の支援およびリーダーシップの間の微妙な相互作用について理解していた。ミラーの世界に対する好奇心と考えを共有したいという彼の願いにより、彼はシンガポールの国家科学技術会議の顧問となった。そこで彼は、小さな国家がインテリジェント・アイランドになるために情報技術を活用するという政治的意思決定の様を目の当たりにした。シンガポールの戦略の本質は、電子的に申請された輸出許可や建設許可を審査したりすることに見られるように、地域の問題を解決するために情報技術を活用しようというものであった。

物理学者として訓練を受けたことから、ミラーはシンガポールのケースは「現実の証明になるのではないかと考えた。私は、大いに彼らの洞察力を評価した。私は、もしシンガポールができるのであれば、シリコンバレーも決してシンガポールのようなトップ・ダウンのやり方ではなく別の方式により可能ではないかと考えた」とミラーは回想している。人材の参加を求めスマートバレー公社の理事会に動機づけを与えるために、ミラーはシンガポールのインテリジェント・アイランドに関する『ハーバード・ビジネス・レビュー』の記事を一〇人の社長に送った。その後、控え目ではあるがシステマティックな方法で一人ずつ電話をかけ参加を呼びかけた。

ミラーが送った記事は、ビル・デービッドゥやアップル・コンピュータ社の初期の段階の顧問で現在はレジス・マッケンナ社を経営するレジス・マッケンナに強烈な印象を与えた。彼らは長らく〝ワイヤード・バレー（訳者注：ネットワークでシリコンバレーをつなぐ構想）〟の構想を温めていた。デービッドゥがマイク・マローンとともに一九九二年に出版した『バーチャル・コーポレーション』という本は、この情報革命の進展を報告するとともに、将来のあり方についても「バーチャル・コーポレーションは、即座に生み出され顧客のニーズに即応した製品やサービスを供給する」と予測していた。バーチャル・コーポレーションは仮想ビジネスの関係をうまく処理するため新しいインフラを必要とする。マッケンナは、ワイヤード・バレーの構想を真の意味でコミュニティを再生する道具になると考え、もしすべての人々が社会的善に貢献するために協働するのであれば、個人の善もそこから生まれると考えた。デービッドゥ、マッケンナ、ミラーおよび連邦下院議員であるノーマン・ミネタを含む他の人々が参加に同意した。

ミラーが最後に電話をかけたのは、ジョン・ヤングであった。ヒューレット・パッカード社を引退したヤングは、ゴア副大統領や国家情報基盤構想に携わる人々によって推進されていたビジョンを実現するための方法を探求していたコンピュータ・システムズ・ポリシー・プロジェクト（CSPP）の議長を務めていた。ヤングは地域において、ヒューレット・パッカード社を代表してセス・フィアリが参加していることを歓迎した。「私は、まさに時宜を得ており、われわれが国家情報基盤構想を地域の視点から実現できるのではないかと感じた。われわれは、コンセプトを描く段階では容易であるが、うまく機能させることは困難である多くのアイデアを実行段階に引き移すことが必要であった」とヤングは回想している。ヤングは、スマートバレー公社の会長となることを引き受けた。

ジョイントベンチャー・シリコンバレーの縮図として、スマートバレー構想は多くのアイデアを持った人々と実行力のある人々とを結ぶ役割を果たすこととなった。ボトムアップのコミュニティの参加とトップダウンのリーダーシップを融合化させることにより、新しい組織はシリコンバレーの最も優れたもの、すなわち、市民起業家のビジョンと粘り強さおよび練達した人々の実利的な考え方とヒューマンネットワークを享受することができた。

世界の他のコミュニティと同様に、スマートバレー構想を発展させた市民起業家のチームは、成功したビジネス界の幹部の経験を活用した。お金や名声ではなく、今までのビジネスマンとしての経験から発展させてきた技能により貢献したいとの気持ちは、市民起業家の共通した強力な動機づけであった。その典型的な例は、ハリー・サールがネットワーク・ジェネラル社の会長の職を辞め、スマートバレー公社の社長を引き受けたことに見られる。

市民起業家のすべてがベンチャーキャピタルの機能をよく知ったいた。ビル・デービッドゥはベンチャーキャピタリストであった。レジス・マッケンナとウィリアム・ミラーは、ベンチャーキャピタルから投資を受けた企業のアドバイザーかつ取締役として長年活躍していた。ジョン・ヤングとセス・フィアリをはじめとする理事会メンバーは、そのモデルを熟知していた。彼らは、ベンチャーキャピタルのモデルをスマートバレー構想の事業化モデルとして採用した。

ベンチャーキャピタリストは、投資先のあるプロジェクトは失敗するが、あるものは想像以上の花を開かせることを期待して、多様なビジネスにシードマネーを投資する。スマートバレー公社は、アプリケーション指向の多くのプロジェクトに対して同時に、誠実な仲介者としての役割を果たす。ベンチャーキャピタリストは、プロジェクトの発展段階やそのインパクトを基礎として、投資先を選別する。スマートバレー公社は四から六の〝フラッグシップ（基幹）プロジェクト〟と三〇から四〇のパイロット（試験的）プロジェクトを認定している。フラッグシップ・プロジェクトはスマートバレー公社のスタッフにより広範な支援を受けるのに対して、パイロット・プロジェクトはスマートバレー公社から認定を受けることにより、他の形で支援を受ける。

ベンチャーキャピタリストは、ベンチャーキャピタルを操作することは資金提供者と企業との間の広範なインターアクションを必要とする接触を大切にするスポーツであることを知っている。スタートアップ企業にとってはしばしば残念なことであるが、ベンチャーキャピタリストが投資するときは、彼らは投資先の企業の取締役会のメンバーになることが期待されている。同様に、スマートバレー公社がフラッグシップ・プロジェクトを推進するときには、スマートバレー公社のメンバーが、プロジェクトの取締役として活躍することに個人的に関心を示したときに限られる。レジス・マッケンナは、パブリック・アクセス・ネットワークの開発に直接的かつ深く関与している。ウィリアム・F・ミラーは、コマースネットを推進し、スリーコム社社長のエリック・ベンハモウは、一一の企業と一三〇〇人の人々を巻き込んでテレコミューティングを実践している。「われわれは、実証実験を行い、案内書を書き、プロジェクトの結果を検証した」。これが、フラッグシップ・プロジェクトを推進する際のスマートバレー公社の役割を端的に表している。

スマートバレー公社は、際立ったイニシアティブを開始するための協働のリーダーシップのあり方を示すハイテク産業の推進者の物語であるが、ジョイントベンチャーの他のイニシアティブである規制改革審議会は、シリコンバレーのビジネス環境に静かではあるがシステマティックな変革をもたらした中小の起業家と市の担当部長との物語である。この両者は協力して、品質向上運動を政府の許認可手続きに持ち込むために民間セクターの専門家の力を投入した。

クリス・グリーンとトム・リューコックは、いずれも典型的な中小企業の経営者や官僚ではなかった。グリーンは、かつてはサン・ノゼ交響楽団の理事会メンバーをつとめ、ついではハーバード大学ビジネススクールの卒業生と運営上の問題に悩んである非営利団体とを結びつける〝ハーバード・コミュニティ・パートナーズ・プロジェクト〟を推進した。彼はこれらの活動に対して非常に重要な貢献を行った後、より大きな課題に挑戦しようとしていた。彼は、その対象としてジョイントベンチャー・シリコンバレーを選んだ。

グリーンはジョイントベンチャーを〝採用〟することを決め、バイオサイエンス・ワーキンググループに参加することとした。「それが学術的なものであったら、私は直ちに止めていたであろう。しかし、そこで私は真の政策決定者と会い、活動にとどまることとした」彼に動機づけを与えたものは、二つあった。「個人的なレベルでは、私はずっとわれわれの国とその統治の仕方の関心を持ち続けていた。そのとき私は、トーマス・ジェファーソンの伝記の第六巻を読んでいたところであった。コミュニティがどのように相互利益のために協働するかというその本の主題が私の興味を誘った。ビジネスのレベルでは、私のエンジニアリング会社は建設会社と緊密な関係を持っていた。われわれがこの地域を特に長期的に見てハイテク企業にとって競争力を有するものにすればするほど、それは他の会社と同様にグリーン・エンジニアリング社にとってもよいことであった」とグリーンは語っている。

バイオサイエンス・ワーキンググループにおいては、グリーンは設計契約者としての彼の考え方をバイオ医療関係企業と共有した。彼は、建築基準条例に関する解釈が市によって統一性のないことが、シリコンバレーにおいて事業を拡張しようという企業の障害になっていることをつぶさに目撃した。また、申請の処理に要する期間も問題であった。この時間的な遅延は、ビジネスの拡大を抑制する試みというよりは、シリコンバレーが新興地域であることに大部分由来するものであった。クリスは、木とともに森を見て全体像をつかんだ。「アメリカ中に故郷を思う心、故郷への誇り、地域コミュニティを改善しようという伝統がある。東北部には、タウンホールでの集会の伝統がある。南部には、人を歓待する風土があり、中西部の大平原には、小屋から人材を育てる伝統がある。シリコンバレーの弱点の一つは、伝統がないことだ。過去においては、この地域において協働しない町はほとんどなかった。しかし、市が発展するにつれて、市同士が物理的にぶつかりあうこととなった。それが、シリコンバレーの〝各自自分の店で働く〟という考え方と結びついて、真の問題を引き起こすこととなった」。

ワーキンググループにおけるアイデア創造過程において、グリーンは新しいアイデアを生み出す役割を担った。「われわれは、政府と産業界が許認可やその他の規制に関する問題について共通の基盤をつくりあげるため、両者よりなる規制緩和フォーラムを設置するという考え方を提唱し始めた」。アルザ社社長でバイオサイエンス・ワーキンググループの議長を務めるジェーン・ショーは、グリーンのエネルギーを見て彼の考えを採り上げ支援をしようとした。ジェーンは、彼をトム・リューコックが共同議長を務める規制緩和ワーキンググループの活動と結びつけるための道を開いた。

グリーンはトム・リューコックの中に、公共サービスに傾斜する自分と同質の精神と政府の役割を根本的に変革する上で品質管理、顧客志向、測定可能な目標という考え方をとることが力を発揮するという信念を見て取った。ミネアポリスで生まれ育った後、リューコックは、ビジネスと政府双方にとって好景気の絶頂にあった一九七七年、サニーベール市に到着した。当時のシリコンバレーにおいては、彼が後にしたミネアポリスに比肩できるものはなかった。ミネアポリスは、長く誇りに満ちた歴史を有し、世間的に確立した企業を中心としてコミュニティに企業が関与する強い伝統があった。シリコンバレーでは、それをつくろうとしている段階であった。高成長軌道に乗った新しい企業は、束縛されない企業家精神の対してほとんど宗教的な信仰を持っていた。リューコックの場合のように、ビジネスマン個人がコミュニティに対して有する絆は生まれて初めてのものであった。ミネソタ州の人々は政府機関に対する愛着を有していたが、シリコンバレーに新しく移植してきた人々は、市役所がどこにあるかすら知らなかった。

リューコックは、サニーベール市を〝単に向上させる〟だけでなく、品質管理の原則に沿って再投資された政府のモデルへと変革しようとした。また彼は、サニーベール市が目標を設定し、顧客満足度を図り、資金を割り当てる方法を根本から変革する成果重視型の予算編成システムを導入した。そのシステムは一定の試行期間を経て実施され、政治的リーダーシップのあり方を変革することとなった。リューコックとサニーベール市の活動は、デービッド・オズボーンの著書『政府への再投資』に詳しく紹介されている。一九九四年には、クリントン大統領とゴア副大統領がサニーベール市を訪問した。

しかし、リューコックはしだいに政府に再投資するだけでは十分ではないという確信を抱くに至った。「通常の制度的フレームワークが、資源の制約からではなく政府ができることあるいはすべきことを超える生活の質に関連した問題であるがゆえにうまく機能しない多くの問題が生じている」。

成功の秘訣の一部は、強力な政府であった。しかし、より重要な部分は、政府が奉仕することを想定されている人々と従来にない革新的な方法で協働することであった。「私は、政府の制度がコミュニティの人々や産業と同時代に生きてはいないことを強く確信した。情報社会の到来は、政府が何を行わなければならないかを根本から変化させた。しかし政府機関は、われわれが異なった経済的時代にいるわけではないことを理解する最後の主体である。この新しい時代が必要としているものは協働であり、それは、政府とビジネスの合計よりも大きい」。

ジョイントベンチャーの過程をさらに発展させるため規制緩和ワーキンググループの共同議長を努めてほしいとの要請を受けたとき、リューコックは大いに興味を感ずるとともに、断る理由も思い浮かばなかった。対象になった立法措置に大胆に切り込み新たなモデルを開拓するというリューコックの試みは、彼に対し〝規制緩和の導師〟という評価を与えることとなった。ジョイントベンチャーに対する彼の貢献は、それ以上に大きなものであろう。これにより、ジョイントベンチャーは世界的な情報社会における政府と協働の役割に関する彼の新たな確信が有効に機能することを証明することとなったからである。

それぞれの有利な点から見て、リューコックとグリーンは規則そのものよりも規則を実施する上での政府の不必要な遅れが問題の根元であることを理解した。シリコンバレーの企業は、政府による許認可手続きがビジネスと同様のスピードにより動くことを必要としていた。企業は、各種の許認可手続きに合わせることに伴って申請書類が重複することを減らしてもらうことを期待していた。ほとんど誰も基準を低下させることを求めてはいなかったのである。グリーンはシリコンバレーのトップ企業の一九人の重要人物にインタビューした。一人をのぞいてすべての人が、問題は基準が厳しすぎるというよりも不必要に時間がかかることであると指摘した。

リューコックとグリーンは、ジョイントベンチャの過程で知り合った法律家、公務員、ビジネスマン、環境保護運動家を含む少人数の集会を開催した。第一年目は許認可手続きを合理化することに集中した。彼らは、しだいに次のような創造的な質問を発するようになった。もしわれわれが本当に問題を解決するために時間を費やすことに関心を示していれば、そもそも問題は生じたのであろうか？　われわれは、ソレクトロン社がマルコム・ボールドリッジ賞を授与されることを支援し、ナショナル・セミコンダクター社が半導体の不良品比率を低下させることに貢献した民間部門の品質管理の専門家と話をすることができるだろうか？　われわれは、彼らに対して公務員と共同して規制手続きをリエンジニアリングするための時間を提供してもらうよう話ができるであろうか？　それはうまく機能するであろうか？　政府は変わるであろうか？

彼らの最初のビジョンは、民間部門のトータル・クオリティ・マネージメント（ＴＱＭ）の専門家を公務員とともに持ち込んで、許認可にいたるフローを見直し、継続的改善の考え方を導入し、過程をリエンジニアリングし、結果をモニターするというものであった。しかし、やがてより中長期的なビジョンが生まれた。それは、地域の規制環境を、産業が世界のどこにでも立地しようと考えるものから、世界の中で戦略的に立地し、時間を基盤とした競争を行うハイテク企業の基地にしようとするものであった。

民間セクターのボランティアを使い、どのように許認可が発行されるかという細目にまで深く検証しながら、リエンジニアリング・チームは不要なお役所仕事を除去している。今日では、サニベール市の許認可の九五パーセントはその日のうちに発行される。残る五パーセントについても二週間以内に処理されることとなっている。ロス・ガトス市は、ビジネスに対する許認可に必要な期間を半分に短縮した。サンタクララ水利組合は、燃料タンクからの漏洩を突き止める比率を四〇〇パーセントにまで高めた。その対象は今後とも拡大し続けている。

市民起業家として、リューコックとグリーンは協働に向けた行動を開始する導火線として中立的なコミュニティ・フォーラムの力を確信するようになった。グリーンは、「否定的なイメージを伴う政府を改革するのはビジネスのグループではない。それは、共通の課題を解決しようとする中立的なフォーラムである。根本的にいえば、われわれはプロセス自体を変革しているのではなく、人間の成果発揮能力を変革しているのである」と指摘している。

リューコックは同様に「建築審査をする係官より思考が硬直的な人間はいない。しかし私は、まったく発想を転換して、コミュニティにおける彼らの役割は何か、何が可能かについて考え始めた。

結果は驚くべきものであった。人々は以前とは基本的に異なった形で行動するため発想の転換をし、コミットメントをした。今や私は、的確に実行されれば、人々が実行できると想像していない場合でも協働のフォーラムを結成することができると確信している。的確な形で結びつけられれば、人々は、非常に情熱的な形で驚くべきほどの時間と資源をコミットするものである」と述べている。

変革へのコミットメントを深くし、効果を発揮しているベンチャーキャピタルモデルの最後の事例は、教育の領域で見られる。「アメリカで大学の卒業生が行っていたことを処理するために韓国の高校の卒業生を雇用していることを発見したとき、私は、われわれは大きな問題に直面していることを認識した」。この言葉が示すように、アプライド・マテリアルズ社のグローバル・ヒューマン・リソース事業本部の副社長グレン・トニーは、シリコンバレーにおけるK－一二（幼稚園、小学校、中学校）の教育の質の低下の対処するために、ビジネス、教育、コミュニティの指導者より構成される連合体を組織しようとした。カリフォルニア州の教育省によると、シリコンバレーの公立学校のうち一〇パーセント未満のものしかいい成果をあげていない。

地域のビジネス界および教師を含む教育界の支援を受けて、トニーは、シリコンバレーを世界一流の経済地域とするために必要とされる広範な議題に対応したビジョンをつくるべく努力した。それとともに、彼らはジョイントベンチャー・シリコンバレー・ネットワークの傘の下で〝二一世紀教育構想〟というコンソーシアムを結成した。

この活動に参加したビジネスの指導者を代表して、エド・マクラッケンは「われわれの教育システムの評判が芳しくなかったことから、シリコンバレーに人材をスカウトすることは困難であった。

シリコングラフィックス社やシリコンバレーにおける他のハイテク企業の将来の発展は、世界一流のK－一二教育システムが存在するかどうかにかかっている。これを達成する責任は、教育界およびコミュニティの指導者とともに、私を含めたすべての市民にある。シリコンバレーは継続的改善の文化を育てていたが、われわれは、その文化が教育や他のコミュニティの領域で如何にうまく機能するかについてアイデアを共有し、ともに考える必要がある」と語っている。

マクラッケンは、ヒューレット・パッカード社の市民活動の伝統から輩出した数多くの地域の指導者の一人である。そのような指導者のいずれもが、特にデービッド・パッカード（訳者注：ヒューレット・パッカード社の創設者の一人。スタンフォード大学のターマン教授の支援を受けて、パロアルト市にあるガレージで発振器を開発したことが、シリコンバレーの発祥につながった）のコミュニティに対する見解と行動によって鼓舞されている。マクラッケンによると、

パッカードは、常にビジネスを広い脈絡で見ていた。会社にとって四つのステークホルダー（利害当事者）がいる。すなわち、所有者である株主、顧客、従業員、そしてコミュニティである。それが、会社のビジョンである方式の一部であり、私がヒューレット・パッカードでそれら四つのステークホルダーとともに成長したとき、私の心に焼き付いた。

パッカードのように、この点におけるわれわれの目的は、短期的な株主のリターンを最大化しようとするものではない。長期的な株主の価値を確保することが鍵であり、その目的と他の三つのステークホルダーに奉仕することとは、なんら矛盾しない。このことは、われわれがまったく短期的な営業上のパフォーマンスに考慮を払わないと言っているのではない。もちろ

ん、われわれは考慮を払っているのであり、実際、恒常的に収益をあげることは、われわれが顧客に関心を払い、従業員に対する成長機会を創出し、コミュニティに対して積極的なインパクトを与えることを可能にするものである。また、それらすべてが、結局は長期的な成功に向けたわれわれのモデルの重要な構成部分となる。したがって、それらをいずれか排他的な目標とみなすのは間違いである。われわれは、それらは非常に補完的な関係にあると考えている。

ビジネス界の人々は、企業の長期的な存続を図るため、教育者と協働した。ビジネスマンと教育者のチームは、教育に対するコミュニティの態度と参加に関して世論調査を実施することを含め、状況を注意深く精査した。個別の学校、教師、生徒は世界的なレベルにあることが明らかとなったが、彼らは、シリコンバレーの公立学校システムが世界的に見て見劣りするものであることを発見した。すなわち、

- コミュニティは公立学校での教育に対して自信を喪失していた。そしてそのような考え方は、多くの生徒について、試験の成績が悪いこと、落ちこぼれ率が高いこと、基礎的な技能が劣っていることなどが見られることによってさらに深められた。
- 多くの企業が公立学校教育の有効性について疑問を投げかけていた。彼らは、地域において条件を満たす従業員を見つけるのに苦労していた。地域の外から有能な人材を調達することは、候補者がこの地域の公立学校に子弟を編入させることを渋ることから、なかなか難しかった。
- 教育者自身が、父兄やコミュニティの参加がなく、学校に対する資金的支援も先細っていく中

で、不満を感じていた。

彼らは、システムが参加者であり、顧客、資金提供者でもあるシリコンバレーの市民に対して有効に機能していないことを発見した。他人に非難の矛先を向けるよりも、彼らは、再び名声を取り戻し、世界的な教育水準を達成するために協働することを決心した。

チームは、シリコンバレーにおいて世界一級の教育システムを構築する課題にコミットするビジネス、教育、コミュニティの指導者の最初の連合でなければならないと決定した。彼らの使命を明らかにした宣言文にあるように、今世紀末までに彼らは「地域における教育ルネッサンスを開始し、大シリコンバレー地域におけるすべての生徒が二一世紀おいて、成功の可能性にあふれ、生産的な市民となることができる世界一級の教育システムを構築する新しいコミュニティのコミットメント」を期待している。

一連の指導原則（すなわち、世界的な教育水準達成のためのガイドライン）を設定した後、チームは、システマティックかつ持続可能性があり、生徒の学業において測定可能な成果を生み出す教育改革に対して資源を投入することを共同してコミットした。彼らは、ルネッサンスを開始するためにはスタートアップ段階で必要となる資金を調達することが必要であると考え、金銭、装置、人的資源の形で二〇〇〇万ドル調達するという目標を設定した。一年以内に、チームは目標を超えて資金調達をすることができた。

イニシアティブは、教育という分野においてコミュニティと企業が協働する新しい焦点を提供し

ナーを含んでいる．学校区の行政官および学校の理事会メンバーのみならず，教師や校長も協働活動を行っている．学校の外からは，父兄とともに，ビジネス，幼稚園，大学，政府などのパートナーが参加している．このようにコミュニティが広範に関与して初めて，生徒のパーフォーマンス上，大きくかつ持続性のある改善効果が期待される．

3　我々は，世界的な標準を定義し，その達成に向かって前進しなければならない．

アメリカの教育目標，民間セクターと公的セクターとの協働イニシアティブおよびシリコンバレー・コミュニティのさまざまなセクションからのインプットに基づき，21世紀教育構想は，生徒の学習能力に関する一連の達成目標，効果的な学習環境の要素および教育への広範なコミュニティの関与に関する期待を定義した．

・それぞれのチームは，目標達成に向かっての統一的なビジョンと計画を発展させている．チームは，既存のプロセス・モデルを活用したり，独自のアプローチを開発したりしている．コミュニティ連合は，シリコンバレーで最も成功した企業からの専門家の派遣，教師費用に関する資金提供，教育改革を経験し，技術的支援を提供することができる技術的専門家や経験を積んだ指導者の助言などの支援を行っている．

・それぞれのチームは，生徒の学習能力向上を図る指標や目標に向かっての進展を測るための評価計画を発展させている．追加的に資源が投入される前に，チームはそのような指標と評価システムに関する計画をもっていなければならない．コミュニティ連合は，地域の企業からの評価専門家の派遣，教育評価コンサルタントの助言，技術専門家からの実行上の指導，最良の行動に関するアメリカ中の地域からの情報提供，といった形で支援を行っている．

・3年間の期間の終了時点において，それぞれのチームは，教育改革を持続的に推進するための戦略（たとえば，資源の再配分，起債などの新しい資金調達，ビジネスやコミュニティからの長期的なパートナー）を持っていなければならない．

表6－1　21世紀

1　われわれは，変化への前例のない連合をつくらなければならない．

公共教育における全体的かつ継続的な改革を進めるためには，情熱と大シリコンバレー・コミュニティの資源が必要である．もし，われわれが世界的な標準へと教育レベルを引き上げることを期待しているのであれば，地域全体にわたって教育改革を継続的に推進するために，教育者，父兄，ビジネス関係者，財団関係者およびコミュニティの市民を結集させ，前例のない連合をつくらなければならない．このコミュニティ連合をつくるために，ジョイントベンチャー・シリコンバレー・ネットワークの21世紀教育構想とスマートバレー構想はチームを編成した．それとともに，彼らは中小企業の経営者およびコミュニティの関係者のみならず，シリコンバレーのほとんどの大企業の経営者と契約を結び，1,000万ドルの資金を調達した．

2　われわれは，長期にわたる変化の過程をうまく進めるために，学校とチームを組まなければならない．

ビジネスにおけると同様に，教育改革は，変化への過程に対する長期的なコミットメントを必要とする．この構想は，カリキュラム改革，スタッフの充実，技術的能力および評価の点において，学校が21世紀に向かってその準備をするための戦略を開発し，実行するため，少なくとも30年間，学校とチームを組むことをコミットしている．この構想は，大シリコンバレー地域における15%から20%の公立小学校，中学校，高等学校と直接的に協働し，1995年から2000年の間で，この地域の教育ルネッサンスを開始することを狙っている．パートナーは，それぞれ少なくとの3年間，15のチームと重点的に協働している．これらのチームは「ルネッサンス・チーム」と呼ばれている．

・それぞれのチームは，少なくとの1つずつの小学校，中学校，高等学校をその中に含んでおり，“垂直的に切ったスライス”と呼ばれている．この要請は，教育改革が本当に全体を改革するものであるためには，変化はあらゆる学年のレベルで起こり，調整されなければならないとの強い信念に基づいている．

・それぞれのチームは，広範囲にわたる学校やコミュニティのパート

た。それは、さまざまな勢力やチームを〝全体的変革の過程〟にコミットした学校と結びつける機会を提供することとなった。何が、シリコンバレーの教育の方向性を変えるのであろうか？　チームは、必要なことは今まで試みられた以上にパートナーシップを深くすることであるとの結論に達した（表6-1）。

五〇以上の学校を巻き込んだ五つの〝教育ルネッサンス・チーム〟が活動中であり、K－一二（幼稚園、小学校、中学校）のカリキュラムの再編成、生徒の学習成果の定義づけ、生徒の成果を測定する新しい評価方法の確立などの活動に取り組んでいる。イニシアティブは、シリコンバレーの教育に対するビジネスの支援パターンとはまったく異なった手法を提示している。それは、市民起業家のチームによる持続可能性のあるコミットメントの成果である。エド・マクラッケンは、「私が自分の業績として誇りうるものの一つは、教育イニシアティブが大きな弾みをつけや専門家気質、力が発揮されるように開始されたことであった。ジョイントベンチャにおける私の活動のうち、最も誇りうるものがこれである」と述べている。

一流の支援チームを編成する

多くの関心がリーダーシップの変遷とコミットメントの進化に払われなければならないが、市民起業家は、それとともに実行を支援するため一流のスタッフを配置することを精力的に行う。彼らが行わないことを理解することが重要である。彼らは、単に実行を専門家の手にゆだねることはしない。また、彼らは誰か適当な者を見つけて、単に理事会の決定を実行させることもしない。市民起業家が行うのは、一流の専門家を見つけて、適切の方向での強力なリーダーシップの発揮、十分なコンセンサスの形成、実行過程の進展により得られるフィードバックに基づく柔軟な調整等を行わせる。

オースチンのパイク・パワーズは、実行を支援するチームを編成することが非常に重要であることを指摘している。「私は、彼らが仕事を完成することを知っているからこそ彼らに仕事を委託した。仕事の出来映えは、すばらしいものであったり、完璧ではないかもしれないが、完成されなければならない。そのような人材を、毎回私は選ぶ。気に入ったとかコネによって人材を集めてはならない。完成させることが重要なのである」。

クリーブランド市では、専門的なスタッフが明確な役割を与えられて、コミュニティの指導者を仲間として支援している。キャロル・フーバーによれば、「ボランティアの指導者は、協力で独立した人々をスタッフとして獲得できることを心配していない。彼らは、そのような人々を箱の中に閉じこめておこうとはしない。そうすれば、結果として質の高い人材をスタッフとして調達することができる。スタッフは、指導者となることも期待されている」。アル・ラトナーは、同様に「素人と専門家の間にパートナーシップが存在する。しかしわれわれは、それを本当に素人と専門家と考えてはいけない。われわれは、両者を分けて考えるべきではない。われわれは、われわれに与えられた特別の役割という点では、同一である。このことは非常に重要なことであり、われわれはそのような役割を持った強力な人々に恵まれている」と述べている。

統合者としての市民起業家に対するアドバイス

●十分な時間をかけて、トップクラスの指導者とスタッフを含めて実行のために適材適所の人材を発見しなければならない。この段階では、専門的な人材派遣会社のサービスと活用することも有効である。

●過程の参加者が協働のイニシアティブを組織と融合しようとするにつれて、彼らの間で競争が起こることの準備をしておかなければならない。それがうまくいく可能性はあるが、組織が真の意味で変革しようと試み、結果についてコミュニティに対する説明責任を有する場合に限られる。

●過程の参加者のほとんどが実行段階においてその推進の役に当たることはないので、それら参加者の期待をうまく処理しなければならない。

●実行の初期段階においては、特に柔軟に対応しなければならない。さまざまなアプローチによる実験を行うとともに、行動を犠牲にして組織構造に関心を払うことのないようにしなければならない。

●スタッフを異なった分野の人材として取り扱ってはならない。指導者による自発的な執行機関に対して補完的ではあるが指導者と同等の役割を果たすことにより、彼らもそれぞれの役割において市民起業家として活動するよう期待することが必要である。

●実行段階における後退に落胆してはならない。最初の実行プランが的確なものであることは、ほとんどない。それは、的確なアプローチを発見するための試行錯誤の過程である。

●社長クラスからのコミットメントで満足してはならない。各組織の部下に対して組織を代表して参加するように目に見える機会を与えることにより、実行へのコミットメントが組織内部に浸透させることが必要である。

●戦略的な指導を行うことを止めてはならない。新たなプレーヤーに実行に至った根本的な考え方や過程に参加した人々の元のねらいを理解してもらうことは、非常に重要なことである。

主導者――焦点を絞った、測定可能な成果への前進

主導者として、市民起業家は、測定可能な目標が設定され達成されること、実行段階における活動がアプローチの過程で分裂、重複、硬直に堕ちることのないようにすること、および活動が目標の達成に常に焦点を当てていることを確保する。市民起業家は、あくなき質問者であり、実行に関与する人々に対して、常に活動の到達点と目標を思い起こさせる。彼らは、実行をよりスムーズにかつ実行のあるものにする新しい戦術を常に取り入れながら、実行過程における目標からの乖離を最小限にする。市民起業家は、次のようなステップをとることにより、実行過程を推進する。彼らは、

- 測定可能な結果を追求する
- 分裂と重複を回避する
- 目標の達成に常に焦点をあてる

測定可能な結果を追求する

市民起業家は、常に〝どうしてそれを測定できるか?〟という質問を発している。重要なものはすべて、測定されなければならない。市民起業家は、しばしばこの教訓をビジネスやコミュニティの活動から、苦労して学びとっている。彼らは、誰も測定しようと考えたことがないために、書類

として記録されることができない成功を経験している。また彼らは、誰も測定しようと考えたことがないために、そこから得られる失敗が不明確な失敗を経験している。シリコンバレーのセス・フィアリによると「業績を測定せずに報告していると、関心がしだいに失われる」という。

市民起業家は、コミュニティが数量化された節目を設定し、常にそれに向かってどの程度進展しているかを測定することを支援する。ビジネスにおける〝継続的改善〟を行っていることから、彼らは過程や能力形成目標の重要性を理解しているが、それとともに、彼らは目に見えるボトムラインの結果を強調する。彼らは、短期的で目に見える結果を出す必要性と全体的変革を必要とする長期的問題解決の必要性とを調和させることを学んでいる。

市民起業家は、構造と評価における明確性を強調する。シリコンバレーのジョン・ヤングは「ビジネスプランがなければならない。測定法を持っていなければならない。結果にいたるスケジュールを持っていなければならない。そうすれば、結果はすべて説明可能なものとなる。狙っている結果を獲得したことを証明するまでは、次の資源をつけ加える段階に進んではならない」と説明している。アリゾナのアラン・ハルドは、自分自身の経験から「人々が結果に対して説明可能であると感じる構造をつくることが重要である」と指摘している。

市民起業家は、このような測定という方法論を表面的にあてはめることには警戒的である。次のようなストーリーはあまりにもよく聞かれるものである。あるコミュニティ組織や共同の活動が、アセスメントと結果に対する厳しい関心を払ったように見せかけるために、ベンチマーキング（里程管理）の手法を使おうとしている。活動の進展は、一連の具体的な測定方法に基づいて行われる。

多くのものは、会合が何回開催されたか、情報が何回配布されたかに関連づけられており、そこで成功が宣言され、古いものと同様の測定方法が設定されることにより同じサイクルが繰り返される。しかし、これらは正しい測定方法であろうか？　それらは組織や共同の活動の使命やビジョンと関係があるのであろうか？　それらは何の目的に資するのであろうか？

市民起業家は、成果を評価したり里程管理することは、最も大きな触媒としての効果を有するものであるとともに、効果的な行動の障害にもなりうることを理解している。正しい目的を念頭に置いていれば、測定可能な目的に向けて組織がどのような成果をあげているかを里程管理することにより積極的な結果を生み出すことができる。創造的なアイデアを生み出したいという願望によって実践が主導され、戦略的な思考が行われ、何が重要であるかについての期待が明確化され、優先順位が確立され、継続的改善のために情報が提供され、信頼感とコミュニティの支持が構築されることが必要である。そのような条件が確保されれば、里程管理は行動のための強力な触媒として機能する。もし管理をしたいという願望によって実践が主導され、〝唯一〟の解決策が実行され、当初の計画から乖離することがいやがられ、測定をしない人が罰せられるようであれば、里程管理は心の打ち解けた議論や効果的な行動の障害となるであろう。

テキサス州ダラスの弁護士であり市民起業家であるサンディ・クレスと〝教育改革委員会〟の二六人のメンバーは、結果を測定することの重要性を理解していた。彼らは、父兄と地域の教育者に対して、個々の学校における予算、スタッフ、指示の関する自治を与える計画を提案した。そのかわり、結果は学校によって測定されなければならず、大きな改善が行われた学校に対しては、金銭的な報賞――そのうち教師に直接いくものもある――により表彰されることとなっていた。同時に、成果を見せない教師は、再任されないか、異動させられるというものであった。そして、個々の学校において社会サービスが必要とする生徒に与えられるように、学校の連合体が公的機関または私的機関と〝協力協定〟を締結することを可能にするインセンティブ制度が作られた。また、クレスと彼の委員会は、進捗に応じて成果を測定する組織を作った。このようにして人々に対する説明責任に強くコミットメントすることにより、改革を実施するための起債の発行が議会を通過した(ピアース、一九九三年)。

シリコンバレーでは、市民起業家は実行段階における進展を評価するために厳格で包括的なアプローチを確立した。ジョイントベンチャー・シリコンバレーは、毎年傘下の各イニシアティブとの間で了解覚え書きを結んでいるが、その了解覚え書きの中では、各イニシアティブは、次年度に達成することを目指すものとそのためにネットワーク機能を果たすジョイントベンチャーの理事会から期待する支援を明確にしている。表6-2は、了解覚え書きの構成要素を列記したものである。

了解覚え書きを締結する過程の最も重要な目的は、各イニシアティブが定期的に使命、ビジョン、活動を明らかにする機会をつくろうとすることである。その過程は、各イニシアティブのスタッフや理事会によりそれぞれの活動を定期的に見直すことを奨励する効果を有しており、その結果、元となった目標の全面的見直し、新しい戦略的方向性の取り込み、元の目標をより効果的に達成するための新しい組織的戦略の構築(たとえば、新しいスタッフの採用、他のイニシアティブとの合併、新しい資金調達)などの変化を生み出している。里程管理の過程は、最大限の成果を生み出すために継続的の検討と調整を行うための触媒としての機能を果たしている。

また、その過程は実行段階でのパートナーと一般市民とのコミットメントの感覚を強化する役割も担っている。ジョイントベンチャーは、すべてのイニシアティブの測定可能な目標を編集し〝四半期ベンチマーキング報告〟にまとめあげている。その報告は、四〇〇人よりなるジョイントベンチャーの〝リーダーシップ協議会〟に配布するとともに、オンライン上またはジョイントベンチャーの事務所を通じて入手できるようになっている。トム・リューコックは「了解覚え書き、強力

表 6-2　ジョイントベンチャー・シリコンバレー・ネットワーク（JV: SVN）と各事業組織とが調印する覚え書の構造

事業計画のハイライト
- 事業の使命
- 組織の構造
- 主要活動
- 測定可能な目標
- 予算とスタッフ配置

各事業が JV: SVN に期待すること
- 理事会の支援
- スタッフ／コンサルタントの支援
- 資金調達への支援
- コミュニケーションへの支援
- ロビイング支援
- 管理上の支援

JV: SVN が各事業に期待すること
- 測定可能な目標の達成
- 事業組織を JV: SVN の関連団体に指名する
- 資金調達のための協同作業
- 公的機関参加のメカニズム
- JV: SVN の活動への参加
- 利害の衝突を調整する運営基準の作成

資料：『ジョイントベンチャー・ウエイ』アーバイン財団，1995年.

なビジネスプランへの導入、測定可能な結果の定義づけ、長期間にわたる外部への報告、これらすべてのことが非常に重要である。私は、このような結果指向の思考方法をとらなければ、多くの企業からのコミットメントを得ることができなかったのではないか、企業は撤退したのではないかと思う」と語っている。

分裂と重複を回避する

実行段階における市民起業家の最も重要な役割の一つは、組織が分裂化の方向や重複化の方向にいくことを阻止することである。実行段階では、新しい機会やアイデアが魅力的に思われることがある。そのうちあるものは、取り込む価値のあるものもあるが、多くのものは実行を進める上での推進力を削ぐことになるものである。また、積極的に活動を展開する組織が参加して、実行のパイの分配を欲がることも十分あり得る。このような力が同時に作用して、コミュニティの協働イニシアティブがその形成過程でとん挫してしまうこともあり得る。市民起業家は、コミュニティがこのような障害を乗り越えて進むことを支援する。

実行段階においては、活動の焦点がぼけたり、指導者が分裂したりすることが真に危険なことである。シリコンバレーのニール・ボンクは、経験からどのようなことを学んだかについて、以下のように述べている。「私は、長年ニューヨークのロチェスターで働いた。そこで私は、コミュニティに恩返しすることの重要性を学んだ。しかし、そこでの私の活動は、ある時はコミュニティの問題の解決に貢献し、ある時はユナイテッド・ウェイ（赤十字）に参加をするというように統一性のないものであった。今では、私は、ジョイントベンチャー・シリコンバレーという広い傘の下で焦点を絞った活動に参加している」。フロリダのラリー・ペルトンは、コミュニティが才能豊かな人材を焦点を絞った形で有効に活用する方法を発見しなければならないとして、「もし誰か進み出る人がいるようであれば、組織はその意見を取り入れ、意思決定過程に組み込んで、彼らが燃焼しきれるように環境を整えなければならない」と警告を発している。

重複化の危険性についても、うまく対処されなければならない。問題が一般的なものであり、コミュニティの指導者が積極的に支援する場合は、実行段階において多くの組織が競争する可能性がある。もし、市民起業家が協働のアプローチをとる場合は、この種の状況は歓迎すべきものである。そうでなければ、フロリダのラリー・ペルトンが言うように「一六の組織が一つの問題の解決のために一六の解決策を提案することになる」。フロリダのジム・ガードナーも「問題解決のために多くのグループが活動を展開するが、ただ単に競争相手である多くの指導者を船頭として残すだけで、結局は消えてなくなる」とその危険性を指摘している。アリゾナのアラン・ハルドによれば、鍵は一つのパイを奪い合うのではなく、「資源をいかに有効に活用するか」について人々の関心を集中させることである。

クリーブランド市の市民起業家は、理事会のレベルにおいてリーダーシップを強力にうまく結合することによって分裂化と重複化の問題に対処した。リチャード・ポーグは「組織を支えるビジネスの指導者のサイドでは、重複を排除し、競合関係にならないように意識的な努力が重ねられた。それぞれの組織には明確に定義づけられた役割があり、これが有効に機能した。ときどき数人のス

図6－1　ジョイントベンチャーにおける各イニシアティブ間の協力の具体例

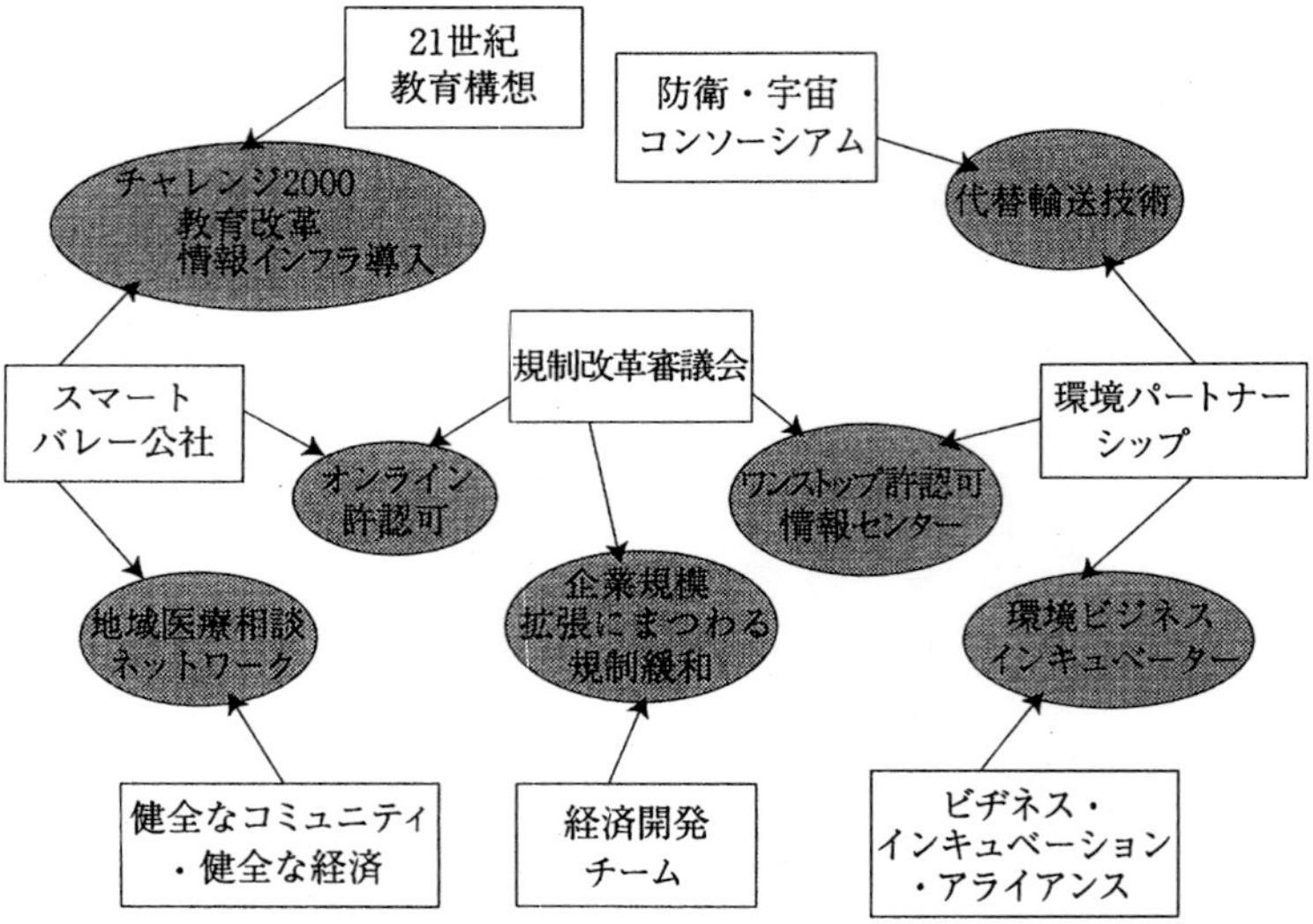

タッフが争いを開始することがあったが、その度に自発的に議長となる人物が割って入り、争いを中止させた。アル・ラトナーは「われわれは、同種の人間であり、理事会の場においては相互関連性を持っている。われわれはすべて、一つのことに参加している。このことは、重複や争いを少なくする効果を持っている。なぜなら、もしそのようなことが起こった場合は、〝ちょっと待て〟と言えるからである」と説明している。

シリコンバレーでは、ジョイントベンチャー・シリコンバレー・ネットワークが実行イニシアティブの間の協働を促進する中心的存在としての役割を果たした。理事会で承認されたジョイントベンチャーの活動計画には、イニシアティブの間のネットワークを形成することが含まれている。人々は、協働は報われるという明確な期待を持てるようになっている。各イニシアティブの理事会やネットワーク全体とともに、ジョイントベンチャーは、実行段階におけるリーダーシップがうまく結合したクリーブランドのモデルに移行しつつある。このようなさまざまなチェックとバランスの結果、活動の重複や分裂はほとんど起こっていない。事実、イニシアティブ間の新しい協働が見られるようになっている（図6-1）。

目指すべき目標に焦点をあて続ける

実行における多くの課題や障害に直面し、ビジョンを行動に移す段階になったとき、コミュニティ活動の多くは、従来の方法に逆戻りしてしまう。圧倒的多くの課題に直面したとき、人々がなじみのある方法に目を向けるのは自然なことである。しかし、なじみのある方法を採ることは、コミュニティが直面する複雑で困難な問題を解決することにはほとんど役立たない。ここが重要な分岐点である。アリゾナのジャック・ピスターは、「最も困難な時は、報告書が完成し、実行段階へと移行する必要が生じたときである。企業にとってさえ、戦略計画を行動に移すのは極めて難しい。突然、変化が起こるかもしれないことを皆が自覚し、雰囲気が一変する。知事は懐疑的となり、経済開発の関係者は、従来の方式に戻るためあらゆることを行うようになる」と指摘している。

市民起業家は、実行段階におけるパートナーに対して、より困難ではあるが究極的にはより成功度の高い方法を採るように激励し、彼らが目指すべき目標に焦点をあて続けるように支援する。オースチンのグレン・ウェストは、コミュニティが重要な課題に焦点をあて続けるように支援してきた人物であるが、「経済開発は、われわれが企業誘致に使う一〇パーセントの時間のことをいうのではなく、われわれが学校をどうするのか、交通問題にどう対処するのか、学問・芸術をどのように振興するのかということである。長期的に見れば、リーダーシップが非常に重要である。正しいことに焦点をあて、課題を整理しなければならない。売り込みの準備ができていないコミュニティを売り込むことは、多くの時間と資源を無駄に使うことになる」と警告を発している。

ウィチタ市では、コミュニティを目指すべき目標に焦点をあてることは、注意深く、段階的に行われた。ライオネル・アルフォードのような市民起業家は、教育界とのパートナーシップを築き上げ、積極的な展開を図っていたが、さらに変革を進めることを継続した。ティム・ウィツマンは「ワイズ（WI／SE）は開催者であった。そこから、われわれは月に一度、指導者による会合を持った。われわれは一定の進展を見たが、最初のプログラムによっては、全体の変革までには立ち至らなかった。しだいに、ビジネスの人々が、われわれは基準の設定を含む真の改革について語らなければならないと発言するようになった」と回想している。

シリコンバレーでは、スマートバレー構想のケースは目指すべき目標に焦点をあて続ける重要性を物語っている。ウィリアム・ミラーは、「当初の段階では、スマートバレーが実際何をすべきかについて多くの見解があった。草の根の過程に基づいて、検討グループは情報技術のアプリケーションこそが目指すべき方向であるとの結論を出した。誰も活用しないのであれば、情報スーパーハイウェイの構築はどのような意味があるのであろうか？」と説明している。必要なことは、物理的なインフラであるケーブルの線や電話線等をこれ以上引くことではなく、既存のインフラをよりよく活用する方法を見つけることであった。

主要な悩み（協働の存在理由と言葉を置き換えてもいいが）は、アプリケーションを開発することはコミュニティのさまざまのセクターの協働を必要とし、多くの関係者を巻き込まなければならなかった。〝顧客への接近〟こそが、シリコンバレーの企業のモットーであったが、顧客としての市民グループ、教育者や都市計画家の世界は、まったく新しく、異なったものであった。ニーズをはっきりさせ、情報技術を活用した解決方法を発展させるため、新しいタイプの仲介機関がコミュニティの多様な関係セクションを集合させることとなった。それは、技術的な世界と非技術的な世界との橋渡しとして機能した。それは、情報技術が、シリコンバレーの多くの人々の生活を変化させることを確保することとなった。こうして誠実な仲介者としてのスマートバレーの中核のなるアイデンティティが生み出された。それは、物理的なインフラの整備を求めて政治活動（ロビイング）するよりも、はるかに野心的で挑戦的な目的であった。

ジョン・ヤングは、アプリケーションを開拓し、人々がインフラを使うことを支援するという、困難であるが重要な目的を追求することの重要性を次のように説明している。「われわれが珍しい技術について語るとき、われわれが何度も、発見したことは、肝要なことは適切な人を結びつけ、古い慣習を打ち破り、組織を変革することであった。技術は、それ自体目的ではない。技術は、それがスマート強化を実施する市の担当者であると、教育カリキュラムを変更する学校の関係者であるとを問わず、パートナーを必要とする」。

スマートバレー構想は、技術的支援や設備を提供し、ネットワークを構築するという機能を果たすものではなかった。世界的な情報システム技術者の拠点ともいうべきシリコンバレーにおいて、そのようなことが差し迫って必要でないことは明らかであった。それに代わって実際推進されたアイデアは、より挑戦的なものであり、プロジェクトベースで新しい情報ハイウェイを活用したアプリケーションを開拓するために必要な資源を仲介し結合させるというものであった。結果として、この方法が強大な効果とアピールと有するものであることが証明されることとなった。

主導者としての市民起業家へのアドバイス

- 市民活動に対して時間、才能、資源を投資するに際して、新しい企業を興したり、生産ラインを増強したり、組織にとって主要なイニシアティブを開始したりするときと同様の規律と創造性を適用しなければならない。
- 協働を促進し、活動の重複と分裂を回避するために、いろいろな組織の理事会における地位（あるいは、いろいろな理事会に属している人の影響力）を活用しなければならない。
- 多角的な指標を活用し、定期的にコミュニティに対して報告することにより、実行段階における進展を評価する包括的なアプローチを提案し、支持しなければならない。
- 実行段階におけるパートナーが、得られた教訓により成功に基盤を置き、後退を評価するように仕向け続けなければならない。
- 実行を評価するため、開催された会合の数や他の活動に焦点をあてた基準を受け入れてはならない。調査に追加的な投資を必要としたり、いいアイデアを生み出すために他の評価を必要とする場合であっても、測定可能な真の結果を追求し続けることが必要である。
- 説明責任の所在を非公式なままにしておいてはならない。すべてを了解覚え書きや目に見えるものの形で明らかにすることが必要である。

●ひとたび実行段階が始まった後は、アイデアとイニシアティブとの間に人工的な障壁をつくってはならない。実行に集中することを強調するあまり、人々が新しいアイデアに対して閉鎖的にならないようにすることが必要である。

●実行が最大公約数の達成だけを目指したものとならないようにしなければならない。協働は困難な仕事であるために、ともすれば〝これが現在できる最大のことである〟として、最も抵抗の少ない途を選びがちである。

第七章　改善・再生——コミュニティの継続的変化への支援

成長が止まったり、誤った方向に成長する危険は、実在する。

パイク・パワーズ（オースチン）

われわれが今まで達成してきたことで満足すれば、そこで活動は終わる。

アル・ラトナー（クリーブランド）

市民起業家は、コミュニティが短期的な実行上の成功を持続的・継続的変革を支える文化にまで転化しようとするとき、コミュニティを支援する上で二つの重要な役割を果たす。彼らは、師匠として行動するとともに、扇動者としての役割も果たす。師匠としては、コミュニティが重要な問題の解決に関して協働を継続し、市民起業家を生み出す文化を発展させ、新規参入者をコミュニティに馴化させることのできる支援ネットワークや他の組織的プラットフォームを制度化させる。扇動者としては、変化は継続的プロセスであることを常に思い起こさせ、コミュニティの人々が変化について指向を継続するように激励し、人々の視線をよりよい未来のビジョンに向けさせる役割を果たす。市民起業家は、改善・再生の段階において次のことを達成する。

- クリーブランドは市、一九八〇年代初めより何度となく協働的過程をくりかえし、印象深い一連の開発プロジェクトを生み出した。市は現在、そのアプローチを労働力再訓練やK－一二（幼稚園、小学校、中学校）教育などのより困難な問題の解決の適用している。
- アリゾナ州は、長期的問題の解決に再び焦点をあてるため、広範な参加型の過程を再開することを検討している。また市民起業家は、その過程をK－一二の教育改革に適用することを検討している。
- ジョイトベンチャー・シリコンバレーは、毎年更新する過程を設計したが、その過程では、シリコンバレーの状況をデータでまとめた〝シリコンバレーのインデックス〟という小冊子を毎年発行することや優先順位の高い問題の解決に向けて必要な行動を整理するためコミュニティの指導者による会合を開催することなどが含まれている。

師匠――他の市民起業家のため橋頭堡をつくる

コミュニティが協働により問題を解決するという伝統を固めようとする過程で、市民起業家は師匠としての重要な役割を果たす。彼らは、コミュニティにおける人々や市民起業家精神に基づいた行動を支援するため、支援インフラ（橋頭堡）を提供する。市民起業家は、次のステップをとるこ

とにより、師匠として行動する。彼らは、

- 継続的な協働のためにプラットフォーム（活力基盤）を構築する。
- 市民起業家精神が持続する文化を醸成する。
- 輪を広げ、コミュニティに新規参入者を迎え入れる。

継続的な協働のためにプラットフォームを構築する

市民起業家は、ビジネス、政府、コミュニティの指導者をつなぐリンケージを構築する。最初の段階は、異なった組織、経験、見解を持った指導者たちが共通の関心を発展させ始めることから、それらのリンケージは、しばしば非公式で単発的なものとなる。リンケージは、指導者たちが実行段階における特定のイニシアティブを推進するために協働することを決定したときに、より強固で公式的なものとなる。アラン・ハルドによると、「それは、ネットワークがネットワークを、またそのネットワークが次のネットワークを生み出す過程である」。また、同じアリゾナのアイオアナ・モーフェシスは「それは、聖書の系譜のようなものであり、それがこれを、また他のものを生み出す。このような生成・発展過程は、われわれが計り知れない形で展開する。オープンな過程こそが人々を活発化させる」と観察している。

この非公式なネットワークは、重要であるが、コミュニティの協働を持続的に継続させるためには十分ではない。市民起業家は、協働は一回限りのものではないことを理解している。オースチンのニール・コクレックが観察しているように、「ビジネスやコミュニティの他のセクションの人々を前進に向けて継続的に集合させることにより、はるかに大きなパーフォーマンスを発揮することができる」。

市民起業家は、コミュニティが公式的な〝ネットワークのネットワーク〟をつくることにより、第二段階へと進む上で大きな役割を果たす。それは、しばしば新しいタイプの協働組織を作ることに発展する。アリゾナのボブ・モヤによると「プラットフォーム機能を持続させることが重要である。時は常に変化する。もしプラットフォームをうまく構築することができるならば、この種の活動は、活動が次の下降局面に入ったときのために多くの新しいエネルギーを確保することとなる。そうでなければ、われわれは、最後の戦争を戦うために準備していると常に見えることであろう」。

アリゾナ州では、アリゾナ経済開発戦略計画（ASPED）の協働の過程が経済開発パートナーシップ（GSPED）と呼ばれる協働組織に進化し、一九九二年以来、アリゾナ州の各産業クラスター・グループが推進するイニシアティブの実行を支援することとなった。アイオアナ・モーフェシスは「この種のイニシアティブと協働の実効性を測る真の物差しは、〝それは違いを生み出したか？〟、〝それは持続可能なものであるか？〟であるが、答えはいずれも〝イエス〟であった。事実、このような公式、非公式のネットワークは、過程に参加した個人と同様に、現在でもインパクトを与えている」と指摘している。このような進化は、アリゾナ州においては特に重要であった。なぜなら、モーフェシスが言うように、「われわれは、コミュニティにおける市民活動の基盤を欠いていた」からである。

同時に、市民起業家は、伝統的な組織形態が新しいタイプのコミュニティの協働を持続的に発展させるのに適したものであるとは想定していない。事実、彼らは、政治的な管轄やヒエラルキー的な管理構造ではなく、関心を共有する自発的なコミットメントに基づいた新しいネットワーク組織のモデルを構築するために貢献する。アル・ラトナーは「〝明日のクリーブランド〟が開始されたとき、それは二つのことを実現した。第一に、それは導入路として機能し、何が達成されているかを人々が確認することを支援することとなった。それは、多くの既存の組織を活用したが、支援が必要な場合は新しい組織から支援を受けた。第二に、それは、われわれすべてが白人男性であることを気づかせることとなり、われわれが、コミュニティはこれから起こることを決定するさまざまな人々によって構成されなければならないことを自覚する契機となった」と強調している。

ウィチタのトム・ウィッツマンは、後になって考えてみると、コミュニティの協働活動を持続的に発展させるためには、ネットワーク指向のより強い組織を構築した方が効果があったのではないかと考えている。彼は、「ワイズ（WI／SE）（訳者注：ウィチタにおける新しいタイプの協働組織。第二章「ウィチタ・チーム」参照）を実体を持った活動母体として設立するよりも、それをネットワークを活用したバーチャルな組織として設立すべきであった。そうすれば実行を他の組織に外注することもできるし、活動はより機動性のあるものとなったであろう。また、報告書だけが山積みされることはなくなり、組織構造に気を使う必要がなくなることから、大きな問題に議論を集中し、実行は外部化することができたであろう」と指摘している。フロリダのジョン・アンダーソンは、「関係をひとたび構築すると、電子的なネットワークを活用して交流を深めることが可能となる。大学等の研究機関は、専門的な部分を中心として、リーダーシップと関係を発展させることを支援することができる。経済開発の専門家を訓練し、支援するため、補助的な非営利組織を設立すべきである」として、同様のモデルを提案している。

フロリダ州の経済開発組織の指導者であるラリー・ペルトンは、一九九二年に新しい電子ネットワーキングモデルである〝パーム・ビーチ企業ネットワーク〟をつくり上げた。そのネットワークは、コンピュータ通信、対事業所サービス、航空宇宙、農業など地域の先導産業クラスターがインフラとなる重要な資源に容易にアクセスすることを可能とした。地域の企業リーダーたちは、ネットワークを活用して、教育訓練、技術開発、資金調達などに関する共通の問題を解決するために協働することになった。それとともに、教育訓練、技術開発、資金調達などに関連した機関が、ビジネスのニーズを満たすために協働することにもなった。電子ネットワークは、企業や組織が電子メールや電子掲示板を使うことによって瞬時に情報にアクセスし、問題を解決することを可能にした。

市民起業家は、アメリカ中で協働活動を持続的に発展させ、ステークホールダー(利害当事者)をリンクし、才能と資源を活用するためにさまざまな種類のネットワーク組織の実験を行っている。このような新しい組織は、市民社会における新しい仲介組織の出現を象徴するものであろう。マイケル・サンデルは一九九六年の著作において、アメリカは、市民が経済開発の市民社会に与える影響について熟慮することを支援する組織を発展させることが必要であることを指摘している。市民起業家は、経済とコミュニティの間を仲介する新しいタイプの組織のあり方を定義する最前線にいる。ネットワークによって育成された機能的な関係は、地域が脅威や機会に対してすばやく対応することを支援する。

このような新しいタイプの協働ネットワーク組織は、次のような共通の特徴を持っている。

●政府やコミュニティにおいて、産業にとっての〝顧客〟と〝供給者〟との間の継続的なコミュニケーションを育成する。

●コミュニティの経済的活力の改善や生活の質の向上を進める新しいアイデアを広く行き渡らせるために、中立的なフォーラムとして機能する。

●特別な行動責任を有する横断的なチームを設立し、最初の段階においてそれに対して支援を行う触媒役として行動する。

●目的を特定するとともに、その後進展に応じて成果を測定することにコミットする。

これらの原則が、ビジネスにおけるトータル・クオリティ・マネージメント（TQM）によって発展させられた原則と平仄を有するのは、偶然のことではない。民間セクターにおいてほぼ一〇年間にわたりTQMの実験が成功裡に行われたのち、民間セクターと公的セクターとのインターフェイスにおいて「トータル・クオリティ・コミュニティ」の考え方が登場している。

市民起業家は、非常に目立つ協働であっても五月雨式のものでは十分ではないことを理解している。彼らは、今日は一つ、明日は一つといった形で協働を実践する人々のネットワークが必要であることを知っている。この原則は、世代を超えた継続的な協働が持続的に行われるようにするため多角的なメカニズムをつくったミネソタ州のツイン・シティ市のような地域ではよく理解されている。

ツイン・シティ市では、市民起業家を生み出し、経済とコミュニティの間の社会的ネットワークを持続的に発展させるため、〝ウェブ〟組織が機能している。ツイン・シティは、次のように、この国のどの都市圏と比較しても最も発展した市民インフラを有している。

●企業の社長たちによって駆動された「企業責任に関するミネソタプロジェクト」は、企業がその従業員を広範囲にわたるコミュニティプロジェクトに参加させる方法を発見した。
●一九七七年、ビジネス界のトップたちがミネソタ州の将来に関する重要な問題を州政府の指導者とともに検討するため、「ミネソタ・ビジネス・パートナーシップ」がつくられた。
●「ミネソタ・ハイテク協議会」は、ビジネスの指導者が教育の質の向上に焦点をあてるように機能している。
●「ミネソタ・ウェルスプリング」は、経済開発に関する民間セクターと公的セクターのパートナーシップをつくりあげている。
●「市民連合」は、広範囲にわたる問題をとりあげ、議論し、解決のために行動するコミュニティのメカニズムを提供している。

シリコンバレーでは、指導者たちは社会的に顔を合わせ、交渉し、共同して慈善事業に貢献することはあっても、より広いコミュニティの利益のために活動することはなかった。九カ月にわたる参加型の戦略計画策定過程の後、ジョイントベンチャー・シリコンバレー・ネットワークは、サンノゼ商工会議所の単発的な下部組織によって支えられた〝運動〟から、新しいタイプの非営利組織へと変身した。

アイデアから行動へと移行し、協働を持続的に展開するため、市民起業家たちは、新しいタイプの非営利仲介機関であるジョイントベンチャー・シリコンバレー・ネットワークを設立した。ジョイントベンチャーの使命は、継続的なベースで、「経済的活力や生活の質に影響を与える地域の問題を解決するため、ビジネス、政府、教育、コミュニティの人々の協働を促進すること」である。

ジョイントベンチャー・シリコンバレー・ネットワークは、経済とコミュニティとの再結合を図るために、数多くのネットワーキング・メカニズムを生み出した。これらのメカニズムの中には、〝企業ネットワーク〟（新しくビジネスを興した企業が練達したアドバイザーのコンサルティングを受けられるようにする）、〝国防・宇宙コンソーシアム〟（軍需関連企業の軍民転換を促進するため、商業上のパートナーとの提携を促進する）、〝環境パートナーシップ〟（共通のインキュベーション空間で環境関連ベンチャー企業を育成する）、〝経済開発チーム〟（拠点の移転または拡充を検討している企業をリンクする）などが含まれている。このパターンは、すべての場合において同様である。ジョイントベンチャー・シリコンバレー・ネットワークは、経済とコミュニティとを橋渡しする新しい社会的ネットワークを支えている。

ジョイントベンチャーの指導者たちは、カリフォルニア州の上院議員であるベッキー・モーガンを新しいネットワーク組織の代表に据えた。モーガンは、代表に就任した動機について「私は、ジョイントベンチャーという組織を物事を変えるエキサイティングで挑戦的な機会であると思った。

長期経済開発に関する地域の合意をまとめあげるとともに，提言を実行に移すために9つのタスクフォースを編成した．

この過程の結果，アレゲニー会議は100項目にわたる提言を実行に移すために，シードマネーとして360万ドルの資金を提供した．また，会議は，ピッツバーグ・ハイテク協議会のような他の組織の活動も活性化させた．会議は，芸術劇場の建設に42万ドルを拠出したことをはじめとして，芸術活動を促進するために“ピッツバーグ芸術財団”を設立した．さらに，会議が作成した経済戦略は，21世紀に向かってとるべき行動を列挙した包括的な戦略である“戦略21”となって結実した．

1990年代までに，雇用と所得の増加が見られ，ピッツバーグは回復過程に入った．新しい成長産業であるバイオ研究，ロボティックス，ソフトウェア，加工組立て産業などが発展した．また，深刻な経済的危機，コミュニティの分裂といった事態から時間がたっていないにもかかわらず，居住環境の点でも上位にランクされている（たとえば，ランド・マクナリー社の“場所のレーティング”）．この成功の全ては，アレゲニー会議と市民起業家の努力によってもたらされたものではないが，この種のリーダーシップは，ピッツバーグが経済的に困難な時期に新しい方向性を積極的に押し進めることとなった．

カリフォルニア州のような広大な州では、私は地域ごとに活性化を図るアプローチがいいのではないかと考えていた」と説明している。ジョイントベンチャー・シリコンバレー・ネットワークは、市民起業家がコミュニティによって認定された当初のアイデアを実行し、将来の機会を生み出して課題を解決する仕掛けとして機能している（表7-1）。

ミシシッピー州ツペロ郡の日刊紙である『デイリー・ジャーナル』の発行人を一九三四年から亡くなる一九八三年まで務めたジョージ・マクリーンは、スタンフォード大学の大学院で教鞭をとった後、経済開発を推進するために故郷に戻ってきた。「ツペロ郡は、エルビス・プレスリーの生まれ故郷であ

表7－1　ピッツバーグ

「コミュニティ開発に関するアレゲニー会議」は，市民起業家であるリチャード・キング・メロンによって1943年に設立されたが，ピッツバーグ経済の危機的なときに，市民起業家が変革のための触媒として機能するためのプラットフォームとしての機能を提供した．

第2次世界大戦後，アレゲニー会議は大気汚染の改善および市の中心部の再開発に焦点を絞った“ルネッサンス1”を積極的に推進した．この活動により，ピッツバーグの景観は改善され，商業地域およびビジネス地域が活況を呈する基盤をつくった．これにより，経済成長の新たな時期を実現する多様なビジネスと金融サービスが生み出された．

ピッツバーグにおける鉄鋼産業の国際競争力の喪失により，1970年代前半までにアレゲニー会議は再び強力な行動をとることとなった．会議は，地域経済の多様化を進めるために他の業種の企業誘致を行う新しいグループ（ペン南西部協会）を設立した．15年間の活動を通じて，協会は，大ピッツバーグ地域の9つの郡に約300の企業を誘致し，3万人の雇用を創出した．

しかし，1970年代後半までに，ピッツバーグの鉄鋼産業は壊滅的打撃を受けた．国際競争の力がこの地域の比較優位を喪失させた．これに対応して，アレゲニー会議は活動を強化した．市の中心部の第2期再開発（“ルネッサンス2”）が開始され，1980年代まで継続された．81年に，会議は

ること以外に他の地域と差別化できず、他の南部諸州と同様に経済的停滞への途を歩んでいくところであった」（クーパー、一九九四年）。しかし、ジョージ・マクリーンはそのような人物ではなかった。彼は、〃コミュニティ開発財団〃という新しい協働のための組織を設立した。税制上のインセンティブによって企業を誘致するするのではなく、財団は、労働者の技能向上のために地域にコミュニティ大学と共同活動を行うことに集中した。

今日では、製造業のすべての従業員は、五年ごとに訓練を受けることとなっている。「市の職業訓練はアメリカ中の羨望の的となっている。ＩＢＭのコンピュータ化された新しい訓練ワークショップ・システムは、アメリカの

どの地域のものよりも進んでいる。このツペロ郡では、雇用のほとんどが地域の住民であるにもかかわらず、一人当たりの所得がミシシッピー州で最も高くなっている」（「アメリカ南部調査」一九九四年）。一九九三年には、ツペロ郡は、総額一億ドルに及ぶ一六工場の新規投資を確保した。また、労働者の訓練に共同して集中的に投資したことは、黒人のコミュニティが地域の成功に参加することを可能にした。ツペロ郡の黒人の失業率は、ミシシッピー州の他の地域における黒人の失業率の半分である。

しかし、多くの地域は〝危機の時の協働〟を超えて進むことに多くの困難を発見している。ニューヨーク市は一九七〇年代半ばの差し迫った財政危機から脱出するためすばやく関係者が結集したが、ひとたび危機が遠のくと、市民起業家精神も雲散霧消した。デービッド・ロックフェラーが八〇年代前半に新しい種類のリーダーシップを発揮するまでは、ニューヨークの市民起業家は、行動を持続させるための結節の場を発見できなかった。ロックフェラーは、一〇〇人以上の会社の社長と大企業、中小企業、コミュニティ、社会奉仕グループから主要な代表者を集めて、ニューヨークのビジネスのコンセプットをまったく新しいものに作り替える「ニューヨーク・パートナーシップ」を設立することを支援した（カッツェンバック＆スミス、一九九三年）。

シカゴ市も同様な困難に遭遇した。アモコ社社長のローレンス・フラーとアーサー・アンダーソン社総支配人・社長のデュアン・クルバーグは、市民起業家として、一九八六年に〝シカゴ・プロジェクト――シカゴにおける市民生活に関する報告〟と題するコミュニティの協働について調査することに対して資金的支援を行った。彼らは、協働は並大抵ではないことを発見した。なぜなら、ビジネスの関係者とコミュニティの指導者とはお互いを理解せず、尊敬もしていなかったからである。双方とも、他方がコミュニケーションとギブ・アンド・テイクを進めるのに消極的であると考えていた。誰も民間セクターと公的セクターとの実効性のある相互交流を進めるフォーラムが持続性のある形で存在しうるとは考えていなかった。

地域の組織のすべてが協働のための組織ではない。地域の組織の中には、協働を阻害し、コミュニティのエネルギーを非生産的な活動に吸い上げたり、地域の人々の憤慨を高めるように行動するものもある。このような組織は、新しい社会的ネットワークを構築し持続させる上でほとんど役に立たないばかりか、しばしば有害なものである。それらの組織は、対決的な状況を新しくつくったり、何を協働で達成すべきかについて参加者の間でえこひいきをつくったりする。

たとえばボストン市においては、地域組織の役割はシリコンバレーのそれと異なった形をとった。一九七〇年代「サンタクララ郡製造業グループ」は、地域でしだいに問題となった生活の質の改善のために、政府と相互に受け入れ可能な解決策を策定する取り組みを行ったのに対して、「マサチューセッツ・ハイテク協議会」は、協働を阻害するような役割を果たした。協議会は七七年に設立されたが、「その活動の大半を減税のためのロビイングに費やし、そのことがさらに産業の発展に寄与する公的セクターの能力を減殺することとなった」（サクセニアン、一九九四年）。「企業グループ」や「ルート128ベンチャー・グループ」などの他の活動機関は、「ネットワークを持続させるための基盤としてではなく、主として、事業家にとって一回限りの情報をとったり、関係者と接触したりする場として機能した」（サクセニアン、一九九四年）。

五〇〇以上の企業を対象としたハーバード大学の調査は、ビジネスの指導者たちが地域の苦境を政府とマスコミの責任であると感じており、〝非難の文化〟が近年ルート128号線一帯（訳者注・ボストン市郊外に環状に展開しているハイウェイ128号線の周辺にハイテク企業が集積し、産業クラスターを形成している）に蔓延していることを明らかにしている。「伝統的に多くのハイテク企業は自身の産業に関心を集中し、社会的責任にはほとんど関心を払わなかった。彼らにとって、政治とは主として税金に反対することであり、コミュニティのビジョンを実現することではなかった」（カンター、一九九五年）。

市民起業家精神が長く続く文化を醸成する

市民起業家精神は、一朝一夕に出来上がるものではない。「どのように精力的であり、意味のあるものであっても、（市民起業家）精神を持っていない人材が協働しても成功することにはならない」とマイケル・シュレージ（一九九〇年）は指摘している。そのためには、時間がかかる。クリーブランドのジム・ビガーによると、「数十年にわたり活動する基盤を持たなければならない。五年間では無理である」。これは、市民起業家精神がほうふつとして沸き起こってくる文化を醸成することを意味している。オースチンのニール・コクレックによると、「挑戦的課題は、常に如何にリーダーシップを発揮するかである。われわれは、コミュニティにコミットした強力な指導者群を必要としている。われわれは、過去の遺産から訣別しなければならない」。

コミュニティにおいて市民起業家精神を醸成することにより、市民起業家は、登場しつつあるコミュニティの指導者や将来のコミュニティの指導者の間に〝心の共有〟をつくることができる。スティーブ・ミンターの観察するところによると、クリーブランド市のアプローチは「指導者が積極的に活動しやすいように、指導者の選定に熟慮が払われた。それは、このコミュニティの伝統であった。また、引き続き行われた計画策定に関しても熟慮が行われた。それは、コミュニケーションと継続性の点で大きな違いを生むこととなった」。オースチンのニール・コクレックによると「他の人々を参加させ、過程において指導するのは指導者の責任である。私は、〝ハロルド、このボールを持ってこの方向へ走り出してはどうだ。西オースチンに市民センターを建設しようじゃないか〟と言った。彼は、そのボールを受け取り走り始めた。彼は止まることがなかった」。

ウィチタ市は、リーダーシップを更新するという課題に常に直面した典型的なコミュニティである。ライオネル・アルフォードによると「取り入れるべき新鮮なアイデアを持った数多くの若者がいる。しばしば、われわれは年配者に関心を向け、若者を取り込もうとはしない。それをしなかったのは、われわれの責任である」。ヘイル・リッチーは、次の世代の指導者が誰であるのかウィチタは確証を持っていないとして「新聞社がコミュニティの主要な人物に対して、将来の指導者のトップ・テンを挙げてもらうように要請した。四〇から五〇人の名前が挙がったが、二回名前が挙がった人はいなかった」というエピソードを紹介している。

市民起業家精神を構築するために多くの方法が使われているが、コミュニティの協働の過程に積極的に参加することは、市民起業家精神を養う最良の基盤を提供する。アリゾナのスティーブ・ザイストラは「アリゾナ経済開発戦略計画や経済開発戦略パートナーシップの過程は、危機的状況ではなくとも、いくつかの理由から役割を果たす中心的人物である市民起業家の基盤を構築した。一つには、われわれは関心を持った。二番目には、われわれは、説明責任を感じた。われわれの多くは、弾みを継続し、産業クラスターを発展させなければならないと感じた」と観察している。オースチンのパイク・パワーズは、「プロジェクトを推進することは、人々を参加させる方法である。その過程で、人々は行動を模倣しながら市民起業家となる」と市民起業家精神を養う過程を確認している。

組織とコミュニティも、このような市民起業家精神を実験的に学びとる上で先験的な活動をすることができる。アリゾナのアラン・ハルドによると「あなたは、訓練を指導する者であってはならない。ほとんど常に、あなたは異なった分野の練達した指導者を相手にしなければならない。あなたが行うのは、ビジネスや政府から指導者を個人として調達し、市民起業家精神を持たせることである。あなたはそのような人に対して異なった種類のリーダーシップを創造する過程について教育するが、それはリーダーシップのあり方自体を教育する伝統的なものではない」。コミュニティは、それぞれの専門分野において指導的立場にある人々で起業家精神を持った人物を取り込み、彼らがその才能を市民の領域に適用するため言語、道具および他の人々との人的ネットワークを発展させることを支援する。

市民起業家精神を醸成する文化を地域で発展させるために、多くの非公式的、公式的な方法がある。フロリダのラリー・ペルトンは「われわれは、登場してくる新しい指導者を見つけ、組織の所属に関係なく朝食に招待している。このことが、リーダーシップをふ化する上で大きな役割を果たしている」と指摘している。クリーブランドのリチャード・ポーグは「効果のあった仕掛けの一つが、「リーダーシップ・クリーブランド」であった。これはアメリカで比較的早く開始された指導者育成プログラムの一つであり、一〇年後に指導者となる人々に焦点をあてていた。それは、数年後に企業経営者となる若い人々が経験を積んだ先輩から経営者とはどのようなものであるかを聞ける重要な機会であった。苦境にあった日々のことを語り、いかにしてそれを克服したかを常に語ることは、名声を維持することとなる。そうすれば、若い指導者たちは、自然とそれを吸収する」と語っている。会社社長であるジム・ビガーは「彼らは、多くの年月が経過した後でなければ報われない信頼関係を相互に構築する」とつけ加えている。

コネチカット相互保険会社会長のデニス・マレインは、ハートフォード市が一九八〇年代前半、指導者難に悩まされていることを知っていた。「古い秩序は崩れ、コミュニティのリーダーシップという観点からは、新しい秩序は形成されていなかった」。〝司教〟と呼ばれた企業経営者による古い秩序は、新しいグループが力を獲得するにつれて第一線から姿を消そうとしていた。しかし、さまざまなグループの間にはほとんどコミュニケーションはなく、彼らが話をするときは、お互いを非難ばかりしていた。

マレインは、市民起業家が協働し、指導者としての技能を磨くためのプログラムをつくることにより、一群の市民起業家をつくりだそうとした。「アメリカ・リーダーシップ・フォーラム」をモデルとして選択し、彼らは一九八四年にその支部を設立した。コミュニティの協働を観察している専門家によると、過去一〇年間において「ハートフォード市の変化への準備と能力は、著しく改善された。参加者の多くが特定の問題を解決するために協働プロジェクトを開始し、周囲の人々から市民のインフラにおいて重要な資産とみなされるようになった」(クリスリップ・ラルソン、一九九四年)。

アリゾナのジャック・ピスターは、アリゾナ州は、市民起業家精神を強化するために必要な文化を公式的に発展させる必要があると考えて、次のように発言している。「アリゾナ州は、企業の関係者などを市民起業家へ転化させるために、兵学校のようなリーダーシップを教育する教育機関を必要としている」。ピスターによると「そこから経済分野においてリーダーシップを発揮することに熟練した人々が生まれる。彼らは、そこで同僚と会い、インターアクションを起こす機会を得ることとなり、コミュニティにどっぷり浸かることとになる。われわれは、トップだけではなく、次の世代の指導者を育成しなければならない。人々は、経済がどのように機能するかについて理解していない。経済学を学んだ人でさえ、経済は各主体が単独で行動することで機能していると教え込まれている。これは、まったく正しくない」。

同時に、ウィチタのヘイル・リッチーは、参加者がその技能を市民の領域に適用できたときに、リーダーシップ開拓努力が最も効果的になることを見て取っている。「人々はリーダーシップ・プログラムを受講したが、それに関連したことについては、何もすることがなかった。彼らは、それ以上のことを実行したかった」。彼は、そのようなプログラムにより「実行力のあるビジョン豊かな指導者を生むことはないが、その前段階として人々を集めることにはなる」と考えている。また、経済の分野で指導者になることは、芸術の分野で指導者になることとは異なったパラダイム、言語、知識およびネットワークを必要とする。リーダーシップを一般的に育成するためのプログラムは、市民起業家として新しく獲得した技能を適用する機会を提供するような分野を絞った実質的な活動に比して、あまり意味のないものである。

あるコミュニティでは、主要な企業が、期待感を高め、企業関係者がどのようにコミュニティに関与するかについて指導をすることに関心を集中しているものがある。キャロル・フーバーによると、クリーブランド市ドでは「多くの企業は、従業員が地位を高めるにつれて、市民の課題を解決しリーダーシップを発揮することが仕事の重要な一部であることを教育し、従業員のそのような活動を支援している」。オースチンのニール・コクレックは「それは前例となり、持続的に活動が継続する基礎となった。今日では、経済開発は制度化されており、制度化がうまく進んでいる」と観察している。

シリコンバレーのジム・モーガンは、彼の会社が主要な事業活動を行っているすべての地域で、地域のユナイテッド・ウェイ（赤十字）の運動に参加するだけではなく、地域のインフラ開発における戦略的パートナーとして積極的に関与するよう努めている。「われわれは、オースチンであれ日本であれ、意味のあることをしようと努力している。われわれは、われわれのプログラムをそれぞれの地域の文化や慣習に合うように作り直している。中国では、われわれは研究開発を支援するためにシード・マネーを供給するプログラムを展開した。彼らには優秀な頭脳はあるが、資金が不足していたからである。われわれは、日本では教育に集中し、ヨーロッパでは大学や特別の技術グループと共同研究を行った」。

エド・マクラッケンは、次のようにモーガンと同じような感覚を持っている。「ヒューレット・パッカード社において、私はシリコンバレーだけではなく、ドイツ、フランスのグルノーブル、シンガポールやコロラド州の各地域に当てはまる哲学を発見した。企業がどこで事業を行おうとも、コミュニティの一部になることは、トップマネージメントの責任であるばかりでなく、当初から優先すべき哲学であった」。アリゾナのジャック・ピスターは、組織内で起こった変化を回想して「従来は、組織は孤立し、コミュニティや世界を理解していなかった。規制緩和と競争により、われわれの視野狭窄を矯正し、地平線を拡大するときがきた。組織のパーフォーマンスを見直す際に、コミュニティがいかにリーダーシップを発揮するかがわれわれの実行上の課題の一部であった。しかし今や私は、コミュニティのより実効的に関与するために民間セクターの指導者を訓練しなければならないと考えている」。

将来においては、企業が主要な事業活動を行うところで経済コミュニティを構築する重要性を企業が理解するにつれて、市民起業家精神を発揮する技能を発展させるために企業の教育訓練ファンドを活用しようという動きが高まる可能性がある。たとえばカリフォルニア州のパシフィック・ガス電気会社（PG&E）は、市民起業家精神に関する原則、実践、経験などを従業員に対して教育訓練する新しいカリキュラムを開発したが、それは従業員がそれによって得られた技能をPG&Eのテリトリーである北部カリフォルニアおよび中部カリフォルニアでの市民起業家活動に適用することを可能にしている。オースチンのグレン・ウェストは、「コミュニティの長期的利益がビジネスの長期的利益につながることは、今日ではビジネスの関係者は以前より理解するようになった」

と語っている。しかし、「そのことに関しては企業によって理解度に差があるために、ビジネスが理解するための役割モデル」が依然として必要である。

伝統的な役割モデルが消滅したり、企業によるリーダーシップがしだいに過渡的なものになっているために、多くのコミュニティがつまずいている。ウィチタのライオネル・アルフォードによれば「成功と継続は、誰が指導者であるかにかかっている。もし指導者があまり知られていないか、他の人々を動かす能力を持っていないならば、活動の焦点はぼけ、効果はしだいに低下してゆくであろう」。

一人あるいは数人の指導者に依存することは賢明な選択肢とはいえない。そのような場合、指導者が退職し、地域を離れ、ビジネスに多くの時間を割くようになったら、どのようになるのであろうか?「アリゾナ州では、新しい人材が常に流入しているが、もし私やマーク・デミッチェルがいなくなったときに、何が起こるであろうか?」とジャック・ピスターは質問を投げかけている。ナショナル・キャッシュ・レジスター社社長であり、市民起業家であり主要な触媒役として活躍したジョン・パターソンが引退し、ほとんどの市民活動から身を引いたとき、デイトン市で起こったことは、残った企業経営者の活動がバラバラになり、新しく活動を支援する人もほとんどいないという事態であった。彼らは、しだいに小さなコミュニティ活動に広くうすくかかわるようになり、ある社長がいみじくもいったようにある種の〝情熱疲れ〟から、主要な問題を解決する時間とエネルギーを喪失した（フレイ財団、一九九三年）。

支店経済に依存し、本社を欠いているコミュニティは、市民起業家精神を持続する上で困難を抱えている。ティム・ウィツマンは「ウィチタでは、企業の人事異動により商工会議所の会頭が三人替わった。地域の外に本社があり、人事異動の度に指導者が替わることは、安定性を欠く結果になる。われわれは、地域に根ざした人材に目を向けざるを得ないが、得てしてそのような人は能力を欠いている」と指摘している。

フロリダ州では、主要な企業経営者が地域の外に存在することが、地域に対して常に課題を提供している。「以前タンパには、地元資本の銀行が三行存在した。主要な市民プロジェクトがあった場合、それらの銀行に支援を要請し、四〇－四〇－二〇の分担フォーミュラ（定測）で支援を得ることができた。銀行、電話会社、電力ガス会社などが地元資本のものであり、それらの指導者たちは活動に参加した」とテレル・セサムズは回想している。しかしセサムズによると、「今日では、植民地経済のようになっている。ビジネスの人々は指導者というよりも担当部長といった感じである。このことはコミュニティに与える効果を漠然としたものとしており、コミュニティの活動に対して〝キャッシュ・レジスター〟のようにお金だけが出てくる仕組みとなっている。このような垂直統合は、銀行にとっては良いことかもしれないが、地域経済にとってはあまり良くないことである。主要な決定は、遠く離れた場所で行われている」。

地域の外に本社が存在することは、市民起業家精神を地域で醸成する必要性をさらに高めている。ジョン・アンダーソンが観察するように「このことはフロリダ州のパラダイムシフトを理解する上で基本的なことである。地域の指導者の数はどんどん減っている。地域に派遣された部長の任期はだいたい二年であり、そのうち半分は出張し、地域にいるときでも週に七〇時間から八〇時間は働いている。彼らはコミュニティに参加しないばかりか、資金を拠出する権限も与えられていない。しかし、このことが多くの市民を参加させることにつながっている」。

本社ではなく支店経済であるとの事実にもかかわらず、オースチン市、フェニックス市などの地域においては、市民起業家精神を生む文化が醸成され、多様な市民起業家のグループが拡大している。事実、優れた市民起業家は、どのように多様性のある人材集団を生み出すかを知っている。彼らは、会社における経験からどのようにすべきかを学んでいる。彼らは、正しい場所に焦点をあて、的確な支援を得られれば、多様性のあるチームは、全体を継続的に変革する上で個人や階層的な組織よりも成果を発揮すると本心から考えている。オースチンのニール・コクレックは、「辛抱が肝心だ」と考えている。階層的な組織をつくるのではなく、彼らは、他の人々が成功の基盤とすることができるプラットフォームを構築した。

アラン・ハルドは、アリゾナ州において、新たな指導者がコミュニティにおける指導者としての役割を果たせるような基盤を構築した。アリゾナ経済開発戦略計画(ASPED)の活動は、新しい民間セクターと公的セクターのパートナーシップを生むとともに、経済計画策定過程に対する産業界の関与を拡大し、将来に対する希望を新たにした。アリゾナ州がキーティング貯蓄組合(S&L)騒動と不動産バブルの崩壊で揺れていたとき、アリゾナ経済開発戦略計画は、電子部品企業の地域部長であるがアリゾナ州の技術政策を再検討することの先頭に立ったスティーブ・ザイストラのような新しい世代の市民起業家を公的な場に登場させることとなった。この新しい動きは、以前地域で特徴的に見られた密室での取引きを止め、多様な人々をオープンな形で参加させることとなった。

アパッチ石油会社社長のレイ・プランクは、ワイオミング州は苦境に陥っていることを熟知していた。彼はその荒削りな美しさゆえ、第二の故郷であるワイオミング州を愛していた。しかし、一九八〇年代半ば、経済と人々はドン底にあった。誰も何をしたらよいかわかっているようには思われなかった。彼自身も回答を持っていなかったが、ワイオミング州を自己満足から脱出させるためには、新しい世代の指導者が必要とされていることはわかっていた。

プランクは一〇万ドルのポケットマネーを出し、その時点ではビジネスなどの職業に関心を集中させざるを得なかった若いビジネス界の人々に対して、ワイオミング州の将来にコミットするよう男女を問わず打診した。そうしてスカウトされた一人が、後に国防省の主席スポークスマンとなり一九九一年の湾岸戦争の際に非常に有名となったピート・ウィリアムズであった。ウィリアムズを中心とするグループは、ワイオミング州を動かすために一連の投資と戦略を展開した。しかし、おそらくレイ・プランクが行った最も大きな貢献は、彼が新しい世代の指導者に対して市民起業家精神を発揮する最初の機会を提供したことであろう。それらの指導者は、今やワイオミング州の経済界や行政で指導的立場を占めている。

市民起業家は、新しい種類の指導者に対して発言の機会を与えるため、しばしば伝統的ではない手段を用いる。彼らは、伝統的・制度的な関係は、変革への障害を低めるのではなく、しばしば逆に高めることがあることを学んでいる。そのような障害は、新規参入者を真の意思決定過程から閉め出すこととなる。新しい手段は、リーダーシップを更新し、市民起業家精神と経済コミュニティを構築するために用いられなければならない。

セイント・ポール市は、市民起業家精神を強化しようと努めているコミュニティの一つである。そこでは、「リーダーシップ・イニシアティブ・イン・ネーバーフッドプログラム」が確立されている。この活動を開始した市民起業家であり、セイント・ポール会社のコミュニティ担当部長であるポリー・ナイバーグのおかげにより、「ここの指導者は、公式・非公式な検討、企業訪問、出張などにより技能を磨くための助成を受けられるようになっている」（ピアース・ジョンソン・ホール、一九九三年）。

このような種類の活動のすべては、究極の目標である市民起業家精神の伝統を地域で根づかせることに向けたステップである。ロバート・パットナムの最近の調査は、コミュニティと経済の間の持続的な協働の力がどのようなものであるかを明らかにしている。彼の二〇年にわたるイタリアの地域に関する調査結果によると、地域の経済的パフォーマンスは市民コミュニティに関する指標と密接な関係があることが明らかになっている。パットナムによると「市民的な伝統が現在の経済開発のレベルを示す統一的な指標になっている。……要するに、経済は市民活動の成熟度を予測するものではないが、市民活動の成熟度は経済を予測する機能を有している」（一九九三年）。

北部イタリアにおいて経済的に成功している地域は、「競争と協働という一見したところ相矛盾する要素の組み合わせ」に基盤をおいている。企業は、行政サービス、資金調達、研究開発という点で協働しながら、製品のスタイル、効率性等の確信に向けて活発な競争を展開している。民間経済団体やコミュニティ組織のネットワークが行き渡り、協働を促進するために市場が栄え、中小企業に対しては単独では整備できないインフラを提供する環境が構築されている（パットナム、一九九三年）。

アメリカのコミュニティの中では、ミネアポリス市は協働と市民起業家精神を支援する文化を持った地域の一つである。「偏狭な利己主義を独立した個人によるバランスのとれた協働にまで高めたメカニズムは、団体、研究会、委員会、その他各種の市民グループなどのネットワークである」（オオウチ、一九八四年）。

それぞれの小さなグループは、狭い利益を追求するために志を同じくした市民により構成されているが、ネットワーク化すると多様なグループが問題解決のために協働することができる。同一の人物が、ある時は自己を犠牲にし、ある時はコミュニティに恩返しをしながら、多様なグループに参加する。「それぞれの利益集団だけではパートナーシップを生み出すことができないが、ミネアポリス市において市民が協働できるのは、そのような集団のネットワークと相互理解によるものである」（オオウチ、一九八四年）。

ミネアポリス市は「慈善事業家や利他主義者が集まった場所ではなく、現実主義者や自己の利益を追求する人々が集まった場所である。そこでは、誰も相互干渉することによっては自己の目的を達成できないことから、相互にゆるく拘束し合う制度的ネットワークが機能している。どの個人、グループ、官僚も、単独では市全体を動かすほど賢明ではない。ネットワーク化により、社会的選択と共同行動を可能にする相互交流の安定的なパターンが長年にわたり継続するようになる。なぜなら、個人がコミュニティの利益のために自己の利益を犠牲にしたとき、他のメンバーはその犠牲は将来何らかの形で報いられなければならないことを知っているからである」（オオウチ、一九八四年）。

市民起業家精神を支える文化は、経済コミュニティ全体にわたって重要な材料となっている。高成長を記録したアメリカの非都市部の関する包括的な調査（全米知事会、一九八八年）によると、「最も成長した郡においては、地方政府の支援を活用して経済成長と多様性の確保のために活動した地域の指導者のパートナーシップをうまく組織化することに成功している。一人の個人が、良いときも悪いときもパートナーシップを維持しながら、活動の点火役を果たしていることが共通して確認された」。都市部と同様に、成功した非都市部においては、コミュニティの方向を、課題に挑戦し機会をつかまえるように転換させる市民起業家精神を支える文化が醸成されている。

輪を広げ、新規参入者を巻き込む

市民起業家は、コミュニティのリーダーシップに新規参入者を巻き込むように特段の努力をする。この行動により、人々が貢献できるように馴化させるために、コミュニティが、地域の外の組織に依存したり、リーダーシップを新しく転換していくことを可能にする。たとえ彼らが任期短くポジションを離れたとしても、そのポジションに対する周りの期待感は既に確立されており、次にそのポジションに着く人物は、市民起業家精神を発揮することが仕事に一部であると考えるようになる。

この挑戦は終わりなく続く。アリゾナのメアリー・ジョ・ウェイツによると「われわれは、アリゾナ州が新しい人々がどんどん参入し急速に成長しているが、彼らはアリゾナ経済開発戦略計画のフレームワークに関する情報基盤を持っていないことを認識する必要がある。最近のタウン・ホールでの会合で、アリゾナ経済開発戦略計画の過程に参加したことがあるかと質問したところ、半分も手を挙げなかった」。パイク・パワーズは、彼のコミュニティも同様の課題に直面しているとして「オースチンは、短期滞在者によって構成されているコミュニティである。成人の五〇パーセントは居住歴一〇年未満であり、三分の一は五年未満である」と指摘している。

典型的に起こる問題は、新規参入者は従来のコミュニティに帰属意識を持っていることである。ハリー・フィギーとバージニア州リッチモンド市の例をとりあげてみよう。フィギーは、「フォーチュン五〇〇」にはいるスポーツ用品製造メーカーであるフィギー・インターナショナルの会長・社長であった。彼はクリーブランド市に拠点をおいていたが、生活に質と経済の悪化に立腹していた。そのとき、彼は経済開発を計画している人々からリッチモンド市への誘いを受け、転居することを決心した。やがて、経済開発を計画していたリッチモンド市の人々は、彼に地域の慈善事業に寄付をするよう求めたが、彼は、クリーブランド市をふくむ他の地域の慈善事業と関係しているとして、申し出を断った。リッチモンド市において彼は、冷淡な接触を受けた。彼は、リッチモンド市がもとめたのはお金であって自分の参加ではないと感じ始めた。ちょうど六年後、彼はクリーブランドへ戻っていった」(コトラー・ハイダー・ライン、一九九三年)。

これとは対照的に、新参入者を参加させるために直ちに活動するコミュニティもある。クリーブランドのリチャード・ポーグは「新しい社長が仕事に就いたり居住するために町に来たときは、彼らを参加させようという関心が働く。われわれは新しい人々を必要としている。それは期待である」と述べている。オランド市の市長であるグレンダ・フードは「新しいビジネスの指導者が市に来たときにはいつでも、私は個人的に彼らと接触し、参加を依頼する」ことを強調している。オランド市では、新しい指導者は、見解を表明することが期待され、その見解は尊重されている。フードによると「われわれは、新しい指導者や彼らがコミュニティにもたらす新しいアイデアやエネルギーを資本として使用する。われわれは、人々が問題解決のために情熱的になるよう仕向ける必要がある」。

オースチン市はこの新規参入者に対する開放性を新しいレベルにまで高めている。オースチンのパイク・パワーズによると「コミュニティは、新しい人々を受け入れるのにオープンである。他の地域では、階層構造ができているが、ここでは、そのような貴族政治というよりは、民主政治である。これは、われわれが企業に期待するものの一つである。ここに新しい人材が来たときには、われわれは企業市民になることを期待する。このコミュニティの一部となりたいと考えるのであれば、ビジネスの指導者として行動しなければならない」。

オースチン市がそのような馴化の過程を本格的に行ったことは、驚くべきことではない。当初の段階では、オースチン市はパイク・パワーズやリー・クックのような地域の市民起業家が新しい市民起業家を組織し、彼らを参加させることに依存した。一〇年以上にわたる成功を収め、オースチン市は新しい局面に移行しつつある。そこでは、新規参入者の間で市民起業家精神を醸成するために、商工会議所を活用してリーダーシップ開発イニシアティブを広範に展開している。パイク・パワーズによると「〝ディスカバー・オースチン〟は、新しい社長や上級部長をターゲットとしている。彼らと彼らの配偶者は、コミュニティがいかに機能するかに関する教育を四カ月にわたり集中的に受けている。これは、ほとんどすべてのコミュニティで行っているリーダーシップ開発プログラムを超えたやり方である」と観察している。

師匠としての市民起業家に対するアドバイス

●コミュニティの中に協働を促進するネットワーク組織が少なくとも一つ存在し、将来の市民起業家のためのプラットフォームとして機能するようにしなければならない。
●自分が属する組織や企業の中で明示的に市民起業家精神の発揮を支援するような体制をつくり、新しく登場する指導者に対して実践を通じて学ぶ機会を与えなければならない。
●新しい指導者グループに対して、長期にわたって組織や活動を継続し、コミュニティに方向づけを与えるかについて新しい見方をするように課題を与えるとともに、彼らを支援しなければならない。
●ネットワーキングやチーム編成を超えてコミュニティの鍵となる課題に焦点を絞って行動するため、地域においてリーダーシップを開発するプログラムをつくらなければならない。
●市民起業家精神を支える文化が自然とコミュニティに広がると考えてはならない。そのためには、常に文化を醸成する努力が必要であり、そうでなければ文化はしだいに浸食される。
●協働を促進する組織の仕事を他の目的（たとえば、啓蒙普及）のために設立された組織に委ねてはならない。そのように考えることは、誤った結果を招くことになる。
●一般的なリーダーシップ開発を行ってはならない。既にそれぞれの分野（ビジネス、政府、非営利セクター）で能力を示した人々が、その技能を市民活動に投入することを支援するよう活動の焦点を絞るべきである。
●新しくコミュニティに来た支店の長などの人々が市民起業家になることはできないと考えてはならない。個人がおかれた地位に関係なく、市民起業家になれるとの期待感を高めることが必要である。

扇動者――コミュニティの地平線を上げる

市民起業家は、休みなく活動する。彼らは、常にもっとうまくやれる方法があるはずだとか、目指すべき明るい未来があるはずだと考えている。彼らは自己満足に陥ることはない。彼らは、コミュニティが新しい問題を発見し、その解決に向けてよりよい方法を採るように仕向ける扇動者である。彼らは、自己利益を実現するための問題解決を提唱するという意味での扇動者ではない。そうではなく、彼らは、コミュニティが当初の想定に常に挑戦し、難しい問題を問いかけ、よりよい未来に向かって努力するように関心を払う人物である。辞書の定義によれば、扇動者とは〝刺激を与える仕掛け人〟であるとされている。市民起業家は、常にコミュニティが改善の方向に向かうように継続的に刺激を与える。市民起業家は、次のようなステップをとって扇動する。彼らは、

- 変革の過程を継続的に押し進める。
- コミュニティの問題と方向性を常に見直すように奨励する。
- 常によりよいコミュニティを構築するように会話を継続する。

変革の過程を継続的に押し進める

市民起業家は、特定の解決策を提唱するのではなく、変革の過程を継続すべきことを扇動する。彼らは、問題は時とともに変化することは認識しているが、コミュニティが新しい問題を認識し、

その解決に向けて取り組む過程を有していれば、コミュニティは甦りうることを知っている。アイオアナ・モーフェシスによるとアリゾナ経済開発戦略計画は、われわれがビジネスをどのように行うかを示す制度化された組織となっている。以前のパラダイムは、成長を仕事の量で測るというものであり、それが人々が経済開発を見る見方であった。今日では、人々は、ビジネス、経済、コミュニティ活動、社会、教育などコミュニティにおける生活のほとんどすべての局面を包含した統合された過程であると考えている」。

シリコンバレーも同様の変化を経験した。ジム・モーガンが解説するように「今やわれわれはさまざまなグループを問題解決のために協働させる能力を有しており、そのことが、われわれが多くの新しいことを行うことを可能としている。たとえば、マルチメディアのような新しい機会が登場すると、われわれは迅速に対応することができる。教育界や他のグループを巻き込むことによって、多くの運動を加速化させることができることは明らかである。われわれは、モデルを持っている。モデルをひとたび持てば、多くのことを起こすことができる」。グレン・トニーは環境への適合性が鍵であるとして次のように発言している。「われわれは旅を開始するとき、順路を地図上でたどるが、かならずしもその順路どおりに進むわけではない。変化は当初の設計やパターンからはずれることを意味しているが、われわれは、軌道を確保するようにしなければならない。それは、継続的改善の活動である」。

同時に、継続的に前進することがなくなれば、自然の力が働いてコミュニティを分裂させることになる。現状維持を受け入れることは適切ではない。現状維持は、流れに遅れることを意味するからである。ウィチタのライオネル・アルフォードは「時間が経過するにつれて、人々は何が現在の成功をもたらしたについて感覚を失う。われわれは、新しい緊張をつくり出すワイズ（WI／SE）の新しい指導者を必要としている」と警告を発している。ティム・ウィッマンは、これに加えて、「われわれは、企業トップが長期間にわたり続けてリーダーシップを発揮することを期待することはできない。ビジネスの人間は、政府に挑戦したがらないからである。政府は、強力な役割を果たしているが、安定的なものではない。コミュニティの構築は、時間がかかるものである」と述べている。

クリーブランドのジム・ビガーは、「それは山のようなものである。常に山を浸食する力が働いている。われわれは、自分自身の町のことを多様性が尊重される新しいアメリカの都市であるとして発言しているが、もしわれわれがそのような能力を失ったとしたら、あるいは、もしわれわれが民間セクターと公的セクターとのパートナーシップを失ったとしたら、地滑り現象が起こり、自然の力により山は崩れさることになるであろう。自然の力もそれだけでは分裂する。したがって、コミュニティは結びつける地域を持っていなければならない。このコミュニティは、今のところそのような地域を持っているが、常に、ビジネスは良くないと発言したり、人種問題を持ち出す扇動政治家（デマゴーグ）が登場する危険性がある」と考えている。

市民起業家は、コミュニティが自己満足に陥ることのないように戦っている。オースチンのパイク・パワーズは「成長せずに終わったり、不適切なものになったりする危険性は、現実のものとしてある。われわれは、新しい人材と新しいアイデアを必要としている」と観察している。アリゾナ州における成功にもかかわらず、アラン・ハルドは次のような質問を繰り返している。「どのようにして、再び数多くの人々を参加させることができるであろうか？　今やわれわれは、絶頂期にいて資源を手に入れることができるが、どのようにして新しい方向に動き出すことができるであろうか？　かつて参加した人々のうち、五人に二人は現在でも活動している。同時に、当初の過程とフレームワークに関係したことのないもっと多くの人々が参加している」。

最も大きな挑戦的課題の一つは、新しい考え方と指導者を喜んで迎え入れる環境をつくることである。クリーブランドのスティーブ・ミンターは、「最も大きな障害は、〝もうやった〟と反応することだ。今日、新しいグループの人々がやってきて、〝この素晴らしいことについて話させて下さい〟と言ったとき、あなたは口ごもりながら、〝おいおい、そんなことはもう何年も前にやったことだよ〟と思っているのではないか」と指摘している。また、同時にミンターは、これは自己満足と戦う重要な材料になりうるとして「新しいグループの人々がやってきて、いままで十分達成しておらず、〝まさに今やる必要があることはわかっているじゃないか〟と指摘することは、われわれにとっと幸運なことだ。必要なのは、熱意である。〝われわれは、既に経験済みだ〟と対応するのではなく、まったく新しい十字軍を編成する必要がある」と言っている。

また別の大きな挑戦的課題は、ひとたび危機が過ぎ去ると気をゆるめる性癖をいかに克服するかである。アリゾナのアラン・ハルドは、一九九〇年前半より起こってきたことに思いを巡らしている。「ひとたび経済が回復すると、問題は重要とは思われなくなった。人々は、次の不況の備えるのではなく、好景気のぬるま湯に浸っていた。不景気こそが、未来に向けた革新、創造性およびエネルギーを生み出すものである。余力がある好景気においてこそ、次の不景気に備えたり、不景気を防ぐために行動を起こすことが必要である。問題は、回復力である」。ハルドは「われわれは葛藤している。市民起業家精神は、危機において最も洗練されたものとなる。危機がなく、維持補修の段階では、市民起業家精神を発揮することは難しい。その時人々は〝危機がないのなら、他にすることがある〟と発言するであろう。それは、われわれすべてのものが直面する挑戦的課題である」と課題の難しさを認めている。

コミュニティが自己満足に陥らないようにするためには、常に進める過程を革新的なものとする必要がある。アリゾナのスティーブ・ザイストラは「付加価値をつける新しい方法を見つけなければならない。定期的に人々を集めるときには、それは彼らにとって価値あるものでなければならない。集めたときには、新しい情報や機会、新しい興奮などを与えなければならない」としている。アイオアナ・モーフェシスも同様に、「人々にエネルギーを与え、人々が既存のわくに縛られないで発想するような新しい方法を見つける必要がある」と指摘している。フロリダ州においては、ジョン・アンダーソンによれば、「われわれは継続的対話を保証する過程を必要としている。それは、すぐ壁にぶち当たり疲れてしまうような単発的なものではない。われわれには、実験を継続させる仕掛けが必要なのだ」。ウィチタのヘイル・リッチーは、同様に「柔軟に対応し、使命を振り返るとともに、広範な支持基盤をもっていなければならない。そうでなければ、人々は離れていってしまうであろう」と指摘している。

クリーブランド市は、その過程をどんどん難しい問題の解決に活用していったコミュニティの例である。スティーブ・ミンターによると「以前われわれは、分野によって異なるがニューアーク市との間で一番か、最後かを競っていた。われわれは、何かにしがみつき、イメージを変えようとしていたが、貧困のような奥の深い問題を処理することはできなかった。今や、われわれはある程度の成功を達成し、再び貧困という問題に戻ってきた。そこでわれわれは、「貧困対策委員会」を設立し、二七人のビジネスと政治の指導者に委員への就任を要請した。一九八九年当時は、誰も断らなかった。われわれをとりまく環境は悪化していたからである。再びわれわれは、データベースを構築し、ロックフェラー大学と協賛でケース・ウェスタン・リザーブ大学に「都市部貧困社会変革センター」を設立する過程を開始した。それにより、委員会は、他の逸話に基づくのではなく、独自の方法を確立するすることが可能となった。われわれは今や、いくつかの素晴らしい課題を伴った戦略計画を展開することができるようになった。われわれは、そのすべてに対して回答を有しているわけではないが、いくつかのアプローチを開始しようとしている」。

ウィチタの市民起業家は、従来の過程に再び火をつけるための方法を探している。ライオネル・アルフォードによると「唯一の方法は、ビジネスとコミュニティの若いグループを結びつけ、われわれがどこにいるかについて再評価をさせることである。そうすれば、彼らが新しい焦点になる。新しい見方をするためには、新しい皮袋が必要である。ウィチタでのサクセス・ストーリーにもかかわらず、アルフォードは過去と振り返って「私は、五年ではなく一〇年の資金的支援のコミットメントをもとめるべきであった。その場合、私は、八年目に再検討のために異なったグループを集め、〝君たちが新しい指導者だ。好きなようにやったらいいい〟と言って、新しい権力構造を開始させたであろう」と発言している。クリーブランド市は、まさにそのようなアプローチを採用した。リチャード・ポーグによると「明日のクリーブランドとクリーブランド財団は、四、五年に一回、戦略的な見直しを定期的に行った。われわれは一歩下がって客観的な立場から、われわれが行っていることを評価した。これが、常に場を新しいものとする方法である」。

クリーブランド市のようなコミュニティは、継続的な過程は、人々の関心をコミュニティが必要とするものへと変化させる信頼と一連の期待感を構築することを意味するものであることを理解している。アル・ラトナーは「ある意味では、われわれは困難なことをたやすく行ったと言えるかもしれない。われわれが現在解決しようと試みていることは、貧困にいかに対処するか、学校をどうするかといった基礎的な問題である。私は、他との違いを生み出すのは今までに建設してきた構築物であるとは考えていない。われわれは現在、このような基礎的な問題を処理できるかどうかを自らに問いただしている。しかし、もしわれわれが早い段階で処理すべきことを処理していなかったとしたら、われわれはこのような困難な問題に立ち向かえなかったであろう」と回想している。

常にコミュニティの課題と方向性を見直すように奨励する

市民起業家は、コミュニティに対して、継続的に登場してくる問題と方向性を見直すように奨励する。その結果、しだいに多くのコミュニティが進展を数量的に測る指標を開発するとともに、それを毎年更新している。一九九五年春、経済協力開発機構（ＯＥＣＤ）は、その指標である〝都市政策のための指標〟に関する第一回の国際会議を主催した。九五年の調査によれば、アメリカで四

○のコミュニティと州が経済、環境および社会的公正に関する指標に開発を行っているとのことである（カールソン、一九九五年）。そのようなコミュニティにおける見直し活動には、次のような類似した特徴が見られる。

•典型的に見られるのは、指標の範囲は経済的なものを超え、生活の質、環境、健康や社会的な指標も含まれているということである。実際、中心的な指標は、コミュニティの構成要素の自立性になっているケースが多い。

•里程管理（ベンチマーキング）は、コミュニティの基礎となる価値、長期的目標および未来に関する共通のビジョンに関して、より広範な基盤を持った議論を促進している。指標を開発する過程にとって、コミュニティの参加が非常に重要なものとなっている。

市民起業家と指標の開発を資金的に支援する組織は、必ずしも、自ら指標の開発を行っているわけではない。むしろ、彼らは指標の開発を容易化し、その意味を教育する役割を担っている。エド・マクラッケンや他の市民起業家の指導の下に、ジョイントベンチャー・シリコンバレー・ネットワークは、シリコンバレーの経済とコミュニティにとって望ましい姿はどのようなものであるかについて真剣な検討や議論を行った。まず第一に指導者たちは、シリコンバレーと呼ばれる経済的地域に関する情報・データの欠乏に対処するために立ち上がった。すべてのデータは郡のレベルで収集されるが、シリコンバレーを主導する産業や労働力の分布する範囲は、行政区画にぴったり当てはまるものではなく、一つの郡と三つの郡の一部にまたがっていた。

ジョイントベンチャーは、地域の経済に関する客観的で信頼性のある情報源になろうとした。このような活動は、ジョイントベンチャーの理事会で直ちに生活の質を測る指標を開発することにまで拡大された。そのねらいは、次のような機能を果たす一連の指標を開発することであった。

- 評価する――政策決定者や一般公衆の間で、シリコンバレーに何が起こっているかを理解することが必要であると認識が高まっており、その声に応える。
- モニターする――シリコンバレーにおいて、二一世紀型コミュニティのビジョンである〝世界の中で競争し、協働するためのコミュニティ〟の実現に向かってどのような進展が見られているかを追跡調査する。
- 見直す――解決が必要な重要問題を認定する。

一九九六年一月、ジョイントベンチャーは〝二一世紀型コミュニティ〟の実現に向けた進展を計測するために、「シリコンバレーのインデックス」と題する小冊子（毎年発行するもので、二回目のもの）を発行した。小冊子は、一五の経済的指標と一六の生活の質に関する指標を用いて、読者にわかりやすい用語で、シリコンバレーの状況を描写している。経済的指標に中には、仕事の質、仕事の量、ビジネスの活力などが含まれている。教育、環境、子供および若者、インフラ、市の経営、居住性などは、生活に質に関する指標のうち重要なものである。この小冊子は、毎年更新されている。

「インデックス」は、ジョイントベンチャーの理事会の三〇人の人々と主要なエコノミストにより構成される顧問委員会の一〇人の人々の協力により、作成されている。完成されると、「インデックス」はコミュニティの関心を必要とする新しい問題について特に議論を呼び起こすために、コミュニティの中で広く配布される。一九九五年版に対するフィードバックは、九六年版において、芸術や自営業（訳者注：最近、シリコンバレーでは、パソコンやワークステーションを使ったテレワークが普及しており、Small Office & Home Office の頭文字をとってＳＯＨＯと呼ばれている）に関する指標が加えられた。

シアトル市では、市民起業家は、一九九〇年以来続けられてきた指標の開発に関して、新しいコミュニティの対話を促進するため資金的な支援を行った。一九九三年、最初に発行された「サステイナブル・コミュニティのインディケーター」は、シアトル地域の長期にわたる文化的、経済的、環境保全からの健全性と活力を改善することにコミットした市民とボランティアのネットワーク・フォーラムである「サステイナブル・シアトル」の手作りの仕事の成果である。この草の根の市民活動の指導者は、地域がサステイナビリティ（訳者注：現在、アメリカでは、地球環境問題の高まりに対応して、① 省資源・省エネルギーの街づくり、② 自然との共生、③ 自動車交通をなるべくなくそうという交通体系、④ 居住環境と職場環境のミックスト・ユース、⑤ オープン・スペース、⑥ 個性的で多様性のある住居、⑦ 住民の帰属意識の基礎になるような街のアイデンティティなどを構成要素とする「サステイナブル・コミュニティ」を新しい街の理念として推進しようという運動が、各地に広がっている）に向かって前進しているのか、それとも後退しているのかを判定するための二〇の数量化された指標を開発するために、二〇〇人以上の市民を参加させる非

表7-2　何がよい指標をつくるか？

「サステイナブル・シアトル」にとって，良い指標とは
・持続的成長可能性を示すものであり，将来の世代にわたり，経済面，社会面，環境面でのコミュニティの長期的な健全性にとって基本的な要素を反映するものでなければならない．
・持続的成長可能性があるかどうかを示す有効な兆候として，コミュニティから理解され，受け入れられなければならない．
・コミュニティの行動が持続成長可能な方向に向かっているかの一般的なトレンドについて，地域の報道機関がモニターし，報告し，分析する関心を示すものでなければならない．
・地域の領域を対象として統計的に測定可能なものでなければならず，また他の市やコミュニティと比較可能であることが望ましい．データ収集と分析のための実践的な手続きが整備されているか，今後整備されることが必要である．

資料：サステイナブル・シアトル，1993年．

常に高度の過程をつくりだした。

サステイナビリティという概念は、経済的厚生、文化的厚生、環境面での厚生の間のリンケージをつくり出そうとするものである。サステイナブル・シアトルのサステイナブルな開発に関する定義づけは、国際連合が一九八七年に出した〝われわれの共通の未来〟と題する報告に基づいており、〝将来の世代のニーズを犠牲にすることなく、現代の世代がニーズを満たすこと〟（国際連合、一九八七年）とされている。

個別の会合、委員会での活動、一五〇人の市民がパネルに参加した四回の全体会合などを通じて、ビジネス、環境、政府、労働、宗教、教育などを代表する人々が望ましい未来はどのようなものであるかについて議論を展開した（表7-2）。

サステイナブル・シアトルがもたらした

革新は、シンプルであるがゆえに強力であった。サステイナブル・シアトルは、形式的な意味では組織とはいえず、シアトルの中心部にあるＹＭＣＡが事務局を務め、自らを〃過程に奉仕する者〃と呼ぶ評議会によって指導される自発的なアソシエーションである。指標を開発する過程は、広く市民の参加が保証されたものであったが、結果を生むように構成されていた。指標は今や、ネットワーク関係にある人々が他の人々を教育し、活動の進展を追跡し、政策上の二者択一に焦点をあて、そして究極的にはライフスタイルを変化させる道具として使われている。

ジャクソンビル市のケースも、コミュニティによる見直し手続きが制度化されたものとして良い例を提供している。一九八五年以来、商工会議所は毎年地域の動向に関する指標を公表していたが、その中には、どのような指標を開発したらよいかに関するボランティアの広範な活動の成果が含まれていた。商工会議所は、他のコミュニティがどのように活用したらよいかを段階的に教える〃模写キット〃を開発した。その中でも、コミュニティを参加させることが成功の鍵であることが強調されている。

クリーブランド市では、コミュニティによる見直しの伝統が確立されている。クリーブランド財団のスティーブ・ミンターは、時間の経過とともに新しい次元での取り組みと新しい対応を必要とする同じ問題の解決に、何回も挑戦することが重要であることを指摘している。「財団が一九一四年に設立されたときは、ピッツバーグとニューヨークの例を参考にして設立された。財団はコミュニティが抱える問題に関して調査を実施したが、最初の調査は、クリーブランドの公立学校に焦点をあてた。その後、社会福祉、公園リクリエーション施設、移民のアメリカ化の必要性、刑事裁判システムなどに関して調査が行われた。一九六〇年代および七〇年代においては、問題の多くは今日と同じものであった。これらの問題は、持続的に現れるものである」。新しい問題に取り組むのであれ、新しい切迫感を持って古い問題に取り組むのであれ、コミュニティによる見直しは、コミュニティを継続的に更新していくために重要な材料である。

よりよいコミュニティの構築に関して会話を継続する

市民起業家は、成功にもかかわらずよりよいコミュニティを実現するビジョンを更新し続ける。彼らは、コミュニティにとって更によいコミュニティの姿を明らかにし地平線を引き上げる。クリーブランドのアル・ラトナーは「一〇分に一の尺度では、われわれは行ったことからすれば、一〇分の一〇の位置にいるが、われわれが本来行わなければならないことからすれば、一〇分の三しか達成できていない。われわれが行ったことに関していえば、われわれは極めてうまく実施したと言えるであろう。他方、時間を割いて、この市でいかに多くの人々が貧困にあえいでいるかを見ると、われわれには、多くの仕事があることがわかる」と述べている。

市民起業家は、コミュニティが先験的であり続けるように奨励する。アリゾナのスティーブ・ザイストラは「教育に関しては、普遍的なビジョンはない。教育問題に取り組んでいる多くのグループがいるが、それぞれ反対し合っている。ここに、経済開発戦略パートナーシップ（GSPED）の過程が意味をもつ理由がある。経済全体のために何かができるのであれば、なぜ、教育ではできないのか？」と不満を述べている。ウィチタのティム・ウィツマンは、彼の心配に関して「二年前、われわれはビジョンをなくし始めた。ビジネスは従来のビジョンにコミットしていたが、政府のサイドでビジョンを持続させることは困難であった」と述べている。シリコンバレーのウィリアム・F・ミラー教授は、ビジョンと報酬の価値を理解している。「アイデアの力を共有し、人々が自分自身の方向性を修正するのを観察し、ついで新たな考えを実行に移すことは、無上の喜びである」。

基本的には、市民起業家は危機における機会を発見し、物事がうまくいっているときに更にうまく実施する必要性を感じ、コミュニティは常に良くなることができると強く確信している人物である。シリコンバレーの法律家で早い時期に地域における協働の提唱者であったトム・スコーニカは「われわれは、二五年前に再び戻ることはできないが、何か良いものを目指すことはできる」と確信している。

クリーブランドのアル・ラトナーは「フォード自動車会社の社長は、今後一〇年間で従業員の六〇パーセントを入れ替えなければならないといっているが、彼は、どこから労働者を調達するかわかっていない。これは大きな問題を抱えているということではなく、大きな機会があるということである。同じことを問題とも、機会ともとることができる。われわれは、教育の現状を問題だとみるのではなく、われわれの市の教育が目指すべき姿を実現する大きな機会とみるべきである。このことは、いかにわれわれが精神を高揚させなければならないかという問題に解答することにもなっている。もしわれわれが行ってきたことに満足するのであれば、われわれに将来はない。われわれは、二〇年間活動してきているが、誰か他の人物が次の二〇年間を構想するであろう」と述べている。

扇動者としての市民起業家に対するアドバイス

●実行上の成功は、論理的に次のステップを必要とするとの考え方を確立しなければならない。ひとたび人々が成功を味わったときは、それを押し進めるよう奨励する必要がある。
●目に見える業績とともに信頼と成功感覚を構築することにより、基本的な問題を解決する段階を用意しなければばならない。
●新しいコミュニティの問題を定期的に発見し、検討することを促進しなければならない。
●演説、公式発言、私的な会話により良いコミュニティのビジョンに関する種を盛り込まなければならない。
●〝既にそのことはやった〟との言い回しを使ってはならない。人々に今まで何を行ってきたかを理解させ、次のステップをとるように仕向けることが必要である。
●コミュニティに関する指標や動向に関する報告をただ出すだけでは十分ではない。報告をもとに、コミュニティに指標を選択させるとともに、指標が意味することを人々に討議させ、行動の段階に移らせることが必要である。
●経済がうまくいっているときに手綱をゆるめてはならない。好機を活用して、コミュニティが未来への主要な投資に集中するようにすることが必要である。
●どのようなコミュニティの問題も、解決不可能であるとの考えを受け入れてはならない。他のコミュニティから参考となる事例を発見し、地域でそれをどのように適用することができるかについて議論を白熱させることが必要である。

第八章　結論――アメリカ再生計画
――変革の過程をスピードアップするために――

われわれの国民的課題を解決する単純な解決方法はない。魔法のようなフォーミュラは、問題を正しく解決することはないであろう。アメリカは、コミュニティごとの変革により、再生していかなければならない。市民起業家は、経済コミュニティを構築することにより、この変革と再生の途をリードする。試行錯誤や勘と観察を通じて、この新しい指導者は、コミュニティの多様な利益よりなる才能をいかに共通のビジョンの確立や協働に高めていくかを学習している。

われわれには、二つの選択肢がある。まず、われわれは、オースチン、アリゾナ、クリーブランド、フロリダ、シリコンバレーやウィチタのような場所で起こったように、自然の力により新しい指導者を前面に立たせることができる。時間の経過とともに、より多くの市民起業家が登場することであろう。この結果、必然的にコミュニティによって成功するところと、そうではないところが出てこよう。これに代わって、われわれは、市民起業家精神をアメリカ中に広める、すなわち、多くのコミュニティで実験されてきた実効的な市民的活動を国民的に〝拡充する〟方法を発見することもできる。もしわれわれが第二の選択肢を選択するとすれば、われわれは市民起業精神を学習する課程をスピードアップする方法を発見しなければならない。そしてそのことが、アメリカ中のコミュニティの変革の過程を加速化させることとなろう。

市民起業家精神を学習する過程を加速化する

今日の市民起業家は、彼らの成果をいかに広めるかを学んでいる。ある者は、既に他のコミュニティにおける市民起業家とコミュニケーションを開始している。彼らが学んだことは、市民起業家精神を発展させていくことは、長期にわたり経済コミュニティを持続させる上で中心的課題になるということである。どのようにしてわれわれ——ビジネスの関係者、公務員、経済開発担当者、財団・非営利組織関係者、メディア関係者、市民——は、市民起業家精神をより多くのコミュニティで奨励していったらよいのであろうか？　どのようにして、現在の世代の市民起業家が、二一世紀の最初の世代を鼓舞し、創り上げていったらいいのであろうか？

われわれは、ある行動をとることにより、アメリカの各地域で経済コミュニティを構築するために、市民起業家精神を刺激することができると考えている。われわれは、自然の力に任せるよりもうまくできる。このような行動を合わせれば、それは市民起業家精神を醸成する国民的課題（トップダウンとボトムアップで実施すべきものがある）を構成することになる（表8-1）。この国民的課題は、四つの段階から構成される。

表8－1　市民起業家精神を醸成するための国民的アジェンダ

市民起業家を認証する．——役割モデルを表彰する．
・市民起業家チーム賞をつくることができる．
・新しいアメリカの英雄の具体例を示すために，伝道師活動を活用することができる．
市民起業家をネットワーク化する．——ネットワーク化による学習
・市民起業家の学習ネットワークを構築することができる．
・市民起業家の世界的アライアンスを構築することができる．
・市民起業家を育成する．——世代を超えて深く教育する．
・市民起業家大学を創設することができる．
・企業の市民活動への参加を活用することができる．
市民起業家を激励する．——協働イニシアティブや協働組織を支援する．
・新しい協働イニシアティブの種をまくことができる．
・協働のための仲介組織を支援することができる．

- 市民起業家を認証する——市民起業家の役割モデルを報奨する。
- 市民起業家をネットワーク化する——ネットワークから学ぶ。
- 市民起業家を育成・発展させる——より深い教育をするとともに、広く各世代に発展させる。
- 市民起業家の活動を奨励する——協働のイニシアティブや組織を支援する。

市民起業家を認証する

コミュニティ、州および国は、公けに市民起業家によって提供される新しいタイプのリーダーシップを認証しなければならない。公けに認証することには、二つの目的がある。第一の目的は、市民起業家が存在し、多様なチームがコミュニティを前進させるために傑出した活動を行っていることを報奨することである。第二の目的は、認証することにより、市民起業家が何であるのか？　具体的には、彼らはどのような役割を果たしているのか？　どのように効果的な行動を行っているのか？　どのように新しい方法でコミュニティに関与しているのか？　などについて、広くコミュニティの人々を教育する機会を提供することができることである。このように市民起業家を広く認証することができれば、向上心に燃えた新しい市民起業家が勢いづくような役割モデルを提示することができるであろう。

市民起業家チーム賞をつくることができる

認証は、特定の賞の形をとることができる。一九八〇年代、アメリカがビジネスの世界的な大競争（メガ・コンペティション）の嵐に直面したとき、リーディング・インダストリーは、競争の鍵は、高い品質であることを認識した。連邦政府は、「マルコム・ボールディッジ・クオリティ賞」(訳者注：当時の商務長官の名前にちなんでつけられた賞）をつくり、最も質の高い製品サービスを提供した企業を表彰した。ボールディッジ賞は、質とは何であるか？　どのようにして達成するか？　についてビジネスを教育する効果を持った。それは、何千ものアメリカ企業が製品サービスの質を改善するプログラムを開始し、進展をモニターするための結節点として機能した。

今日のアメリカのコミュニティが競争という点で直面している課題は、一〇年前、アメリカのビジネスが直面した競争上の課題と同様の大きさのインパクトを持ち、軌道の根本的な再修正をもとめるものである。コミュニティが弱ければ、経済は競争力を持つことはできない。マルコム・ボールディッジ・クオリティ賞と同様の精神により、市民起業家賞を開始することは、市民起業家の各種の行動を具体的に示すとともに、コミュニティが達成した業績を認証することになるであろう。リーダーシップをチームとして発揮することを促進するために、市民起業家賞は、個々の指導者よりも協働的な経済を構築した市民起業家のチームやコミュニティのイニシアティブを表彰の対象にすべきである。表彰制度の創設は、コミュニティが新たな方法で思考し、行動するためのインセンティブとモデルを提供することとなるであろう。毎年、表彰のためのイベントまたは会議を開催することは、市民起業家と経済コミュニティに対する国民的関心を高めることとなろう。

コミュニティと州は、おそらく地域の偉人またはチームの名前にちなんで、国のレベルの「市民起業家チーム賞」に対応した表彰制度をつくることができる。この場合も同様に、市民起業家精神を公に認めることを、市民起業家精神の重要性をコミュニティまたは州に広める機会として活用することに力点を置くべきであろう。メディアと財団は、実効的なコミュニティの指導者を紹介し、彼らがどのような活動をしているかに関する情報を広める上で、非常に重要な役割を果たすことができる。教育と鼓舞の両者が必要である。

新しいアメリカの英雄を激励するため、伝道師活動を活用することができる

表彰制度をつくることに加えて、われわれは、市民起業家を具体的事例として示し、彼らを役割モデルとして育てるため、伝道師活動を開始することができる。国、州、地域の指導者は、それぞれ、この活動を市民起業家精神の大義を広めるために活用することができる。この良い事例が、シ

表8－2　市民起業家を認証するために何ができるか？

- あなたがビジネスの経営者である場合は，企業とコミュニティに利益を与えるためにたぐいまれな形で市民活動に参加をした指導者を社内で表彰することができる．
- あなたが公務員である場合は，演説の中で新しいアメリカの英雄として市民起業家を讃え，さらに多くのアメリカ人が見習うように奨励することができる．
- あなたが経済開発の推進者である場合は，あなたの活動を支援するために市民起業家が果たす役割を表彰することができる．
- あなたが財団や非営利団体の経営者である場合は，国，州，コミュニティの各レベルで市民起業家チーム賞を創設することができる．
- あなたが一般市民である場合は，市民起業家によって成し遂げられた業績に関心を払い，それがさらに前進するよう支援することができる．
- あなたが報道機関の指導者である場合は，コミュニティで物事を成し遂げた人物とその人物が実行力のある指導者として何を成し遂げたかを紹介することができる．

リコングラフィックス社のエド・マクラッケンとナショナル・パブリック・ラジオ社の社長であるデラノ・ルイスが共同議長をつとめる国家情報基盤諮問協議会によって推進された「キックスタート・イニシアティブ」である。国家的政策課題に関する提言を最終的にとりまとめるにあたって、エド・マクラッケンは、情報インフラをコミュニティの課題解決に適用するために草の根の活動にスポットライトをあてる国民的運動を開始した。キックスタートは、情報スーパーハイウエイにコミュニティの活動を接続することを支援するために、指導者に対する指針を提供した。そのフォローアップは、ベントン財団によって行われている。

別の良い事例が、クリントン大統領とゴア副大統領によってカリフォルニア州をインターネットに接続する象徴的プロジェクトとしてとりあげられた草の根のイニシアティブである「ネットデイ」である。カリフォルニア州全体に及ぶコミュニティの活動として、一九九六年三月のある日、市民、ビジネスおよび学校がカリフォルニア種の学校の三〇パーセントを情報スーパーハイウェイに接続する協働作業を行った。クリントン大統領とゴア副大統領自身も学校で光ファイバーをひく作業を行い、そこで市民のイニシアティブが驚くべきほどの盛り上がりをみせていることを感じた。連邦政府は財政的支援は行わなかったが、地域のみならずアメリカ中からこのイベントに対する注目を集めるために、このような形で支援を行った。このカリフォルニアにおける試行実験から教訓を学んだ七カ月後、ネットデイは国民的プロジェクトとして推進されることとなったが、草の根ベースで推進するという基本コンセプトは維持されている。

次のアメリカ合衆国大統領、各州知事、会社社長は、大統領の年頭報告、州知事の年頭報告、社長の年頭所感において、英雄は、経済コミュニティ構築の貢献したとして社会的に認知されている市民起業家のチームでなければならないと演説していることであろう（表8-2）。

市民起業家ネットワークをつくる——ネットワークによる学習

市民起業家は、他のコミュニティにおける市民起業家から学んでいる。すべての市民起業家のチームが、成功したコミュニティから教訓を学び、それらの教訓を取り入れてコミュニティの個性に合わせた手作りのイニシアティブを開始した開始段階のことを語っている。

クリーブランド市の市民起業家と財団の専務理事のスティーブ・ミンターは、成功したコミュニティにおいて幾度となくなく繰り返された学習課程のことを描写している。一九八〇年代、ミンターと他の市民起業家は、ボルティモア市に招待された。「われわれの方が啓発された。われわれの中には、生徒として教えを乞う者もいた。これはお互いに会話を交わす以上のものを生み出した。われわれは、彼らを模倣したばかりではなく、われわれも何かができるに違いないという共通の経験をもつに至った」。

このような学習課程は、コミュニティごとにいろいろ繰り返されている。フェニックス市はクリーブランド市からビジネスと市民のリーダーシップの役割について学び、フロリダ州から産業クラスターについて学んだ。アリゾナ経済開発戦略計画における初期段階の成果は、州や地域の経済開発の指導者にとって実践段階における最良の模範となった。シリコンバレーの場合は、一九九三年にサンノゼ商工会議所の関係者が成功について学ぶためにオースチン商工会議所を訪れた。かれらは、「われわれだってできる」という感覚をもって帰ってきた。ジム・モーガンは、アラン・ハルドの知己を得、ハルドのチームが行ったことに感銘を受けた。シリコンバレー・ネットワークは、地域再活性化のため最も進んだ過程をつくり出すために、意図的に他の地域における最良の実践経験から学んで、その上に構築された。

このような過程は、ある種の非公式的な里程管理(ベンチマーキング)である。〝ベンチマーキング〟という言葉は、しだいに民間セクターにおいて重要になってきており、「優れたパーフォーマンスを発揮するために、最良の実践例を探索すること」(キャンプ、一九八九年)を指している。

市民起業家は、日本語で最良の中でも最良なものを示す〝ダントツ〟を求め続けている。彼らは、異なったように見える地域であっても、他の地域から世界的な行動や方法に関する具体例を学ぼうとしている。そして、その後彼らは、その知識を活用して、コミュニティのため実効的な過程と目指すべき目的をデザインしている。

民間セクターは、実効的な里程管理とは世界的な指導者を見つけ出し多くのことを学び続けることであり、一回限りのものではないことを学んでいる。市民起業家精神を高揚させるにあたり、鍵となる課題は、いかにしてわれわれは学習課程を他のコミュニティに拡大することができるか？ コミュニティと指導者がしだいに進歩するに従って、いかにして学習課程を持続させることができるか？ いかにしてわれわれは、学習課程をシステム化し、市民起業家に対してそれぞれが学んだことを一緒に深く洞察できる機会を提供するか？ である。

市民起業家の学習ネットワークをつくることができる

大競争と共産主義の崩壊の結果、一九八〇年代に世界経済が劇的な変化をみせたとき、スイスのダボスにある世界経済フォーラムは、世界経済の指導者が毎年集まり、世界経済の将来の方向について討議するための中心的フォーラムとなった。このフォーラムは、指導者たちがこの変化の速い時代にお互いから学ぶネットワークを提供した。これと同様に、多くの市民起業家型のコミュニティの市民起業家と〝横断的な関係〟を構築することに強い関心を示している。彼らは学んだ教訓を共有し、支援ネットワークを構築したいと考えている。

「市民起業家ネットワーク」は、多様な地域の市民起業家が経験を共有し、最良の実践を探求するための継続的な機会を提供するとともに、学習を継続するコミュニティをつくるためのさまざまな場を創出するであろう。また、「市民起業家ネットワーク」の会合を州レベルまたは国レベルで開催することは、指導者が顔を見合わせただけでお互いの意志を通じさせることができる関係を構築することを可能にするであろう。更に、ネットワークは、オンライン上の双方向のコミュニケーション・学習ツールを提供し、コンピュータ会議またはビデオ会議を提供することもできる。コミュニティの最良の実践例に関するケース・スタディが準備され、定期的に情報が共有されることも可能となる。ネットワークは、異なったコミュニティの市民起業家が相互に訪問し、最良の実践例を探求することをアレンジすることもできるであろう。

この関連で、フィラデルフィア市に本部をおくピュー慈善財団の下部組織である「市民変革のためのピュー・パートナーシップ」が一つのモデルとして登場してきている。一九九二年以来、ピュー・パートナーシップは、プロジェクトベースで協働することによりコミュニティを再構築するため、人口一五万人以下の小さなコミュニティに対して助成金を交付している。プロジェクトの指導者たちは、学習した教訓を共有するために六カ月に一度顔を合わせているほか、ニュースレターが発行され、プロジェクトの進展に合わせてすべての参加者の情報を掲載している。九六年九月、ピュー・パートナーシップは、人口一五万人から四〇万人の一〇のコミュニティの中から二〇人の市民起業家を選んで教育訓練と他の支援に焦点をあてた新しいイニシアティブを開始することを公表した。アメリカ市民連盟によって提唱されジョン・ガードナーによって設立された「アメリカ再生のためのアライアンス」は、新しいコミュニティのリーダーシップを構築するために活動している公的セクター、民間セクターおよび非営利セクターの間のネットワーク組織として機能している。目標は、市民起業家が相互に学習しやすくする環境を整備することである。遠く離れた所で事業を行っている起業家のように、市民起業家もえてして孤立していると感じている。ラサム市のジョージ・ブラデンバーグとワトキンスが説明しているように「問題は、市民起業家が育成されていないコミュニティがあることである。砂漠にまかれた水のように、追加的な供給のないエネルギーは枯渇してしまう」。コミュニティにおいてリーダーシップを発揮しようとして同様の問題の直面している他の指導者と顔見知りになることは、活動の実効性を高め、個人のレベルでも自己実現を図る源となる。

市民起業家の世界的アライアンスを形成することができる

市民起業家のネットワークは、他の国からのものを含むことができる。世界的に見て、加速度的に速度を上げる変化と国民経済のフレームワークで問題を解決することの問題が高まっており、経済コミュニティがイニシアティブをとることを促進している。経済的に見た地域が主体となり、世界的に他の地域と相互補完的な関係を構築するため、視線を外に向けている。われわれは、経済コミュニティの主要なネットワークの対象が州や国との間ではなく、世界経済で他のコミュニティとなる時代をつくろうとしている。

国民経済の地域化は、世界中の経済コミュニティを相互に結びつける公式・非公式のネットワークの進展を促進している。国民国家とは独立して、地域が貿易やビジネスを行い、インフラを建設し、アイデアや最良の実践例を交換するためのアライアンスを発展させている。それぞれの地域および地域のビジネスが、その競争力を高めるために、他の地域との間で新しい補完関係を追求している。このような〝地域国際主義〟は、経済的な地域の重要性が向上してきたことの自然な結果である。

しかし、興味深い疑問として残っているのは、アメリカの脈絡で定義されている市民起業家が、国際的に起こっていたり、これから起こるだろうかという疑問である。産業化された先進国はほぼ同様な変化の力に直面しているが、市民起業家精神を形成する文化的・政治的伝統は大きく異なっている。社会資本という概念に対してアメリカで関心が高まっていることを聞いたとき、シンガポール政府の関係者は「シンガポールでは、政府こそが社会資本である」と応答した。オーストラリアのアデレード市は、地域経済戦略を発展させるときに産業界の指導者を巻き込み、新たな仲介的な機関を設立するというシリコンバレーのアプローチを実験している。その活動は、経済開発上の最良の実践、都市計画、環境上の持続可能性および社会的インフラをオーストラリアに導入するという責任を負った半官組織である「MFPオーストラリア」によって行われている。オーストラリアでは、産業界は伝統的に政府のリーダーシップを期待し、〝長いものに巻かれろ〟症候群が個人のイニシアティブを発揮することを困難にしていた。また、〝市民の〟という言葉は、地方政府を意味し、〝起業家〟という言葉は一九八〇年代の企業カウボーイという消極的なイメージを想起させた。それにもかかわらず、市民起業家（〝コミュニティ推進者〟と呼ばれる）が企業の枠を超えて登場し、協働のイニシアティブを指導している。コミュニティは、地域計画を検討する段階から協働の段階へ、政府が経済戦略を主導する段階から政府はビジネスを支援し環境を整える段階へと変化している。これは、国防関連の電子産業とともに、マルチメディアにおける新しい産業クラスターにおいて特に顕著である。

リーダーシップのあり方は、国によって異なるが、世界的に見てコミュニティの指導者たちは相互に学び合っている。現在開拓されつつある機会は、過去においてなされた単なる訪問や姉妹都市の提携ではなく、継続的に学習するネットワークをつくるというものである。たとえば、一九九六年九月、スマートバレー公社とスタンフォード大学は「コネクト'96」という会議を開催したが、これは、地域的な電子コミュニティを構築している世界の指導者が、地域の情報インフラやアプリケーションを開発するにあたっての知識と経験を交換しようとして開催された最初のフォーラムである。そこでは、北アメリカ、ヨーロッパ、アジアの四〇地域の代表が、各種のワークショップにおいて多くのことを学んだ。この「コネクト'96」は、最初の会議として、アイデアを世界中に広め、将来同様な会議を開催し、公式的な学習・交流ネットワークをつくろうという動きを生み出した。

現在進行している学習ネットワークの別の事例としては、アショカ財団によって推進されている「世界フェローシップ・ネットワーク」がある。このプログラムは、世界の三〇の発展途上国における六〇〇人以上の〝公共起業家〟(パブリック・アントレプレナー)をネットワーク化し、共同プロジェクトを推進したり、情報や専門知識の交換を行うことを可能にするものである。アショカ

表8－3　市民起業家をネットワーク化するために何ができるか？

- あなたがビジネスの経営者である場合は，他のコミュニティや国における企業経営者と連携し，彼らが最もうまく行ったことを学習し，それをあなたのコミュニティと共有することができる．
- あなたが公務員である場合は，地域の企業経営者とチームを組み，他のコミュニティにおける進展を自分の目で観察するために，そこを訪問することができる．
- あなたが経済開発の推進者である場合は，市民起業家が他の地域の市民起業家からいろいろなことを学習することができるように，市民起業家のネットワークづくりを支援することができる．
- あなたが財団や非営利団体の経営者である場合は，コミュニティを超えて市民起業家のネットワークをつくるために，新しいインフラを構築することができる．
- あなたが一般市民である場合は，他の地域に赴いたとき，またはネットワーク上で訪れたときに，どのように経済コミュニティがつくられたかを学習することができる．
- あなたが報道機関の指導者である場合は，他の地域から市民起業家精神が最もよく現れた行動と適切な事例を紹介することができる．

財団は毎年、先端的な社会問題を解決するためにプロジェクトを推進している約一〇〇人の問題解決者を〝アショカ・フェロー〟として認定するとともに、財政的支援を行っている。バージニア州のアーリントン市にあるフェローシップ資源センターは、アショカ・フェローに対して組織的なネットワーク、研究支援、情報資源に対するアクセス、コンサルティングなどを提供している。経済よりも社会的な問題に焦点を絞り、対象も発展途上国に限定されているが、アショカモデルは、市民起業家の国際的ネットワークをつくる上で参考になるものである（表8-3）。

市民起業家を養成する――世代を超えて深く教育する

短期的には、現在の指導者たちが瞬時にお互いから学習することができるように、彼らをネットワーク化することが課題である。同時に、コミュニティや企業は、市民起業家の技能をいかに深め、次の世代をいかに引き込むかを考えている。体系化されたリーダーシップ開拓プログラムは、志の高い市民起業家に対して、経済コミュニティを構築するにあたって指導的役割を演ずるために必要な見解、道具、人とのネットワークを提供することができるであろう。双方向での学習、経験や反省の交換などにより、彼らは経済コミュニティ構築に至る各段階に応じて適切な役割を演ずることが可能となるであろう。

市民起業家大学を設立する

市民起業家を養成するモデルの一つは、大学を設立し、新しい技能を導入し、それを時間の経過につれて強化する定期的な教育経験を施すことであろう。アリゾナのジャック・ピスターは、アリゾナ州においては、企業関係者などを市民起業家へと転身させるために、新しい種類の大学が必要をされていると考えている。その基礎となる考えは、リーダーシップを発揮する能力のある人材をとりあげ、彼らに対して経済的領域で指導者になるために必要なフレームワーク、道具、人との関係等を提供しようというものである。ピスターは「われわれは、次の世代の人材を組織のトップに地位につく前であっても養成することが必要である。将兵養成大学のように、人々は身を投じて集中的に学習することが必要である。そうすれば、経済分野におけるリーダーシップのあり方を詳細の体得することができるであろう。また、同僚たちとも知り合いとなり、相互にインターアクションを起こすこともできるであろう。人々は、ただ単に経済がどのように動いているか、何が壷なのかを知らないだけでだ。経済学を勉強した人でさえも、経済とはそれぞれの主体が個別に動いていると教え込まれている。しかし、これはまったく間違っている」と説明している。

多くのアメリカのコミュニティは、しばしば商工会議所によって運営されているリーダーシップ開発プログラムをもっている。それらのプログラムは、中間管理職と非営利団体の指導者を中心とした参加者に対して、コミュニティが抱える広い課題に触れる機会を提供することに焦点を絞っているのが典型的である。たとえば、ネブラスカ州では、ドーソン市において実施される八つのセッションと表彰を組み合わせたプログラムを通じて、将来の指導者をコミュニティの七つの課題、すなわち生活の質、政府、法律の施行、教育、健康維持、農業、ビジネス産業、に触れさせる機会を提供している。他のリーダーシップ開発プログラムには、芸術や社会奉仕活動に焦点をあてたものもある。また、あるものは実戦経験を積むように設計されている。このようなコミュニティのリーダーシップ・プログラムは、コミュニティのために活動するように将来の指導者を動機づけ、彼らが活動することとなる多様な分野に触れる機会を提供することができる。

しかし、多くのコミュニティ・リーダーシップ・プログラムには、市民起業家のニーズを満たすことを妨げるような二つの欠点がある。まず第一に、それらのプログラムは、経済のような特定の分野において指導者の準備を高めるというよりは、リーダーシップの技能をいかに発展させ、指導者としての自覚をもつべきかという一般的なものになりがちである。実際、多くのプログラムは、経済と発展させるためには何が必要かという強いメッセージを欠いている。第二に、プログラムは安定性を確保することと参加者に対して〝現在物事がどのように動いているか〟に関してなじむようにすることに力点を置きがちである。〝どうあるべきか〟に力点を置き、いかに変化させるかに焦点をあてているものは、ほとんどない。

しかし、次の段階の課題は、経済とコミュニティとの橋渡しをする市民起業家になりたいと考えている人々に対して、いかに深いレベルの教育訓練を施すかである。このような人は、地域の経済がどのように機能するか、市民起業家精神が開始、ふ化、実行、改善の各協働の段階でいかに行動に転化するか、について身を浸して体得する必要がある。ただ単に同僚と交流するのではなく、これから登場する市民起業家は、現在第一線で活躍している市民起業家とも交流し、経済的なリーダーシップの性質がいかに変化しているかについて共に洞察を深める機会をもつべきである。

各種の財団は、リーダーシップ・プログラムをもっており、市民起業家精神をより広く、深く理解することを促進するために重要な役割を果たすことができる。たとえば、カリフォルニア州のジェームズ・アーバイン財団は、シリコンバレーの経験を文書にまとめ、ジョイントベンチャー・シリコンバレーの過程で得られた指導原理や活動を展開する上での教訓を盛り込んだ小冊子をつくることを資金的に支援した（ジョイントベンチャー・ウェイ、一九九五年）。アーバイン財団は、現在そのような教訓をカリフォルニア州以外のコミュニティにも広め、他の協働による地域モデルをテストする活動を展開している。次の段階は、多様なコミュニティと産業において、協働活動を開始するために、指導者に対してより深い教育訓練を施すことである。これは、持続成長可能性のあるコミュニティの基盤として、地域の協働イニシアティブを促進する新しい長期戦略の一環として、行われている。

フロリダ州商工会議所は、新しい民間セクター主導型のフロリダ州経済開発パートナーシップである「エンタープライズ・フロリダ」を開始し、地域のイニシアティブを刺激するため、民間セクターの指導者たちを参画させた。エンタープライズ・フロリダの代表であるジョン・アンダーソンは、州の新しい方向づけは、コミュニティレベルの活動を通じて実行に移されなければならないと考えている。アンダーソンは、フロリダ州における経済開発の指導者が経済開発に関する先端的な思考と道具立てを共有するために、指導者たちのサミット会議を活用している。このサミット会議の過程は、フロリダ州においてより多くの市民起業家を生み出す泉として機能するであろう。

企業の市民活動への参画を活用することができる

個々の企業は、コミュニティ活動に投資した時間を有効に活用する方法をはじめとして、市民起業家精神を発展させる新たな政策と実践に関する実験を行うことができる。例えば、アプライド・マテリアルズ社は、シリコンバレーであれ、オースチン市、ドイツ、韓国、日本、中国であれ、社員たちが地域に積極的に関与することを期待している。アプライド社は、社員のコミュニティへの参画を促進するために、地域のマネージャーのみならず、本社の市民起業家の技能と経験も活用している。ヒューレット・パッカード社は、個人としてのみならずヒューレット・パッカード社の代

表 **8-4**　市民起業家を育成するために何ができるか？

- あなたがビジネスの経営者である場合は，市民起業家精神を教えるプログラムを経営者養成プログラムの中に盛り込み，コミュニティの指導者が参加する方法を開発することができる．
- あなたが公務員である場合は，地域の企業と協働して，市民起業家精神の役割と行動に焦点を絞った地域のリーダーシップ開発活動を創設し，高め，支援することができる．
- あなたが経済開発の推進者である場合は，経済コミュニティの原則や市民起業家のリーダーシップに関してあなたのコミュニティを教育訓練することができる．
- あなたが財団や非営利団体の経営者である場合は，現在および将来の市民起業家を教育訓練するコースと道具を開発するために，関連のプログラムおよび機関に投資することができる．
- あなたが一般市民である場合は，経験を積み，教育を受けることにより，協働に必要なリーダーシップの技能を高めることができる．
- あなたが報道機関の指導者である場合は，リーダーシップ開発に関する教育を継続的に行うためにあなたの報道機関を活用するとともに，指導者を教育し動機づけを与えるための新しい道具を開発することができる．

表として、従業員がコミュニティ活動に参画することを奨励している。ヒューレット・パッカード社は、協働の新しいモデルを会社のステークホールダー（利害当事者）に紹介するためセミナーを開催し、資金的支援を行っている。目標は、ヒューレット・パッカード社が事業活動を行っている地域において、経済とコミュニティとの橋渡しをすることができる指導者をヒューレット・パッカード社の内外に育成することである。

カリフォルニア州の公益事業会社であるパシフィック・ガス電気会社（PG&E）は、その従業員と地域のコミュニティの指導者を共同で教育訓練するリーダーシップ・プログラムに対して資金的支援を行っている。PG&E社は、地域の指導者が経済においてより積極的な役割を果たす準備をするため、ビジネスとコミュニティと共同して〝市民起業家セミナー〟を開催している。あるセミナーでは、さまざまなセクターからの二五人の指導者が、市民起業家がよって立つべき重要な原則について討議するとともに、その原則を適用する模擬実験を行った。また次のセミナーでは、それら二五人の指導者は、協働のための組織が地域コミュニティに対して際立った貢献をすることを示すビジネス・プランを作成するために、市民起業家精神を具現化した行動をするように要請された（表8-4）。

市民起業家に対する激励――協働イニシアティブと協働組織を支援する

市民起業家精神を育成するための国民的アジェンダの中で最も重要であり究極的なものは、協働イニシアティブと協働組織を支援することにより、市民起業家を激励することである。われわれが市民起業家を認証し、ネットワーク化し、育成していくにつれて、バラバラな関心を持った個人の集団をパフォーマンスの高い経済コミュニティへと変革するために、直接的に彼らの活動を支援することが必要になる。市民起業家は、常に、非公式ではあるがある種のプラットフォーム組織を通じて活動する。このプラットフォームは、典型的には、新しい協働イニシアティブ（コミュニティが最初に結集した状態）であるか、または、協働を推進する組織（コミュニティの協働を継続的に推進するための構造）の形をとる。アメリカ中に市民起業家精神を加速度的に広めるためには、われわれは究極的には、市民起業家が他の市民起業家やコミュニティと定期的に相互作用を持つことができるプラットフォーム組織の活動を支援しなければならない。

新しい協働イニシアティブの種をまくことができる

最も困難な課題の一つは、コミュニティにおける協働による変革の過程を資金的に手当するため、当初のシード・マネーを確保することである。〝我慢強く調達した資本〟が、特に開始とふ化という当初の二段階において必要とされる。ケースの積み重ねにより、これら二段階における活動、すなわちコミュニティの教育、コミットメントの構築、指導者の調達およびアイデアの創造が、後に目に見える結果を生み、協働の精神が継続することを確保する上で本質的に重要であることが明らかになっている。しかし、どのような目に見える結果がわからない段階では、多くのコミュニティは、資金調達を非常に困難に感じている。あるコミュニティでは、篤志家である市民起業家が立ち上がり、個人的な金や会社の金を提供している。他のコミュニティでは、既存の組織が最初の触媒役として、時間と資源を提供し貢献している。しかし多くのコミュニティでは、この両者の選択肢とも難しく、ある時点で資金が必要とされる。われわれは、この初期段階でのシードマネーの供給が確保されるように道づけをしなければならない。

地域レベルの財団と全国レベルの財団は、コミュニティによる協働の初期段階とともに、重要な変遷期において弾みを維持する際において、補助的な役割を果たすことができる。クリーブランド財団は、一九八〇年代前半のクリーブランド市の最初の回復過程において、触媒としての役割を演ずるとともに、過去一五年にわたり、死活的に重要な時期に資金とリーダーシップを提供している。「市民変革のためのピュー・パートナーシップ」を通じたピュー慈善財団の助成金は、小さなコミュニティが、強力な地域のリーダーシップと協働の原則に基づいて、経済的イニシアティブを開始することを支援している。伝統的には、財団の資金的支援は、生活の質の向上やコミュニティの開発を行う非営利の活動に的を絞ってきた。財団はしだいに、質の高い生活の基礎として死活的に重要な地域経済に関心を向けるようになっている。過去において彼らが恵まれないコミュニティにおけるリーダーシップの開発を支援したように、彼らは今や、地域における経済コミュニティのためにリーダーシップを開発することに関心を向けている。ここでの課題は、恵まれないコミュニティにおけるリーダーシップを、相互の利益のためにより広い地域コミュニティに結びつけることである。

都市経済開発アメリカ協議会、アメリカ市民連盟、都市土地問題研究所などの団体は、それぞれの支持基盤がコミュニティにおいて協働によるアプローチを採用する上で、重要な役割を果たすことができる。それらの団体は、コミュニティにおける多様なセクターを結びつける人物で、市民起業家精神を思慮深く実践する者にスポットライトをあてることができる。彼らは、団体のメンバーが経済コミュニティを強固なものにする上でより実効的な触媒役として機能することを可能にするように、彼らに対して、どのように発言したらよいか、どのようなケースを参考にしたらよいか等について情報を提供することができる。

あらゆる企業は、規模や業種に関わらず、コミュニティの協働活動を組織化する初期の段階で資金を調達する上で、一定の役割を果たさなければならない。リーダーシップと資金の調達において、ほとんどのコミュニティが少数の企業にたよることが典型的に見られる。過去において単独で行動してきた企業は、現在起こっている変化がとるに足らないものではなく、根本的な変化であることから、そのような変化に対応するため横断的に他の企業と協働する機会をつかまなければならない。アプライド・マテリアルズ社副社長のグレン・トニーは、「私は、われわれの活動をより広い教育改革イニシアティブの中に位置づけ、長期的なコミットをするとともに、われわれの活動を教育改革に携わっている企業や組織と調整する重要性を学んだ」と語っている。

政府の権限移譲が進む中で、経済コミュニティを建設するにあたって、連邦政府や州政府の役割はなくなるであろうと結論する向きがあるかもしれない。また、われわれは、政府によるトップダウンのプログラムは、たとえそれが好意から得たものであるにしても、地域のイニシアティブを損なったり、間違った方向に誘導したりすることを学んでいる。しかし、それにも関わらず、連邦政府および州政府は、コミュニティが初期段階で組織化活動を行うにあたって、その支援を行うべきである。「経済的連邦主義」とでも称すべき新しいモデルは、経済コミュニティこそが自らの未来を選択する一義的な責任を持っており、連邦政府はコミュニティの未来の実現を支援することができるとの原則に依拠したものでなければならない。課題への挑戦を助成する方式により、連邦政府および州政府は、コミュニティによる協働の初期段階を支援するため、地域で集められた資金に対して残りの資金（マッチング・ファンド）を交付することができる。例えば、国防省の経済調整部は、国防費の削減によって影響を受けたコミュニティに対して、その計画づくりを支援する助成金を交付している。大きく変化した経済環境に対処するために、地方政府が単に調査をするのではなく、民間セクターおよびコミュニティの指導者を支援するため、助成金を交付しているケースもある。変化に的確に対応する市民起業家集団を育成するため、連邦政府の助成金を交付することも推進されるべきである。

市民セクターの協働的仲介組織を支援することができる

アメリカ各地において、市民起業家が経済とコミュニティとの中間に位置する新しいタイプの組織をつくりあげる実験に取り組んでいる。市民起業家が実行という困難な仕事を開始するとき、彼らは、協働を継続的に進めるためにある種の組織構造を構築しようと試みる。市民起業家は、究極的には、活動の基盤となるプラットフォーム組織を必要とする。それらは、全く新しい組織であることもあるし（シリコンバレー、ウィチタ、フロリダ、アリゾナ）、既存の組織が変化して新しい役割を担う場合もある（オースチン）。また、ときとして、複数の組織がネットワークを組んでコミュニティの協働を推進するインフラとして機能する場合もある（クリーブランド）。

組織形態はどうであれ、このような組織は、市民セクターにおける新しいタイプの仲介組織が出現したことを象徴している。もし市民セクターが、ビジネス、政府、教育およびコミュニティが協働する「場」を意味するのであれば、このような仲介組織は、市民セクターにおいて、協働を起こす必要最小限の構造を提供する。それらの組織は、協働の活動を支え、ステーク・ホールダー（利害当事者）をネットワーク化することにより才能と資源を活用する。協働を推進する仲介組織は、

一般的に言って五つの共通した特色を有している。それらは、

- 参加を推進する。
- 梃子として、高い機能を発揮する。
- 長期的な方向づけを行う。
- 里程管理（ベンチマーキング）によって駆動される。
- 市民起業家を関与させ続ける。

それらの組織は非営利団体ではあるが、社会奉仕活動、芸術、広報などのために設立された従来の第三セクターとは根本的に異なったものである。協働のための仲介組織は、しばしば民間セクターにおける起業家の力に基づいて設立されるが、それらは、政府の機能を代替するものではない。仲介組織か有効に機能するかどうかは、それを通じて活動を行う個々の市民起業家の質に依存する。われわれは、市民セクターにおいて強力な仲介組織をつくるに当たって、コミュニティを支援するために何を行うことができるだろうか？

協働組織が成功するかどうかは、民間セクターの市民起業家によるリーダーシップに依存している。民間セクターの参加がなければ、仲介組織は変化する経済との重要な接点を失うこととなる。ビジネスは仲介組織の活動を持続的なものとするために資金的支援を行い、執事として奉仕するとともに、要求度の高い投資家としても機能しなければならない。この支持基盤は大企業に限定することなくできる限り広範なものとし、本音でつきあいができるように、できる限り深いものとしな

ければならない。商工会議所や経済協議会のような経済団体は、経済コミュニティを構築するためにどのように際立った貢献をすることができるかを自己評価しなければならない。そうすれば、その内から新しい役割を果たすべく劇的に転身する団体が出てくるであろう。

地方政府および経済開発組織は、このような仲介組織を自分の目標のうちであるものを達成するためのパートナーとしてみる必要がある。このような組織は、市民セクターを通じて問題解決に取り組むことにより、実効性を高めることができる。たとえ象徴的な金額であっても、公的セクターが仲介組織を資金的に支援することが重要である。これにより、政府はコミュニティの協働の過程において、真のパートナーであるとの重要なシグナルを送ることができる。経済開発組織は、すべての人にとって自分がすべてであるように振る舞うことをやめるとともに、協働のための仲介組織として最も適したものであるとか、唯一のパートナー組織であると考えがちな癖を直さなければならない。

各種の財団は、協働のイニシアティブを開始する際にそれを支援する役割を有しているが、それと同様に、財団はイニシアティブを実施し、協働組織の中核的活動を継続するために必要な支援を提供することができる。特に財団による資金的支援は、学んだ教訓を評価し、協働組織とその指導者を継続的に更新することを可能にし、里程管理とともにコミュニティの活動を外部に拡大する上で有効である。

当初のスタートアップ段階を支援することに加えて、連邦政府と州政府によるチャレンジ助成金は、地域の活動を拡大しパイロット事業を評価することを支援するにより、地域の活動を促進することができる。例えばシリコンバレーにおける協働の過程は、市民起業家による強力な財政的支援とリーダーシップにより、二つの革新的なイニシアティブ、すなわち、インターネットのコミュニティにおけるアプリケーションを発展させるためのスマートバレー構想と公立学校における教育ルネッサンスを進める二一世紀教育構想を生み出した。連邦政府の資金的支援は、スマートバレー構想の下で特定のプロジェクトを推進し、教育改革の進展をモニターするためために必要な地域における民間セクターと財団による支援を引き出すための呼び水となった。連邦政府による財政的支援は、コミュニティが実行したいと考えることを阻害することにはならず、コミュニティの自助努力を促進することとなった。このようなタイプの連邦と地域のパートナーシップは、他の地域にとって良いモデルとなるものである。

連邦政府は、経済的な地域と市民起業家をいかに育成すべきかというテーマを連邦全体のプログラムに統合すべきである。技能、技術、物理的インフラに対する連歩政府の投資は、協働の仲介組織とのパートナーシップにより推進され、地域における協働の力次第で投資の回収がうまく進むかどうか決定されるように構成されなければならない。また、コミュニティの協働を阻害する連邦政府による障害を見つけ、それを除去するような措置がとられなければならない。例えば、連邦政府の機関は、ある一つの地域において、異なった組織に対して調整もせずに補助金を交付し、杭の大きさがまちまちである〝杭垣（くいかき）〟連邦主義を実行する傾向がある。多くの場合、この種の行動は異なったコミュニティの組織の間で、協働よりも競争を促進することになりがちである。連峰政府の機関は、特に大都市圏においていかに統合と協働を促進することができるかを検討すべ

表8－5　市民起業家を激励するために何ができるか？

・あなたがビジネスの経営者である場合は，地域において協働の過程が開始されるよう個人あるいは企業のベースで投資し，その後個人的に参加することができる．
・あなたが公務員である場合は，市民起業家精神を起爆されるために，チャレンジ・ファンドまたはマッチング・ファンドを提供するとともに，実効的であることを示した協働イニシアティブの対して公共の資源を投資することができる．
・あなたが経済開発の推進者である場合は，協働の利益を売り込み，地域の支部が特定のプロジェクトに参加するように奨励することができる．
・あなたが財団や非営利団体の経営者である場合は，登場してくる市民起業家チームを支援するとともに，新たな市民起業家を調達するスタート・アップ期の活動に投資をすることができる．
・あなたが一般市民である場合は，市民起業家チームにおいて必要とされる役割を果たすとともに，協働のためのフォーラムを推進することができる．
・あなたが報道機関の指導者である場合は，他のコミュニティや企業の指導者たちが活動に参加するように奨励することにより，協働の過程に投資することができる．

きである（表8-5）。

二一世紀における経済コミュニティは、市民起業家精神が地域に強固な形で根づくことを必要としている。高いレベルへと飛躍を切望している地域にとって、市民起業家を発見し、経済コミュニティを構築する過程へ取り込むことは、本質的に重要なことである。市民起業家は、経済コミュニティの新たな世界的ネットワークを構築する上で鍵となる人物である。彼らは、地域をベースとした国際主義の時代を構築することにより、世界経済における地域の関係をつくりあげるであろう。彼らは、「経済連邦主義」の新しい時代を構築することにより、地域と国民国家との関係を再定義する上での主役となるであろう。そして彼らは一人また一人とネットワークを拡大し、彼らの経験を若い世代の市民起業家に伝えていくことであろう。

今日、多くのアメリカ人は、協働し、意思決定し、協働して未来をつくる行動をとる能力を喪失したと考えている。市民起業家は新しい時代を切り開く新しい指導者であり、やればできることをわれわれに示してくれる人物である。彼らの鼓舞と経験により、われわれは行動を起こすため人々の広範な参加を刺激することができることを学んだ。これまで歴史上何回かあったように、市民起業家のリーダーシップにより、二一世紀のアメリカが経済とコミュニティの関係を再定義する日が来ることであろう。

訳者解題

二一世紀型経済社会の全体像を求めて
——『市民起業家』から「複雑系」の発想で読みとるもの

加藤　敏春

二一世紀への「クオ・バディス?」(何処へ行くのか?)

二〇世紀末の現在、「これからの二一世紀の世の中は大きく変わるのではないか?」という漠然とした不安感を抱いている人が多いのではないだろうか。〝変化の予告はあるが、予測はない時代〟の中にあって、未来に関する予告は、インターネットの爆発的普及に支えられた情報社会の未来像を描いたもの、遺伝子、神経系、免疫系などの生命系研究の発展の可能性を書いたもの、ビッグ・バンなど金融の自由化と国際化の影響について述べたもの、高齢化社会の姿を予想したもの、地球環境問題・エネルギー・食糧・人口についての予想、冷戦構造の崩壊後流動化する国際安全保障の動向について述べたもの、果ては「アジア太平洋文明」の到来を予言する文明的将来像まで、あらゆる分野において専門家が独自の予告を行い、百家争鳴の状況にある。しかし、いずれもそれぞれの〝分野〟においてであり、統一的・体系的に経済社会の全体像を展望したものではない。逆にそのことが一層人々の不安感をかきたてている。

歴史的に見ると、これまでの二、三世紀をふりかえっただけでも、世紀の変わり目には大きなパラダイムの転換が起こっている。前回の世紀の転換期であった一九世紀末から二〇世紀初にかけては、文化の爛熟期にあって耽美的な美意識が支配する中で、第一次世界大戦に向けての一触即発的雰囲気が世紀末をあおっていた。この中で量子力学や相対性理論が古典力学を包含した新しいパラダイムを一挙に集大成し、二〇世紀科学の発展の基盤となった。現在、われわれは二〇世紀から二一世紀への転換期にいるが、これは、〝百年紀〟（センチュリー）の転換だけではなく〝千年紀〟（ミレニアム）の転換の節目でもある。

現在われわれが直面している課題は、

- 工業社会から情報社会への転換、のみならず
- 地球規模での経済社会システムのグローバリゼーション、および
- 産業革命、国民国家のフレームワークによる大量生産・大量消費・大量廃棄を基調とする近代文明の転換（ポスト近代文明の創造）

という、人類史上かつて経験されたことのないマグニチュードのものであろう。したがって、われわれは、このような歴史的転換を正確に認識し、二一世紀を迎えるにあたって、新しい経済・社会制度の構想とわれわれ自身の生活様式・ライフスタイルのデザインに取り組まなければならない。

そのためには、経済面、社会面、政治面、文化面など広範かつ多角的な視点から問題にアプローチする必要がある。したがって、二一世紀に向けた未来の予測とは、究極的には全社会的な変化を体系的に考察したものでなければならない。そうした未来予測が今までにはない。しかも、社会で起こる現象は、試験管内の実験のように、他に影響することなく起こり、終わるものではない。経済的・社会的・政治的・文化的現象は、構成要素間の相互作用によって系全体の性質が決まり、それがまた構成要素間の相互作用に還元されるという構図の「複雑系」の中から起こってきている。その中で、現在は一つの引き込み点（アトラクター）から他の引き込み点に向かって系全体が移行する過程にあり、しかも系全体の様相を変えていく条件が、系の外部からではなく系の内部から、フィードバックを介して自己組織的に発信される構造になっている。二一世紀の向けた未来予測は、そのような「複雑系」の中での自己組織化をも射程範囲に入れたものでなければならない。まさにわれわれは、聖書における「クオ・バディス？」（何処へ行くのか？）*と同様の設問に対して、「複雑系」の視点からアプローチしていかなければならない。

＊　ペテロがイエスに「クオ・バディス・ドニネ？ “Quo vadis Domine?”（主よ、何処へおいでになるのですか）（ヨハネ福音書）と問いかけたところからの転用。「クオ・バディス」は、シェンキェビッチの同名の小説によっても知られ、事態の重要な帰趨を意味する言葉。

『市民起業家』の意義

最近資本主義の未来について論じた力作が出版されるようになっている。たとえば、レスター・サローの *The Future of Capitalism*, William Morrow, 1996.（邦訳『資本主義の未来』）は、五つの活断層（共産主義の終わり、人間主体の頭脳産業の時代、人類が経験したことのない人口動態、グローバル経済、覇権国家がない時代）をあげ、二一世紀の資本主義が二〇世紀までの資本主義と本質的に異なったものとなる可能性があることを、地質学の〝プレート・テクトニクス〟や生物学の〝断絶平衡説〟の考え方になぞらえて論じている。また、ウィリアム・グライダーの *One World Ready Or Not*, Simon & Schuster, 1997. は、現在の資本主義が金融経済優位の様相を強め、資産保有者の利益を最優先する経済体制をつくりあげようとしていることに警鐘を鳴らし、市場を人間が統治（ガバナンス）する仕組みを構築すべく一定の提言を試みている。いずれも、資本主義の未来に対する計り知れない不安感を下敷きにしている。

これに比し、本書の『市民起業家』は、シリコンバレー、オースチン、クリーブランド、ウィチタ、アロゾナおよびフロリダのアメリカ六地域における新しい経済コミュニティづくりの具体的事例を踏まえ、〝新しい経済コミュニティ〟およびその構築にあたり主導的役割を果たす〝市民起業家〟をモデル化するとともに、二一世紀型のアメリカ経済社会の方向性を「複雑系」の発想も取り入れながら描き出しており、一歩踏み込んだ内容になっている。その方法論は「完全な理論的なパラダイムを提示しようと、試みたものではない」（前文）と言いながら、アダム・スミス、アルフレッド・マーシャル、あるいは最近のポール・クルーグマン（ＭＩＴ教授）の産業集積論やブライアン・アーサー（スタンフォード大学教授）の収穫逓増論などの経済理論、ウィリアム・ミラー（スタンフォード大学教授）などの情報経済理論、マイケル・サンデル（ハーバード大学教授）、フランシス・フクヤマ（ランド研究所主任研究員）などの最新の市民社会論などの理論的成果を踏まえている。したがって、著者たちが前文で指摘するように、本書は二一世紀型経済社会の未来像を理論化しようとする人々のみならず、企業経営者、ビジネスマン、非営利組織（ＮＰＯ）・非政府組織（ＮＧＯ）関係者や地域において新しいコミュニティづくりに取り組んでいる産・学・官・民の関係者にとっても、それぞれの未来像を描く上で大きなヒントを与える好著であると言えよう。

筆者であるダグラス・ヘントン、ジョン・メルビル、キムベリー・ウォレシュは、いずれもシリコンバレーにある世界的なシンクタンクであるＳＲＩインターナショナルから独立して、一九九三年に共同して「コラボレイティブ・エコノミックス」社を創設した人物であり、過去一五年間、三〇に及ぶアメリカの地域コミュニティづくりを詳細に分析するとともに、各地域づくりのコンサルティング活動を行っている。私（加藤）は、一九九二年六月から九五年六月までサンフランシスコ総領事館経済担当領事として変貌するシリコンバレーのダイナミックな変化を観察する機会を得、日本の情報社会づくりに関して提言を行う「シリコンバレー・マルチメディア・フォーラム」を主催する機会を得たが、筆者たちとはその時以来親交を結び、情報交換とともに相互に啓発を行ってきている。「コラボレイティブ・エコノミックス」社の主たる活動は、シリコンバレーの再活性化をリードした新しいNPOであるジョイントベンチャー・シリコンバレー・ネットワークやスマートバレー公社などと連携して、シリコンバレーのおける二一世紀型経済社会の構築を進めることであるが、一九九五年八月のジョイントベンチャー・シリコンバレー・ネットワークとオーストラリアのアデレード（マルチ・ファンクションポリス構想推進中）との間の教育コンテンツ開発、エレクトロニック・コマースなどの共同事業推進のための協力覚え書きの締結、九六年九月の世界三五地域・団体の代表を集めた「コネクト'96」（後述）の開催などにも大きな役割を果たしている。したがって、著者たちの目はシリコンバレーを中心としつつも、常にアメリカ内外の他の地域に向けられており、インターネット・情報技術の利用が世界中で最も進んだシリコンバレーにおけるフロントランナーとしての〝実験〟を他の地域と比較しつつ、変化の激しい時代にあって二一世紀型経済社会と市民起業家のモデルを構築しようとしている。

ここで、私なりに、二一世紀型経済社会の構築といった視点から著者たちが「本書」で訴えようとしたメッセージを整理してみよう。

- 二一世紀の情報社会はこれまでの工業社会と本質的に異なっており、新しいグローバリズム、情報技術、人口構成の変化および権力委譲の四つの力が新しい経済コミュニティを生み出す。
- 情報社会において成功する新しい経済コミュニティには共通要素があり、〝コミュニティの優位性〟と〝市民起業家のチーム〟が重要な役割を果たす。
- 情報社会におけるビジネスは、世界市場で競争する上で必要な競争上の優位を生み出す知識技能者の獲得等の点から、コミュニティとの密接なリンクを有する。

・新しい経済コミュニティは、ビジネス面の変革をもたらすのみならず、情報社会において、市場と国家との間に新しいＮＰＯをつくりあげ、市場、新しいＮＰＯ、国家のベストミックスにより市民社会の回復を目指すものである。

・新しい市民社会としての経済コミュニティにおいては、社会資本としての〝信頼〟の構築が重要となる。市民起業家は、起業家精神とともに、〝市民の徳〟をも兼ね備えた人物である。

・二一世紀においては、新しい経済コミュニティが発展の基本単位になり、経済コミュニティ同志が連携を構築する〝経済連邦主義〟が基調となる。アメリカはいち早く市民起業家を中心とする新しい経済コミュニティや経済連邦主義の構築のためのアクション・プランを実行に移すべきである。

筆者たちは、現在本書の第八章で提言した事項を実行に移そうとしている。既に筆者たちからの働きかけを受けて、次のように、連邦政府、連邦議会、州政府、州議会、地域の非営利組織、全米レベルの非営利組織等が動きを開始しており、アメリカ再生に向けた試みが現実のものとなっている。

・連邦政府部内では、経済コミュニティ建設に向けた各地域の動きを支援すべく、住宅・都市開発省、商務省、労働省、財務省が検討を開始した。現在までのところ、これら各省の検討は、疲弊した地域の活性化に焦点を当てている。

・連邦議会でも地域再生に関する議論が活発に行われており、特にレオン・パネッタ（元クリントン大統領補佐官)、サム・ファーなどのカリフォルニア州選出議員団が、シンクタンクであるカリフォルニア研究所などの協力を得て、カリフォルニア州モンタレー湾岸地域などの地域の活性化策の取りまとめなどを行っている。

- カリフォルニア州では、州知事のタスク・フォースとして設置された「経済戦略パネル」によって各地域の産業クラスターの分析、各地域の主要な問題の解明等がなされており、一九九八年までの計画が策定されようとしている。また、これを受けて、貿易商務省が具体的支援策を策定している。
- カリフォルニア州議会では、上院に経済開発委員会が設置され、活発な審議を行っている。
- シリコンバレー地域では、ジョイントベンチャー・シリコンバレー・ネットワークがベイエリア経済フォーラムなどの経済関係団体と連携しつつ、シリコンバレーの継続的改善・再生を行っている。
- 全米レベルの非営利団体としては、「アメリカ行政大学」(The National Academy of Public Administration) が、地域をベースとした経済開発における連邦政府の役割に焦点を当てた報告書を作成している。また、「アーバイン財団」が市民起業家大学の設立、市民起業家サミットの毎年開催、市民起業家をオンライン上でネットワーク化するコミュニケーション網の構築などに関して具体策を策定しようとしている。

二一世紀型経済社会へのアプローチ

このように、筆者たちが「本書」で提言し、アメリカで実行に移そうとしていることは、単に資本主義の再構築といったものだけではない。資本主義と民主主義や自由主義との関係、二一世紀の民主主義の構築、果ては新しいポスト近代文明の創造までにわたる広範な問題に取り組んでいる。「では、日本はどうすべきであろうか？」現在日本では、規制緩和、金融ビッグ・バン、地方分権、行財政改革などの改革案が目白押しである。また、「日本型経営」の限界が指摘され、従来の会社人間の見直しが叫ばれる一方、〝市民〟という概念が日本に根づくのか「市民」と国家や国民との関係はどうなのかなどを巡って論争が展開されている。しかしながら、これらの動きを歓迎しつつも、今一つ本質的な議論がなされていないと感ずるのは、私だけであろうか。筆者たちは本書の冒頭にアダム・スミスの「持てる力の全てを振り絞って、社会全体の厚生を高めたいと願わない人物は、よい市民とは言えない」（道徳感情論）との言葉を引用しているが、アダム・ミスミこそは、経済社会とは構成要素の単純な寄せ集めや集合をはるかに超え、道徳や感情をも包摂する「全体」であることを前提とする経済学を打ち立てた先駆的な人物である。われわれは、このような「全体」的思考に立って二一世紀の日本を構築することが求められているのでないだろうか。

このような観点から、筆者たちのメッセージを深く理解するため、ここで一九世紀半ば以降の資本主義、民主主義、文明の発展の軌跡を振り返り、二一世紀に向かってわれわれ日本人がどのような転機に直面しているかについて明らかにしてみよう。

二〇世紀型経済社会の軌跡

〔近代科学と資本主義の成立〕

近代科学の歴史は、地動説を唱えたコペルニクスが活躍した一五世紀から一六世紀、ピサの斜塔で実験を行ったガリレオの一六世紀から一七世紀、万有引力の法則などのニュートン力学を打ち立てたニュートンが活躍した一七世紀にまで遡ることが出来るが、近代科学が自然科学を対象として〝物の理法〟にだけ頼って説明し記述する「科学」として成立したのは、一九世紀半ばのことである。このようにして成立した近代科学は「われ思う、故にわれあり」で有名なデカルトの哲学を背景として、要素還元主義（宇宙に存在するすべての物質は、限られた数の構成要素に還元することが出来るとする考え方）、機械的世界観（世界は、個々の要素が構成する巨大な機械であるとみなす考え方）や決定論（ニュートンの運動方程式に初期条件を代入すれば、未来永劫にわたってその物質の運動がすべてわかるとする考え方）を特徴とするものであった。一九世紀半ば以降、このような近代科学の考え方と産業革命以来発達してきた資本主義が結合して近代資本主義が構築されたが、この段階では、経済とコミュニティの一体性が世俗的禁欲を旨とする〝プロテスタンティズムの倫理〟（マックス・ウェーバー）や言論・表現の自由を主旨とする自由主義という政治的価値と結びついたものであった。

こうしていわば、近代科学、資本主義、プロテスタンティズムの倫理の三位一体をその基本構造とする近代経済社会が登場したが、この段階においては資本家と市民である労働者との分離が進展しておらず、社会・政治空間づくりのエートス（精神的態度）としての民主主義と資本主義の関係が維持されていた時期でもあった。市場における「見えざる手」の機能を重要視したアダム・スミスが他方で「市民の徳」（シビック・バーチュー）や「同情」（シンパシー）の役割を強調したのは、この脈絡においてである。われわれは、このように初期の資本主義がコミュニティとの結合や道徳的規律によって二重、三重に縛りがかけられていたことに注目しなければならない。

［工業社会の形成］

しかしながら、このような近代科学と、資本主義、プロテスタンティズムの倫理の三位一体は、一九世紀後半から二〇世紀前半にかけて工業社会が形成され「資本の蓄積」が進展するに伴って、しだいに崩壊することとなった。すなわち、カール・マルクスが「資本と労働の分離」と呼んだ現象の出現であり、労働者は市民としての位置づけを維持できず、もっぱら労働力の提供者として資本家に〝搾取〟される対象となった。もちろんこの段階において、労働者の権利を守ろうという社会民主主義の立場が登場したが、総体としては、資本主義が当時経済社会の発展の基本単位として成長を遂げてきた「国民国家」と結合して、「国民国家」を中心とした富の形成が大規模に行われた。その結果、ここで貧富の格差を拡大する資本主義と一人一票制を原則とする民主主義との乖離が起こることにもなった。カール・マルクスの所説は現在では時代錯誤として退けられることが多いが、マルクスには市民社会の思想家としての側面があり、市民社会の崩壊に警鐘を鳴らし、市民社会のユートピアとしての共産主義社会の実現を夢見たことは大いに評価されてよい。

なお、この時期に登場した経済理論家として異彩を放つのは、資本主義の発展において〝革新〟（イノベーション）を主導する起業家の役割を重要視したジョセフ・シュンペーターである。しかしながら、彼の主張は、二〇世紀後半以降工業社会が高度工業社会へと高度化し、規模の利益を追求する経営者資本主義が一般化するにつれて省みられなくなり、彼の慧眼が真の評価を得るためには、知識が生産資本として物質的資本よりも重要になる今日まで待たなければならなかった。

［高度工業社会の登場］

このような工業社会における資本主義と民主主義や自由主義のあり方が一変するのは、〝総力戦〟としての戦争の準備・遂行が行われ、社会のすみずみまでシステム化が行われた第二次世界大戦前後からである。この時期においては、高度工業社会が形成された時期であり、コミュニティから労働者を完全に切り離し、「資本の蓄積」とともに労働者の生活水準の向上が図られた。すなわち、〝企業の生産性の上昇→資本家と労働者の雇用契約による労働者の実質賃金の向上→消費の拡大→製品への需要の増大〟という好循環が形成され、規模の利益を追求した大量生産・大量消費が大量廃棄と結びついたシステムが社会にビルト・インされた。レギュラシオン学派のいう「フォーディズム」の完成である。

建築の世界でも一九世紀末のアール・ヌーボー（手工業品、筆づかいなどの小芸術、マイスター的社会を理想とする考え方）、バウハウスの運動（第一次世界大戦後、グロピウスによって提唱されたもので人間の理性を重視して「ゼロからの出発」を唱え、その後アールデコにつながった）からアール・デコ（バウハウスの運動がアメリカ化され、テレビ・ラジオなどのマスコミ文化の発達、摩天楼に象徴される大規模都市の建設、人工美を追求したインダストリアリズムへとつながった）の運動へと結実し、物質的豊かさを良いとする倫理観や価値観が社会全体を支配した。

この高度工業社会においては、経済運営はケインズが主張した有効需要管理策で行われ、労働者に対する所得再配分は「福祉国家」のスキームによって実施された。このような「フォーディズム」、有効需要管理策、「福祉国家」の結合は、「国民国家」全体の規格化・標準化を推進し、経済社会全体の効率を上げることには大きな効果を持ったが、反面、コミュニティから労働者を完全に切り離した結果、新しい政治空間をつくるという民主主義の特徴の一つが失われ、単に社会の構成メンバーの利益を調整するメカニズムとしての民主主義の役割だけが強調されるという大衆民主主義の時代となった。この結果、この段階における資本主義は、形成時に持っていた道徳的な縛りがなくなり利益追求だけの資本主義に堕することとなった。

[日本型資本主義の成功と限界]

以上のような二〇世紀型経済社会への転換を短期間で、かつ、最も効率よく実現したのが日本型資本主義である。明治政府による富国強兵、殖産興業振興策によって近代化を進めてきた日本は、太平洋戦争の準備にあたりいわゆる「一九四〇年体制」を構築した。現在この「一九四〇年体制」が逆に日本経済社会の構造転換を制度的に阻害する制約となっているが、「一九四〇年体制」は次のような特性を持っている。

- 年功序列、終身雇用、企業別組合を軸とした「日本型企業」の仕組み
- 産業金融の供給が銀行を中心とする金融機関によってなされる間接金融優位の仕組み。これは、企業における株主の権利が弱いことと裏腹の関係をなす
- 政府規制が経済の広範な分野に対してなされる仕組み

二一世紀型経済社会への転機

「日本型資本主義」は、いわば「フォーディズム」を究極の形まで押し進めたものであり、株主の外部化と労働者の内部化が徹底して行われ、「会社」が生活の場となる会社人間を生み出した。「日本型企業」は閉鎖的な情報共有組織であり、会社の構成員の相互間では常に情報共有がなされ補完性が要求されるが、そこで要求される技能が企業特有で他への普遍性がないものであるため、会社人間は企業に帰属意識を求めざるを得ず、企業経営への参加と家族を含めた生活の保証を「会社」から与えられる代償として、コミュニティへの関与を放棄することとなった。このようなモデルは、経済の持続的拡大を前提とするものであり、経済の成熟化とともに本質的な脆弱性を露呈することとなった。

また、一九五五年の保守合同以降の日本の政治体制を「一九五五年体制」と呼ぶことがあるが、「一九五五年体制」は、自由主義か社会主義（あるいは社会民主主義）かという外部から与えられたイデオロギー的対立を特徴としながらも、内部では政治的自立化をしていない会社人間に支えられるという脆弱なものであった。そしてひとたびその崩壊が始まると、オウム真理教事件、大和銀行事件、住専問題、薬害エイズ問題、TBS報道問題、度重なる官僚の腐敗、動燃の隠蔽工作、野村証券、第一勧業銀行などの相次ぐ金融不祥事など、道徳的規律を捨象しモノの発展を偏重する社会づくりの矛盾が露呈されることとなり、もはやこれ以上新しい経済社会構築に向けた努力を先延ばしできない状態にまで立ちいたっている。

［知的経済社会の到来］

このようにして完成した高度工業社会も、しだいにパラダイム転換の波にもまれることとなった。まず、冷戦構造の崩壊を受けて「福祉国家」と社会主義の正統性を巡る競争が終焉し、ミッシェル・アルベールが『資本主義対資本主義』で指摘したように、アングロサクソン型、ドイツ型、日本型などの資本主義相互間の競争が顕在化した。これとともに先進国経済においては、一九七五年頃より情報革命、デジタル革命の進展に伴って、経済のソフト化および情報の経済的価値の高まりが大きなインパクトを伴って進展した。知識の豊富化とともに、モノよりもモノに伴う機能、デザイン、イメージ、機能が価値を有するようになり、コンピュータや情報技術がそれを増幅するという構造が出現した。そうなると財・サービスの価格決定も従来のような一物一価ではなく、機能、デザイン、イメージ、機能によって価格が異なるという一物多価、不等価交換によって行われることが多くなり、従来のプッシュ・アウトの生産者主導型の流通や製販同盟に代わって、消費者主導型の流通形態、オン・ディマンド（on-demand）型の流通が有力になりつつある。

このような経済構造の転換の過程においては、ゴールド・カラーやシンボリック・アナリストと呼ばれる知識技能者が生産物たる知識を生み出す。「ゴールド・カラー」とは、オーストラリアの歴史学者バリー・ジョーンズが、第一次、第二次、第三次産業に、第四次（情報産業）、第五次産業（ボランティア活動、家事サービス、文化・スポーツ関連産業）を加え、第一次から第五次産業に従事する人材のうち創造性、国際性豊かな人材を呼んだものであり、「シンボリック・アナリスト」とは、アメリカの政治経済学者であり、クリントン政権の労働長官を務めたロバート・ライシュが、新しい問題を特定し解答を見つけて売る知的能力に長けた人材を言い表したものである。
このような知識技能者が活躍する経済においては、知識技能者＝生産資本＝労働力となり、カール・マルクスが指摘した「資本と労働の分離」とは逆の現象である生産力と労働力の再結合が出現する。最近「ＳＯＨＯ」（スモール・オフィス＆ホーム・オフィスの略）と呼ばれる自営業の人々が業務用にパソコン・インターネットの各種機能を活用して、顧客からの注文の受注、作業の指示、教育プログラムの実施等を行うビジネスが拡大し、「マイクロ・ビジネス」と呼ばれるまで伸長してきている。このような知識技能者の登場が、今後の資本主義、資本主義と民主主義のあり方等に与えるインパクトは計り知れない。工業社会、高度工業社会においてそれぞれ〝搾取される存在〟、〝企業に取り込まれた受動的存在〟であった労働者が、経済的主体として自立し、新しいコミュニティづくりへも積極的に関与できる可能性が生まれるからである。また、高齢化社会の進展、ストック経済の進展に伴って資本家としての年金基金のウェイトが増大しており、知的技能者が企業を所有する構造も出現しつつある。われわれは、ようやく資本主義の根本的問題を矯正し、新しい公共空間・共同体をつくることにより、資本主義と民主主義との関係を再び緊密化させる時代を迎えつつある。

［メタボリズム（循環）型文明への転換］

また、二一世紀型経済社会については、このような知識経済社会への移行といった非連続的な転換とともに、地球環境面からの制約を前提としつつ、環境調和型の産業文明が創造されるように設計されなければならないようになっている。地球環境問題については、先進国の二酸化炭素の排出量を二〇〇〇年までに一九九〇年レベルで安定させるという目標の達成はほとんど不可能な状況であるばかりか、最近めまぐるしい経済発展を続ける東アジア等の発展途上国が二酸化炭素の排出量を急速に増大させている。これに対する対策としては、従来より二酸化炭素の固定化等の革新的な技術開発、発展途上国への技術移転、省資源・省エネルギーの一層の推進等の措置が講じられてきているが、これらの措置のみでは問題の深刻度・マグニチュードに比して有効な対策を講ずることは非常に難しくなっている。アメリカでは、既に自動車への依存度を減らし、生態系に配慮し、人々が自分の住むコミュニティに強いアイデンティティを感ずる街として「サステイナブル・コミュニティ」の建設が開始されているが、街ぐるみでその構造や人間のライフスタイルの変革をもたらさなければ、地球環境問題の解決は難しい段階まで立ちいたっている。

情報社会への移行は、このような地球環境問題の解決に新たな展望を与えるものである。情報技術・バーチャルリアリティ技術が発達すると、テレコミューティングが拡大するほか、定型的なミーティング、コミュニケーションなどはテレビ会議、遠隔地会議などで代替されるであろう。さらに、情報社会の進展に伴って人間は従来の自然環境、都市環境に加えてメディア環境・サイバー環境でも生活するようになり、エネルギー消費が多く環境への負荷が高い都市環境に過度に依存する生活パターン・ライフスタイルを変換する可能性が生まれる。今後は技術的対応のみならず、税制、都市計画等を含めた制度的対応により、先進国において地球に優しい生活様式が形成され、しだいに経済発展と地球環境保全とが両立する新たなモデルを発展途上国へと伝播する必要がある。これからは、モノよりも心、精神的満足度を重視する美意識、倫理観を確立し、生命と技術の共生が図られる「メタボリズム（循環）型文明」が構築されなければならない。

二一世紀型経済社会構築に向けての基本的視点

近代科学の超克

二〇世紀型経済社会は、近代科学、資本主義、プロテスタンティズムの倫理・自由主義の三位一体によって構築されていたが、二一世紀型経済社会の構築は、これを超克することによって可能となる。このうち近代科学の見直しに関しては、既に「全体は部分の総和以上」という考え方（要素還元論に対比するもので、一＋一＝二ではなく、シナジーや相乗効果によって、三や四にすることが出来るとの考え方）、「カオスの縁」という概念（生命力は、秩序とカオス（無秩序）の中間領域に宿るとの考え方であり、一方では秩序過剰の状態に、他方ではカオス過剰の状態に陥る危険を回避すべく、ゆるやかなネットワークにより組織をカオスの縁に向かわせることが必要であると主張する）、「収穫逓増」の考え方（従来の伝統的な経済学が前提としていた収穫逓減の考え方と正反対に、ハイテク産業を中心として、追加的投資から生み出される収益は、次第に増加するとの考え方）等からなる「複雑系科学」が提唱されている。この「複雑系科学」は、イリヤ・プリゴジン（ベルギーの化学者、一九七七年度ノーベル化学賞受賞）が提唱した散逸構造理論（エネルギーや物質が流れる開放形（平衡状態）において、物質やエネルギーを「散逸」させることを通じて新たな秩序を創り上げるという考え方）を基礎としている。「複雑系科学」はまだ未完成であるため解明すべき課題が数多く残されているが、われわれに求められているのは、二一世紀型経済社会の構築にあたってこの考え方を応用し、実践に移していくための戦略を構築することであろう。

このように論ずると極めて複雑な議論を展開しているように見えるが、決してそうではない。すでに家庭用ビデオにおけるVHSとベータとの競争、パソコンのOS（オペレーティング・システムズ）に見られたマイクロソフトとアップルとの競争などに見られるように、情報時代の技術進化に関しては、①一つの技術は他の技術を排除する、②最適の技術が普及するとは限らない、③どの技術が普及するか予測できない、しかしながら④技術はパラダイムを形成する、との現象をわれわれは経験し日常生活で受け入れてきているが、これは、散逸構造論から得られる結論である。この四つの結論は、何も技術の分野に限られるものではない。これからのわれわれの課題は、このような技術進化と同様な考え方を「複雑系」である二一世紀型の経済社会の構築に向けて適用していくことである。組織の中に〝ゆらぎ〟を創り（「カオスの縁」の考え方）、ゆるやかなネットワークからシナジーや相乗効果とともに（「全体は部分の総和以上」の考え方）、しだいに「収穫逓増の経済」が妥当する領域を拡大していく（提唱者であるブライアン・アーサーが指摘するように、これからの実際の経済においては収穫逓減と収穫逓増が混在していくが、しだいに収穫逓増にパラダイムが変化する）という発想に立つことが求められている。〝外部経済効果〟などで有名なアルフレッド・マーシャルは、その著『経済学原理』の中で「経済学は、広義の生物学の一分野である」（… economics … is a branch of biology broadly interpreted）と指摘しているが、われわれが求められているのは、このアナロジーで言えば、「生物学の発想で経済社会を構築すること」である。

なお、ここで心すべきは、既に技術の世界で明らかであるように、経済社会が〝ゆらぎ〟の中から転移した先の状態、あるいは一つの引き込み点（アトラクター）が転移した別の引き込み点は望ましいものであるという保証はまったくないと言うことである。望ましいものを手にできるか否かは、ひたすらわれわれの覚悟にかかっていることを忘れてはならない。

二一世紀型資本主義の構築

「資本主義」という言葉が使われたのは、一九世紀半ば、ウィリアム・サッカレーの作品の中においてであるが、以来人間は資本主義と格闘し理想的な資本主義のあり方を追求してきた。しかしながら、歴史上の経済学者はいずれも資本主義の未来に対して悲観的な立場をとらざるを得なかった。初期の資本主義に関して、アダム・スミスは、資本の蓄積が進展すると最終的には飽和状態に達し、労働者は物理的な福利状態の悪化を受け入れざるを得なくなると論じた。また、カール・マルクスは「資本と労働の分離」が進展するにつれて労働者の〝搾取〟が進むとし、労働者階級の連帯によって資本主義を打倒し、共産主義を構築すべきことを説いた。有効需要管理策を提唱したジョン・メイナード・ケインズでさえ、その理論の根底にあったのは、市場原理で動くことによって慢性的に不完全雇用が生み出されるという資本主義が本質的に持っている生産過剰に対する不安であった。

二一世紀型経済社会の構築という観点から注目すべきは、〝革新〟（イノベーション）を主導する起業家の役割の重要性を説いたジョセフ・シュンペーターですら、名著と言われる『資本主義・社会主義・民主主義』の中で、起業家はしだいに社会主義的管理者の座に安住し革新力を喪失するものとして社会主義（体制としての社会主義ではなく、商業主義に対するもので、生産手段や生産自体が公共によって管理される状態）への移行を予告した点である。その後シュンペーターはその予告を修正して、資本主義の未来形として「コーポラティズム」の考え方に到達したが、これは、個人と国家との中間に社会的責任を持った多様な団体を形成することを意味した。この関係で、シュンペーターが個人の「道徳的改革」を主張したことも特筆されるべきである。

二一世紀を展望するにあたり、われわれには資本主義の選択肢しか残されていない。しかし、ここでわれわれは「歴史上の経済学者が資本主義の未来に対して悲観的な見解をとらざるを得なかった理由は何であろうか？」と問い直さなければならない。パラダイムの転換にあたり、資本主義を再設計するという姿勢がわれわれに求められているからである。この点に関しては、私には、いったん社会主義への移行を予告したシュンペーターが「コーポラティズム」に資本主義の活路を見いだしたところに重大なヒントが隠されているように思われる。工業社会の形成から高度工業社会の完成に至る過程で、資本主義は三つの根本的問題に直面し、いずれも満足な答えを出せなかった。ⓐミクロの企業の生産活動とマクロの経済全体の調整の問題（個別企業の生産活動を前提とすれば、どうしても経済全体としては生産過剰の状態が生まれるという問題）、ⓑ経済とコミュニティとの連携の問題（経済活動に市民を労働者として取り込めば取り込むほど、コミュニティとの乖離が拡大するという問題）、そして、経済学者は明示的には指摘していないが、ⓒ利潤をめぐる〝後ろめたさ〟の問題（なぜ、労働者に賃金を支払った後の収益の余剰が企業に残るのかという問題）

である。シュンペーターの試みは、この三つ根本的問題に「コーポラティズム」によって回答を出そうとしたものと言えようが、実現には至らなかった。

このことは、シュンペーターの限界と言うよりも、シュンペーターが生きた高度工業社会の限界と言うべきものであろう。幸いにして現代に生きるわれわれは、インターネットを始めとするコンピュータ・コミュニケーションが飛躍的に発達し、マルチメディアとして人間の理性のみならず感性をも増幅する機能を有する有力な武器を手にしつつある。われわれに課された課題は、このような有力な武器を活用しつつ、資本主義に伴う三つの根本的な問題を解決していくことであろう。まず⒜のミクロとマクロの調整の問題に関しては、エレクトロニック・コマース（電子商取引、EC。この中には従来の生産・調達・運用支援総合情報システム（CALS）や電子データ交換（EDI）が含まれる）の発達により、消費者の個別の需要に即応して、オン・ディマンドで製品・サービスを供給する消費者主導型の流通構造が形成され、しだいに需要に即した供給が実現していくであろう。エレクトロニック・コマースの進展に伴ってリアル・ショッピングとのすみ分けやサイバーとリアルの双方のチャネルを通じて顧客に対するサービスを提供するエレクトロニック・コマースとリアル・ショッピングの統合が進展するであろう。エレクトロニック・コマースについては、日本では現在までのところ成功しているとは言いがたい状況にある。しかし、いち早く取り組んだアメリカの状況を見ると、ここ二、三年のうちに急速に進展し、社会に受け入れられるようになっていくであろう。

また、ⓑの経済とコミュニティの連携問題、およびⓒの利潤をめぐる〝後ろめたさ〟の問題については、本書で提唱されている〝新しい経済コミュニティ〟の考え方が大きな示唆を与えるものと考えられる。新しい経済コミュニティにおいては、経済とコミュニティが重複する領域がしだいに拡大し、重要になってきている。一例を教育の分野にとると、シリコンバレーで進められているスマートバレー構想の基幹プロジェクトの一つとして、シリコンバレー所在の五〇〇の幼稚園、小学校、中学校の各教室を一九九七年末までにインターネットに接続するスマートスクール・プロジェクトがあるが、スマートスクール・プロジェクトの目的はコミュニティが必要とする二一世紀型のゴールド・カラーやシンボリック・アナリストを招へい・養成することにある。これをビジネスの面から見ると、各教室のインターネット接続は、教育コンテンツ等のビジネス需要の拡大をもたらしており、インターネット利用人口の爆発的増加、将来の需要の飛躍的増加をもたらすという、経済とコミュニティとの好循環を形成している。ちなみに、一九九六年三月九日、スマート・スクールプロジェクトの一環として行われた「ネット・デイ」と名づけられたイベントにおいては、クリントン大統領、ゴア副大統領を含む八〇〇〇人のボランティアが参加して三〇〇の幼稚園、小学校、中学校のインターネット接続が行われた。これも経済とコミュニティとの好循環の形成が本格的になったことを示す象徴的な現象といえるだろう。ちなみに「ネット・デイ」の試みは、九六年一〇月、一九九七年四月と継続されている。このような循環は、教育の分野のみにとどまらず、医療（テレメディシン）、福祉、行政サービスの提供、芸術・文化、環境等様々な分野にまで及んでいる。

新しい経済コミュニティが目指している究極の姿は、経済とコミュニティが完全に重なり合う状態である。この段階においては、コミュニティは、単なる地理的な地域社会としてではなく、まさに機能（ファンクション）を通じて結合する人間関係の集合体として捉えられ、コミュニティのメンバーがそれぞれの機能（ファンクション）を協働により果たすことを求められ、その代償として働きがいや生き甲斐とともに報酬を得る権利を取得するという関係が形成される。このような関係は、従来の〝フィランソロピー〟とか〝メセナ〟とは本質的に異なるものである。私はこのような変化を「利益社会（プロフィット・ソサイエティ）」から「機能社会（ファンクション・ソサイエティ）」への転換と呼んでいるが、「機能社会」においては、知識技能者＝生産資本＝労働力となって自立化した知識技能者が属人的組織である〝バーチャル・カンパニー〟や前述したＳＯＨＯを組織し他者との協働事業を遂行することを通じて、経済とコミュニティとの連携を図ることになる。「機能社会」における事業は、すべて市場を通じて〝交換〟されるものばかりではない。

経済学は本来人間の幸福に資するものでなければならないと主張したハンガリー生まれの経済学者のカール・ポランニィは、人類史で見られる取引形態は〝交換〟（exchange）、〝互酬〟（reciprocity）および〝再配分〟（redistribution）の三つに分類されることを指摘しているが、資本主義の発達とともに〝互酬〟は忘れられた感があった。しかしながら今後形成される「機能社会」においては、コミュニティの構成員相互間においてオン・ラインまたはオフ・ラインでギブ・アンド・テイク＝〝互酬〟が積極的に行われるであろう。また、利潤は経済の発展に大きな役割を果たすが、「機能社会」においては、利潤は互悪的な協働関係から創出されるものと捉えられることから、利潤に伴う〝後ろめたさ〟という問題も解決することになる。

二一世紀における資本主義・民主主義・自由主義

二一世紀型経済社会の構築と言った観点から問題を見た場合、問題は資本主義の再設計にとどまるものではない。近代文明は、近代科学、資本主義、プロテスタンティズムの倫理の三位一体によって構成されたものであり、二一世紀に向けては、資本主義とプロテスタンティズムの倫理、言い換えれば資本主義と民主主義や自由主義との関係の再構築も必要になるからである。

高度工業社会における資本主義と民主主義や自由主義の関係をふりかえってみると、商品による資本主義を媒介として、民主主義と自由主義の三位一体を実現していた。すなわち、商品という共通のモノが人々を結びつけることにより、本来政治的な価値であった民主主義（人民主権の新しい政治空間をつくるという考え方）、自由主義（言論・表現の自由）を経済的価値に置き換え、経済的平等・自由をひたすら追求するものであった。この構造は、経済的平等・自由が確保されれば、政治的な民主主義や自由主義が達成されるというナイーブな思いこみを前提としたものであったが、これにより本来新しい政治空間をつくるものとして提唱された民主主義が、単に社会の構成メンバーの利害を調整する手段として捉えられ、大衆民主主義が一般化することとなった。

二〇世紀の先進国においては、保守、リベラル、社会民主の三大政治勢力が政治的基調を形成していた。経済政策に即していえば、保守派は、小さな政府・市場万能主義（新古典派）にくみし、リベラル派は、大きな政府・政府万能主義に分けられる。もう一つの社会民主派は、リベラル派の主張を増幅するリベラル左派に位置づけられるであろう。いずれにしても、この三大政治勢力は、二〇世紀経済社会システムの産物に他ならず、われわれは、個人の自己実現への欲求の高まり、有限な地球環境に対する取り組みの必要性など、二一世紀型経済社会への移行に伴って生ずるパラダイム・シフトに対応した新しい政治綱領を構築する必要性に迫られている。

現在われわれは、情報が商品やサービスに代わってしだいに経済的価値を高める時期にさしかかっており、商品による資本主義を情報による資本主義に置き換えて、もう一度資本主義と民主主義や自由主義との三位一体を構築できる状況を手にしている。高度工業社会期のアナロジーでいえば、われわれは、民主主義と自由主義を情報的価値に置き換え、情報面での平等や自由を追求するという課題に直面している。情報面でのユニバーサル・アクセスの問題や電子民主主義がしだいに議論されるようになってきている根本的事情がここにある。重要なことは、単に三位一体の媒介を商品・サービスから情報に置き換えただけでは、根本的な問題は解決されないということである。

二一世紀の経済社会が人々の〝徳〟を高め、人々が思想力を保有したものになるかどうか、情報を媒介した資本主義、民主主義、自由主義の三位一体が公共精神の高揚という機能まで果たしうるものであるのかが問われなければならない。その点で、筆者たちが本書で新しい経済コミュニティを構築する意義として〝市民社会の回復〟をあげていることは注目に値する。新しい経済コミュニティにおいては、市民起業家がチームとして活動し、それが事業イニシアティブやプラットフォームである非営利組織（ＮＰＯ）に発展していく。この場合における事業イニシアティブやＮＰＯは、単に産業の発展や研究開発を目的とするものではなく、産業・研究開発ネットワークと市民ネットワークの結節点として機能し、経済とコミュニティの重複する領域を拡大して、究極的には新しい公共空間を創造する機能を果たすものである。

このような新しいＮＰＯの社会への登場にあたり、われわれは、そもそも経済社会を構成する要素には、市場、国家のみならず、共同体があることから出発しなければならないであろう。市場は、自由な取引を通じて生産と消費を社会的最適水準へと導く組織であり、国家は、市場の失敗を補完し、市場によっては生産されない公共財を供給する組織である。新古典派を中心とする従来の経済学は、情報の完全性を前提とし、市場と国家との関係のみを問題としてきた。しかしながら、現実の世界においては情報は不完全であり、不完全情報に基づく市場の失敗も政府の失敗も一般的である。信頼関係で結ばれる共同体は、市場と政府の失敗を補完する重要な機能を有しており、われわれは市場（利己心に基づく競争）、国家（権威に基づく指令）に共同体（合意に基づく協力）を加えた三者のベストミックスを実現していかなければならない。

工業社会や高度工業社会とは異なり、情報社会においては、競争とその補完としての権威では新しい知識・価値・思想・文化が創造できなくなってきている。そもそも情報社会は、個人を基本とする社会であるが、情報はため込んでおいては何も起こらないことから、そのような社会では、個人は自ら主体的に動き、他とのネットワークを通じた新しい関係づけにより、新しい知識・価値・思想・文化を創造していくパワーを常に秘めている。情報社会では、こうして個人の自己完結しないという特性が創造プロセスに転化する。新しいＮＰＯが情報社会においてクローズ・アップされてくるのはこのためであるが、注目すべきは、ネットワークによる新しい知識・価値・思想・文化の創造というプロセスは、新しいＮＰＯ固有のものではなく、市場や政府にも波及し大きなインパクトを与え、企業や行政組織も自己組織化していくことである。したがって、二一世紀においては、経済社会を構成する市場、共同体、政府がそれぞれ自己組織化し、「複雑系」である経済社会全体の様相を変化させていくパターンが現出することとなる。このような発展パターンのもとでは、〝ガバメント〟(制度的に固まった管理)ではなく、〝ガバナンス〟(実際的な問題処理を優先する統治)の発想のもとで新しい政治体制・政治思想を生み出していくことが必要である。

このような新しい政治体制・政治思想の下では、成熟した市民が「選択と負担」の原則にもとづきコミュニティ設計に参加し、コミュニティのあり方を選択していくことが求められる。その前提として徹底した情報公開が行われなければならない。今後のコミュニティづくりにおいては、成熟した市民が地域の課題を解決する協働装置としての「政府」を築き、全国的なシステムへと積み上げていくことが求められるであろう。これこそが二一世紀に向けた新たな公共空間の創造であり、われわれは、自由、透明、公正なコミュニティの制度と理念を作り上げるべく強固な思想的基盤を持たなければならない。

コネクト'96から学ぶもの

以上、本書の刺激ある叙述を契機として、二一世紀型経済社会をいかなる視点から構築して行くべきかについて論じてきた。ここでは、次節で日本はどのような方法論を採るべきかについて具体的提案をする前に、スマートバレー公社とスタンフォード大学が共催して一九九六年九月に開催された「コネクト'96:電子コミュニティづくりに関する地球サミット」(Connect '96: The Global

Summit on Building Electoronic Communities）での討議の成果から、ヨーロッパ、アジアの方法論や各地域の取り組み状況、得られた教訓等についてとりあげてよう。

コネクト'96は、情報社会における地域づくり、国際的な地域間交流のあり方等について討議することを目的として開催され、アメリカ西海岸からスマートバレー公社を含む七地域、アメリカ中部から三地域、アメリカ東海岸から四地域、日本から六地域、アジア太平洋地域から八地域、ヨーロッパから七地域、合計世界三五地域・プロジェクトの代表者が集まった。私は、三日間この会議に出席し、会議の実質的なとりまとめに当たった筆者たち、スマートバレー公社の関係者等とともに、世界各地域の代表者と意見交換する機会を得たが、アメリカの方法論とヨーロッパ、アジア等の方法論を比較検討できる貴重な機会を得ることができて、大変示唆深いものであった。

コネクト'96で議論された事項は、ⓐ新しい地域づくりの利益と障害（どのように活動を開始するか?）、ⓑ新しい地域づくりにおけるリーダーシップの役割（どのように資金を調達するか?）、ⓒビジョンや目的の役割（どのように実効性あるコミュニケーション戦略を発展させるか?）、ⓓ組織構造の役割（どのようにパートナー、スタッフ、ボランティアと連携するか?）、ⓔアジアとヨーロッパの取り組み、ⓕ新しい地域づくりにおける文化的要素（どのように地域の優位性を発揮するか?）、およびⓖ将来への提言（地域特性を考慮して、どのように今後の「クネクト」の活動を展開するか?）等であるが、私なりに、日本が採るべき方法論に関してわれわれが学ぶ点は、次のようにまとめることができであろう。

• いずれの地域においても、既存の組織・制度の障害を乗り越えるため、柔軟性を持った横断的な〝プラットフォーム〟が有効に機能していることが確認された。アナリー・サクセニアン（UCバークレー助教授）の *Regional Advantage*, Harvard University Press, 1994.（邦訳『現代の二都物語』）においてアメリカの中でも日本と同様な系列化された経済・社会構造を有していると指摘されたマサチューセッツにおいても、横断的な「マスネット」（Massnet）がプラットフォームとして有効に機能している。日本においても、産・学・官・民が共働する基盤を提供する新しいNPOを各地域において設立していく必要がある。

〝プラット・フォーム〟としては、このような産・学・官・民が協同する基盤を提供する柔軟な組織形態をとるものの他に、スウェーデンのストックホルムにおいて見られるように、従来の電気、ガスなどと同様に公益事業として〝情報効用〟（information utility）を提供するという形態のものがあることが紹介され、非常に興味深かった。おそらく、前者から後者へと次第に発展していくのであろう。

• 方法論として、上からの指示（トップダウン）か下からの積み上げ（ボトムアップ）かという問題については、上からの指示を主張するもの（シンガポール、マレーシア）、個人をベースとした下からの積み上げの有効性を主張するもの（アメリカ）、個人ではなく団体をベースとして下からの積み上げを主張するもの（ヨーロッパ）、両者の組み合わせを主張するもの（日本）など、意見が分かれたが、トップダウンを主張するマレーシアにおいても、マルチメディア・スーパー・コリドー計画の実行に当たり、市民のマルチメディア・リテラシーの向上、参加等を進めているように、ボトム・アップ的要素を組み合わせているように、最終的な差異は大きくはないのではないかとの印象を受けた。要は「複雑系」が教えるように、系の中に〝ゆらぎ〟をつくり、活動主体の自己組織化を促進することが必要であるということであろう。

• スマートバレー公社の前社長ハリー・サールは、電子コミュニティにおける活動においてはボランティアベースの貢献も重要であるが、驚くべき勢いでいろいろな事業が有償化していることを指摘したが、これは前述のように、経済とコミュニティが重複化する「機能社会」において新しい経済社会関係が出現しつつあることを示すものであろう。

• 地域におけるコミュニケーション手段については、いずれの地域もインターネット等のオン・ライン上のコミュニケーションの有効性を指摘しつつも、人と人とのふれあい、少人数が一堂に会した討議の重要性を強調した。また、地域のメンバー間の信頼が「社会資本」として重要な要素であることも指摘された。このことは地域が生み出す知識について、形式知（形式的・論理的言語によって伝達できる知識。デジタル的な知）のみならず、暗黙知・臨床知（特定状況に関する個人的な知識。アナログ的な知）が必要であるという考えが世界中で共有されつつあることを示すものではなかろうか。

• インターネットと文化との関係については、インターネットにより英語文化が席巻するのではないかとのおそれを持っている地域はあるものの、逆にインターネットは文化的多様性を促進する機能を有するのではないかとの指摘も多くあり、今後の制度設計が重要であることが確認された。

・世界いずれの地域においても市民起業家という新しい人材が登場し、経済社会づくりに取り組んでいることが確認された。今後世界の地域を電子的にネットワーク化する動きが盛んになるものと予測されるが、各地域の市民起業家をネットワーク化することも必要であろう。

「日本型次世代情報都市社会」の構築に向けて

以上を踏まえ、日本における二一世紀型経済社会の構築に関して提言を試みることとしたい。現在規制緩和が叫ばれ、〝プライバタイゼーション〟（私有化）としての「私」の徹底が主張されることが多いが、今後は〝プライベート・オートノミー〟（自治）としての市民起業家による「私」の回復も必要であり、二つの「私」のバランスをとるメカニズムづくりが要諦となる。

理念としての「エコミュニティ」（Ecommunity）

二一世紀を迎えるにあたり、日本においては、従来の「成長」指向から「発展」指向へと経済社会システムの枠組みの変革が行われなければならない。この場合「成長」とは大量生産・大量消費・大量廃棄のシステムの中で、物質的満足度をひたすら追求することであり、「発展」とは人やその集合体としてのコミュニティの質的な向上を実現することである。コミュニティの構成メンバーが自己実現を達成する機会が保障され、コミュニティの視点から見れば失敗が許容される社会あるいは社会実験が許容される社会をつくっていくことが必要となる。成長から発展への座標軸の転換を環境面から見ると、人間が自然と共生するための社会制度やライフスタイルを変革していかなければならないことを意味する。このように二一世紀の日本においては、人間が、知識創造機能を有する「経済」（Economy）と帰属意識を感ずる「コミュニティ」（Community）が一体となった経済社会構造の下で、「自然」（Ecology）と共生し地球に優しく持続的な発展を目指すことが必要であり、理念としてこの三つの要素を融合化させた「エコミュニティ（Ecommunity）」の実現を掲

図1　「日本型次世代情報都市社会」の理念
――エコミュニティ――

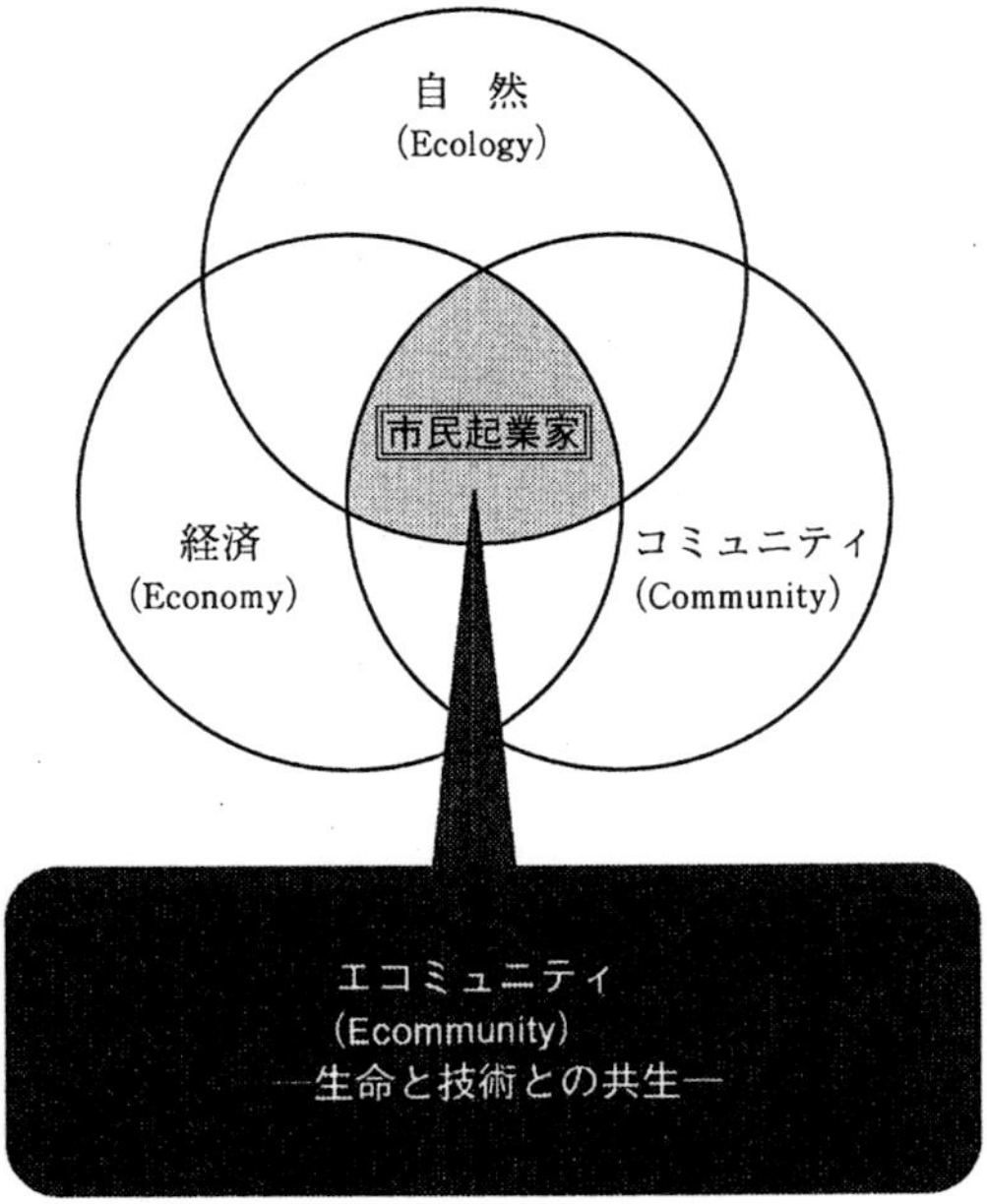

資料：加藤作成.

げることとしたい（図1）

この場合において、国民総生産（GDP）に代わって「エコミュニティ」の進捗状況を有効に測定する指標を開発し、明確な効果測定の下に事業を推進することが有効であろう。この点に関しては、経済学者のダリ＆コブがGNPから環境破壊コストを差し引いた持続的経済厚生指標を提唱しているほか、本書第七章でも紹介されているように、サステイナブル・シアトルが持続的成長可能性に関する指標を構築し、ジョイントベンチャー・シリコンバレー・ネットワークが一五の経済的指標（一人当たり賃金、生産性の伸び、研究開発費等）と一六の生活の質に関する指標（インターネットにアクセスしている学校数、住居費、犯罪・非行件数、企業の芸術活動に対する寄付等）で効果測定をしながら、それぞれ地域づくりを進めていることが参考になるであろう。

「日本型次世代情報都市社会」の提唱

二一世紀の日本においては、地球に優しい経済社会構造の下で、イノベーションの持続的展開や知識・ノウハウの面での外部経済効果が期待される地域の産業クラスターが経済的発展を支えるとともに、市民起業家が経済とコミュニティとの重複領域を拡大し、前述した「機能社会」を構築していくことが必要である。政治的には地域コミュニティをベースとして住民の「選択と負担」の原則の下に政治・行政が行われなければならい。多様性の確保が日本の課題であると指摘されているが、グローバリゼーションの進展とともに、地域が独自の地域経営を行うことを通じて独自の経済発展と地域コミュニティの成長が行われることにより、地域に根づいたアイデンティティ、文化、

図２　「日本型次世代情報都市社会」の構造

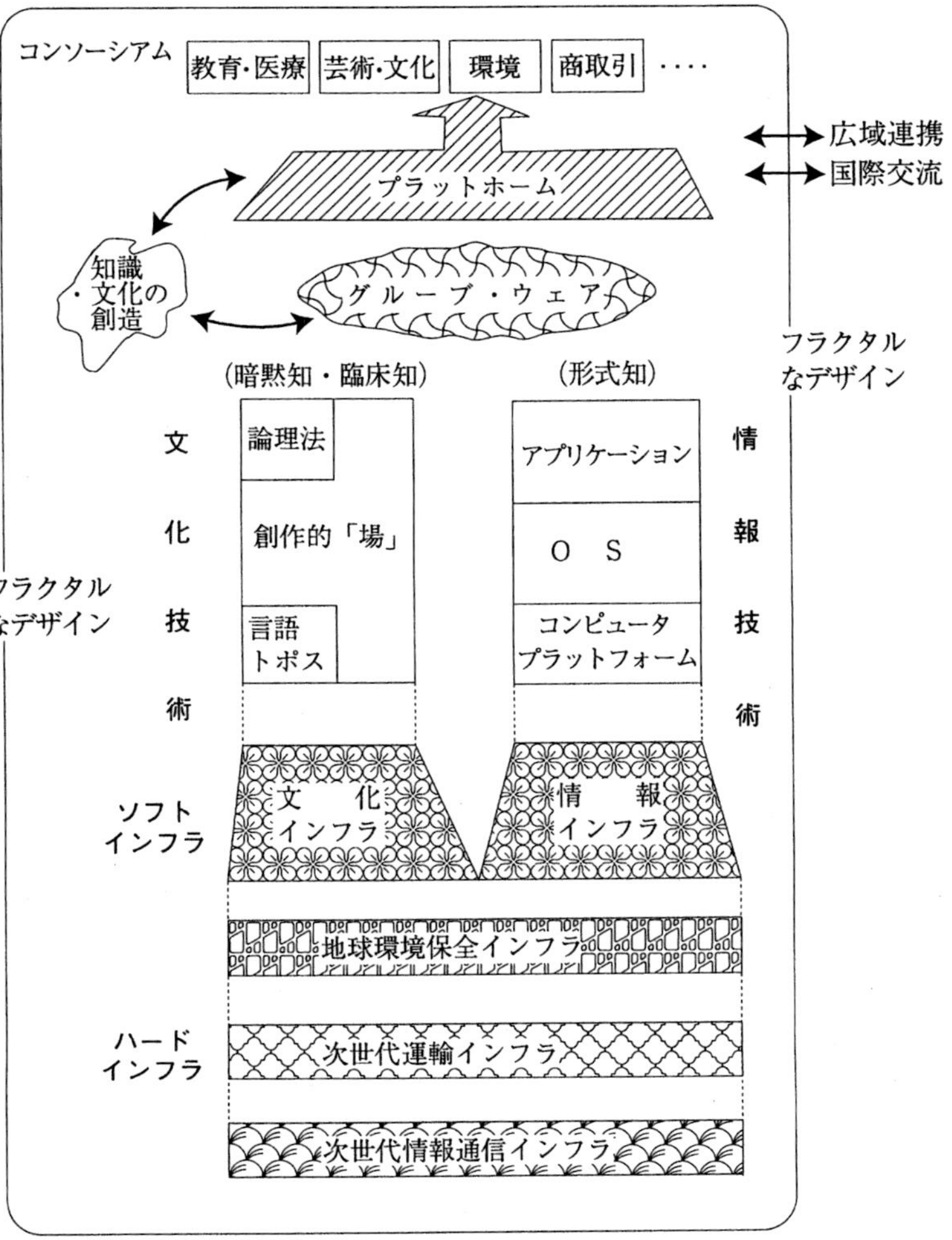

出所：今井賢一〔1996年６月日本経済新聞社創刊120周年記念シンポジュウム〕をもとに加藤作成.

思想等の形成が行われるようになるであろう。「リージョナル・アイデンティティ」の確立である。

私は、一九九七年三月に刊行した『シリコンバレー・ウェーブ――次世代情報都市社会の展望』（NTT出版）の中で、二一世紀に向けた日本の経済社会のパラダイムを整理し、「エコミュニティ」を構築するため、各地域でこのようなリージョナル・アイデンティティを有する「日本型次世代情報都市社会」を構築すべきことを提唱した。その中では、「日本型次世代情報都市社会」構築のための具体的なアクション・プラン、ステップ等も提示したので、ご関心のある読者はお読みいただきたいが、ここでは「複雑系」の発想に立って、「日本型次世代情報都市社会」の構造を明らかにしてみよう（図2）。

［インフラ］

まず、ハードのインフラとしては、次世代情報通信インフラ、次世代運輸インフラとともに、地球環境保全インフラが構築されることが必要である。次世代情報通信インフラについては、電話網→ISDNの流れ、LAN→イントラネット→イクストラネット→インターネットの流れ、およびCATVの流れの三つが二一世紀において統合され、マルチメディア・ネットワークが構築されるであろう。これと並行して接続ルールの明確化、料金の低廉化等が図られなければならないことはいうまでもない。次世代運輸インフラとは、国際空港、高速道路網など二一世紀のホモ・ホーベンス（動き回る人）の活動を支援するものである。また、これらと併せて逆工場＝インバース・マニュファクチャアリング（廃棄物の徹底的な資源化）によるゼロエミッションの実現、地球に優しい太陽光エネルギーなどの活用、分解しやすいように設計する・再利用しやすいように製造する設計・製造システムや製品寿命を長期化し廃棄物の発生量を低下させるシステムの実現等の地球環境保全インフラも必要である。

ハードのインフラとともに、ソフトのインフラも構築されなければならない。ソフトのインフラは文化インフラと情報インフラよりなるが、この二つが必要であることは、今後必要な知識が形式知とともに暗黙知・臨床知より構成されていることに由来している。「複雑系科学」は、近代科学の理法（形式知）を捨て去るのではなく、近代科学の理法を包摂し、さらにそれを超える新しい理法（形式知と暗黙知・臨床知の統合）を生み出すことを求めている。二一世紀の知識創造空間である「日本型次世代情報都市社会」においては、文化インフラとしての少人数の知識技能者がひらめきやアイデアを深める創作の場、ベンチャーとエンジェルやベンチャー・キャピタリストなどの出会いの場等とともに、情報インフラとしての仮想リサーチパーク、仮想ミュージアム、仮想博物館等を構築することが必要である。

［グループ・ウェア］

このようなハード、ソフトのインフラを活用して知識の創造が行われる。ここで重要なのは、知識は単独の知識技能者から生み出されるのではなく、グループ・ウェアにより生み出されるということである。シリコンバレーが二一世紀型経済社会構築へのフロントランナーとして、新しい知識を生み出しながらダイナミックに発展している真の秘訣はここにある。グループ・ウェアが有効に機能するためには、知識技能者が何らかの意味で〝関係づけられている〟ことが必要であり、その関係づけを活用して、個々の知識が編集されたり、結びつけられたりして、新しい知識を生み出す。

知識は、次第に価値、思想、文化へと昇華していくであろう。

地域における協働を推進する中核として、新しいＮＰＯであるプラットフォーム設置されなければならない。組織形態としては、株式会社、財団法人、各種組合、現在国会に法案が提出されているＮＰＯなどいろいろなものが考えられる。プラットフォームは、地域の人材資源（大学、公設試験所、研究財団等の研究者・技術者）、これらの機関にある研究資源、地方自治体等ニーズサイドの関係者等を知識ベースとしてプールし、プロジェクトによってシーズサイドトニーズサイドとの間でコンソーシアム（企業・関係組織連合）の編成がなされるように設計される必要がある。この「プラットフォーム・コンソーシアム方式」により、事業の発掘、起業化、ファンディング、事業化、販売に至る各段階において、プラットフォームが情報提供、人材育成、出会いの場の提供、リスクマネーの提供等を通じて起業を推進する触媒として機能し、具体的プロジェクトは、活用可能な資金調達手段を多角的に活用しながら（マルチファンディング）、プールされている研究資源、人材資源等を有効に活用したコンソーシアムにより行われることが可能となる。

［デザイン］

ここでいうデザインとは、新しい時代精神を〝美しい〟と感ずる着想である。「日本型次世代情報都市社会」が広く社会に受け入れられるためには、二一世紀の時代精神を美しいと感ずるデザインが伴わなければならない。デザインの歴史的変遷を見ると、前述したアール・ヌーボーからバウ・ハウスの運動を経てアール・デコに至るように、一九世紀半ば以降、「自然」（Ecology）、「経済」(Economy)、「コミュニティ」(Community) の三位一体に基づくデザインが解体し、人間の理性を信じ感性を否定するデザインが次第に色濃くなってきた。しかし転機は二〇世紀に既に訪れている。美術の世界を見ると、ピカソなどのキュービズム以降、抽象、運動、光など人間の感性に基づく二一世紀型美術の創造が既に始まっている。音楽でもシェーンベルクの無調音楽以降、表現主義音楽に見られるように、自己の感覚像を純粋化しようという二一世紀への試みが始まっている。美術や音楽はいつの時代でも時代を予知し、先取りする〝さきがけ〟である。二一世紀の街づくりにおいては、自然、経済、コミュニティの三位一体が回復され、フラクタル*なデザインが主流になっていることであろう。

＊「フラクタル」とは、部分と全体が相似である形体をさす。一九七五年、マンデルブローが提唱したフラクタル理論により、非定形とされていた自然の形体の多くがフラクタル性を有しており、定量的に関係式によって表示できることが判明している。日本の美術をフラクタル理論の観点から眺めると、非定形の墨流しやぼかし、滲み、かすれの表現が大きな役割を占めており、フラクタルな美が集約し凝縮された総合芸術ということができる。

おわりに

私と筆者たちとの親交は、かれこれ五年に及ぶが、私が本書と最初に出会ったのは、筆者たちから原稿を見る機会を得た一九九六年七月のことである。最初に通読したときに、大変深いメッセージを持った本だとの印象を持ち、是非とも日本語に翻訳して、多くの人々に本書からのメッセージをうけとって欲しいと感じた。その後、私自身「日本型次世代情報都市社会」を構築することを提唱した『シリンコンバレー・ウェーブ――次世代情報都市社会の展望』（一九九七年、NTT出版）を書くことに時間を費やしたため、本書の訳出は一時私の念頭から遠のいたが、ようやく『シリコンバレー・ウェーブ』の原稿を完成させた一九九六年一二月以降、作業にとりかかった。翻訳自体は全くの一人作業であったため、正直いって想像以上に骨の折れるものであったが、翻訳を終了してそれ以上に報いられたと感じた。本書が伝えようとした深いメッセージの具体的輪郭が、四ヵ月の作業期間中に私の頭の中にイメージとして結晶したからである。この解題はそのイメージをもとに書いたものである。ともより、この解題の中で述べられた見解は個人的なものであり、私が勤務する政府の見解でないことは、言うまでもない。

本書は一九九七年三月、アメリカで *Grassroots Leaders For A New Economy: How Civic Entrepreneurs Are Building Prosperous Communities* と題して出版されたが、日本語版のタイトルとして、私は筆者たちが最終原稿直前の段階まで用いていた“Civc Entrepreneurs : Building A New Economic Community”を使うこととした。その方が新しい時代精神の到来を〝予測〟しようとした筆者たちのねらいが伝わると考えたからである。また、本書の訳出にあたっては、索引および参考文献は訳出せず、むしろ読者の便宜をはかるために、目次を詳細化した。御理解を頂きたい。

『シリコンバレー・ウェーブ』で紹介したように、現在私が言うところの「日本型次世代情報都市社会」づくりを目指したイニシアティブが日本各地で開始されている。本書がこれらの運動をさらに広範に発展させる契機となれば、望外の喜びである。本書に関するご質問・ご意見はp008@miti. go. jpにお願いしたい。できる限り回答させて頂きたいと思っている。

最後に、日頃いろいろご指導いただき、本書の訳出にあたっても推薦の言葉をお寄せ下さった清成忠男法政大学総長および本書の出版の機会を与えていただいた日本経済評論社の栗原哲也社長そして宮野芳一さんに、この場を借りて感謝申し上げ、筆を擱くこととしたい。

一九九七年　皐月の佳日

風薫る武蔵野の木立を眺めながら

加藤　敏春

参考文献

加藤敏春『シリコンバレー・ウェーブ——次世代情報都市社会の展望』NTT出版、一九九七年。

清成忠男『ベンチャー・中小企業優位の時代——新産業を創出する企業家資本主義』東洋経済新報社、一九九六年。

今井賢一監修、加藤敏春+SVMフォーラム『シリコンバレー・モデル——マルチメディア社会構築へのメッセージ』NTT出版、一九九五年。

〔訳者略歴〕

加藤　敏春（かとう・としはる）

1954年　新潟県生まれ.

1977年　東京大学法学部卒業，通商産業省入省.

1984年　米タフツ大学フレッチャー・スクールにて修士号取得.
日米構造問題協議・大店法規制緩和担当，在サンフランシスコ総領事館経済担当領事（「シリコンバレー・マルチメディア・フォーラム」主宰），貿易局貿易調査課長などを経て，

1997年　内閣審議官・金融監督庁設立準備室主任室員.

著　書『シリコンバレー・モデル——マルチメディア社会構築へのメッセージ』共編著（NTT 出版，1995年），『シリコンバレー・ウェーブ——次世代情報都市社会の展望』（NTT 出版，1997年）.

市民起業家——新しい経済コミュニティの構築

1997年7月7日　第1刷発行

著　者　D．ヘントン
J．メルビル
K．ウォレシュ

訳　者　加藤敏春

発行者　栗原哲也

発行所　株式会社　日本経済評論社
〒101　東京都千代田区神田神保町3-2
電話03-3230-1661　FAX 03-3265-2993

装丁・大貫デザイン事務所

印刷・文昇堂印刷　製本・協栄製本

市民起業家—新しい経済コミュニティの構築
(オンデマンド版)

2005年4月28日　発行

著　者　D. ヘントン
J. メルビル
K. ウォレシュ
訳　者　加藤　敏春
発行者　栗原　哲也
発行所　株式会社　日本経済評論社
〒101-0051　東京都千代田区神田神保町3-2
電話　03-3230-1661　FAX　03-3265-2993
E-mail: nikkeihy@js7.so-net.ne.jp
URL: http://www.nikkeihyo.co.jp/

印刷・製本　株式会社　デジタルパブリッシングサービス
URL: http://www.d-pub.co.jp/

AC701

乱丁落丁はお取替えいたします。

Printed in Japan
ISBN4-8188-1644-2